〈雅楽〉の誕生

田辺尚雄が見た大東亜の響き

鈴木聖子

春秋社

笙を持つ田辺尚雄（『続田辺尚雄自叙伝』）

はじめに

三種類の「雅楽」

かつて私は、社会や宗教の儀式の一部として雅楽演奏をおこなう仕事に携わっていた。そのなかには、伝統音楽としての雅楽の紹介、という極めて近代的な「伝統」の仕事もあった。たとえば、ちょうどそのころ、文部科学省（当時文部省）によって日本の小学校の音楽の授業で邦楽を学ぶことが指導目標に掲げられたため、小学校の体育館などで雅楽の紹介をするような仕事も請け負い始めていた。平安時代の装束を身につけた私たちが、体育座りをする小学生を前に説明したのは、次のような一般の辞書や音楽事典からひっぱってきたような説明であった。

「雅楽というのは、平安時代から変わらずにいまも皇室で演奏されている音楽です。」

「雅楽には三種類の音楽があります。神楽など日本固有の音楽と、中国大陸から入ってきた音楽と、それらを基に作った日本の歌曲です。」

こうした説明を聞いて小学生が何を思うのか、アンケートが残っていないのは残念である。さて、これを何回ぐらい反復したころだろうか、私自身がある疑問をもつようになった。

「いったい、楽譜も録音機器もない時代の過去の雅楽演奏を現在の雅楽演奏と、だれがいつどのように比較して、〈変わらない〉ことや〈日本固有〉であることを科学的に証明したのだろうか。」

そして私は雅楽に関する書を片っ端から読み始めた。この三種類の「雅楽」の起源が意外とそう古いものではないと踏んでからは、本だけではなく戦前の新聞記事や雑誌やレコードの調査に当たった。そうこうするうち、それらのいたるところに姿を現しはじめたのが、この三種類の「雅楽」の解説を作った人物であり、本書の案内役ともいえる、田辺尚雄（一八八三～一九八四）だったというわけである。

田辺尚雄と「雅楽」

田辺尚雄という日本音楽研究者は、優に二千を越える数の論文・雑誌記事のほか、百冊の著作、二冊の自伝、数冊の半自伝、それに加えて膨大な手帳や日記を残している。いったい文字によって何を埋めつくそうとしたのであろうか。田辺について書こうとしても、すでに彼自身によって書かれているということが屡々あった。

田辺は、大正時代から昭和前期にかけて日本音楽の地位向上と普及のために活躍するとともに、日本音楽研究を打ち立てた人物である。開拓者である人物の著作がつねにそうであるように、彼の作品には現在の科学から見れば誤謬や偏見や牽強付会な箇所があるのは事実である。だが、時代を真っ先に反映させながら切り開いてきたからこそ、大きな魅力を持っていたのも事実である。そしていまもなお、さまざまな意味で影響力を持ち続けている。おそらく私も彼の磁場へ引き付けられた一人であることには違いない。

当然のことだが、田辺の活動には、彼の時代背景に即した、現在の日本音楽研究とは異なる視野があった。しかもまさにそれこそが、田辺を日本音楽研究にさしむけた原因のひとつであった。たとえば、近代化を目指した日本にあって、西洋音楽が国策として教育に取り入れられたことで、日本音楽が世界の音楽知において弱者の立場に立たされたことを、田辺は誰よりも理解していた。田辺が日本音楽を研究対象と決めた時期には、日露戦争や第一次世界大戦の結果、国際社会における日本の立場が向上し、国内では日本文化を見直す自己肯定的な風潮へ向かっていたが、依然として日本音楽は科学の研究対象となるものと考えられていなかった。このような背景において、博識で啓蒙精神をもつ田辺ならではの日本音楽研究が花開いていったのだ。

本書で見ていくことになる、三種類の「雅楽」――①「日本固有」の神楽や久米舞、②「外来」の唐楽・高麗楽、③それを基にさらなる「日本固有」の発展を遂げて作られた催馬楽・朗詠、という進化論による雅楽像――の創出のプロセスは、田辺尚雄というひとりの人物における雅楽像を通して得られたものでしかない。だが、この「雅楽」がいまもなおあまねく使われていることを考えれば、むしろその影響力の大きさへの興味が湧く。彼の「雅楽」は、古代から平安時代に皇室文化のうちに「発達」してから、現在まで変わることなく伝承されているとされることで、今も日本の文化的アイデンティティを支えるものとして機能しているのである。

そして、なぜこのことを取り上げるのかといえば、現在この「雅楽」がいくつかの問題を生じさせているからである。そうした例の一つとして、重要無形文化財としての「雅楽」から生じている問題をひとつ挙げておこう。無形文化財の指定の制度上、「無形文化財」とは「わざ」そのものであるとされ、文化財指定の際にはその「わざ」を行う技術者・技術保持団体に指定が行われる。これを「指定要件」という。一九五五（昭和三〇）年五月十二日の『官報』（第八五〇五号）をみると、重要無形文化財としての「雅楽」の指定要件には、「宮内庁式部職楽部部員による演技演奏されるものであること。」とある。これによって、宮内庁式部職楽部のみが「正統」な「芸術」を伝えうるオーセンティシティを有することになってしまい、民間の雅楽団体の演奏活動や維持に対して同等の配慮が払われにくくなっているのである。これが同時に楽部自体にも大きな拘束や負担をもたらしていることは想像に難くない。

こうした皇室中心の「雅楽」が引き起こした典型的な事件がある。一九七七年、国立劇場演出室長であった木戸敏郎は、雅楽楽器による新作を作曲家カールハインツ・シュトックハウゼンに委嘱した際に様々な批判を受けたというが、それらは出来上がった『ひかり―歴年』（一九七七年）という作品そのものへの批判というよりは、「日本の伝統の中枢に外国人を関与させた」「皇室の音楽を侮辱した」という不平不満であったという（木戸 1990: 7）。

このような現在の国内の閉塞的な「雅楽」を見るならば、私たちは与えられた「雅楽」を無条件に引き受けるのではなく、「雅楽」とはなにかを自分で考えることによって、現在の私たちの「雅楽」を次の世代へと受け渡す必要があることが分かるだろう。ゆえに本書は、なんらかの正解のある「雅楽」を描こうとするものではなく、「雅楽」について一人一人が思いめぐらすことができるようにするための、歴史的な道具のひとつを提供しようとするものである。

これまでの雅楽研究

従来の雅楽に関する研究の多くは、皇室を中心とする雅楽を主題とするものであった。こうした傾向は、大崎滋生が『音楽史の形成とメディア』で述べるように、一般史と同じく音楽史もまた権力によって選ばれて遺された音楽的歴史資料に基づいて書かれてきたのであるから、当然のことであるといえる（大崎 2002: 59)。むろん、先行するそれらの優れた雅楽研究なくしては、本書は田辺の雅楽概念を前史と比較して問題を提示することがそもそも不可能であったろうし、雅楽の持つ歴史社会学的な厚みを捉えることも難しかったであろう。本書を読まれながら、もしもっと長く大きく「雅楽史」を知りたいと考えられた場合には、次のような著作にあたられることをお薦めする。古代のまとまった雅楽史である荻三津夫『古代中世音楽史の研究』（二〇〇七年）、中世の雅楽の形成過程を他の芸能との関わりに目をくばりながら辿った林屋辰三郎『中世藝能史の研究――古代からの継承と創造』（一九六〇年）、江戸時代に雅楽が家元制度として農民層にまで広がっていたことを明らかにした西山松之助『家元の研究』（一九五九年）、江戸期の複雑な朝幕関係の下にあった雅楽演奏家たちの職能を明らかにした小川朝子の「近世の幕府儀礼と三方楽所」（一九九八年）と「楽人」（二〇〇〇年）、そして近代国家の一部局として再編された宮内省式部職楽部の姿を詳らかに描いた塚原康子『明治国家と雅楽』（二〇〇九年）などである。また、いわゆる「雅楽」というものの音楽文化としての豊かな彩を眺めたいということであれば、遠藤徹監修『別冊太陽　雅楽』（二〇〇四年）、中川正美『源氏物語と音楽』（二〇〇七年）、磯水絵『説話と横笛』（二〇一六年）、豊永聡美『天皇の音楽史　古代・中世の帝王学』（二〇一七年）といった新しい一般向けの好著を薦めたい。

本書の関心に最も近い、すなわち外へ開かれた方向性をもつ雅楽に目を注いだ著作を挙げれば、寺内直子『雅楽の〈近代〉と〈現代〉　継承・普及・創造の軌跡』（二〇一〇年）と同『伶倫遊楽』芝祐靖と雅楽の現代』（二〇一七年）がある。寺内の関心は、明治期の元楽師で新劇俳優でもある東《とう》儀鉄笛《ぎてってき》の「日本音楽」観や、一般の雅楽団体における雅楽の実践といった、複数の「もう一つの雅楽伝承」（寺内）にある。こうした複数の「雅楽」を射程内に入れることによる「雅楽」の脱・再構築は、既存の「雅楽」の再考を動機とする本研究に大きな刺激を与えている。

本書の構成

田辺について論じた近年の音楽研究が指摘するように、現在の視点から田辺の作品を眺めるとき、そこには多くの誤りや偏見が見られるのも確かである。しかし、田辺の仕事を現在の観点から非難して終わるだけでは、彼が生きていた当時のパラダイムを捉えることはできないし、現在のパラダイムにおいて私たち自身が犯している過ちを見逃すことにもつながるだろう。重要なのは、田辺が手にする以前の時代の「雅楽」から、田辺が何を取捨選択して再構築して私たちへ渡したのかを理解することであり、それによっていまの私たちが次世代へ何を取捨選択して再構築して残せるのか、その指標を得ることができるように思われる。

このようなことから、本書では田辺の雅楽に関する仕事を、彼が乗り越えていったパラダイムとともに捉えるために、次のように主題化した三部において検討する。

第一部では、田辺がどのように西洋の音階研究や音響学から日本音階の研究へ転向していったのかを考察したい。旧制一高時代、先輩らによってドイツの音楽理論へといざなわれた田辺は、西洋音楽研究の道を志し、東京帝国大学理科大学物理学科で音響物理学を学んだ。ところが、大学院へ進学するとき、突如として日本音楽を研究対象にしたのである。田辺はそのことを指導教官の長岡半太郎と中村清二による示唆であるように自伝などで述べている。しかし具体的なところでは、同じ物理学科の先輩で、ベルリン大学のヘルムホルツの下で学んで帰国してから邦楽研究所を構えた田中正平と、同じく物理学科の二年先輩で、夏目漱石の俳句の弟子でもあり、尺八について論じた博士論文によって博士号を得た寺田寅彦との関係が大きく影響している。

第二部は、田辺がどのように「雅楽」を核とする「日本音楽史」を作り上げて行ったのか、そのプロセスを詳しく分析する。田辺は自らがモデルとする西洋音楽の知において、日本音楽が歴史を持たない「未開」の音楽として捉えられていることを知っていた。ゆえに、当時の思想界・科学界を席巻していた進化論に基づきながら、「西洋音楽史」に比肩する新しい「日本音楽史」を描こうとしたのである。だが、さまざまな時代のさまざまな種類の音楽が淘汰されることなく残っている現状を見るだけでもわかるように、日本の音楽をひとつの進化論的な音楽史として描くことは不可能である。彼は一九一九年の『日本音楽講話』のなかでその構想をまとめ上げながら、大陸から輸入された雅楽が「日本の精神」によって「日本化」する様子を描くことで、それを進化論的な「日本音楽史」の核として置いた。そして、翌年に着手したSPレコード全集『平安朝音楽レコード』とその解説書『雅楽通解』のなかで、進化する三分類の「雅楽」を初めて定義する。

第三部は、田辺が正倉院の収蔵楽器の調査をきっかけに、雅楽の源流をさらに遡り、「東洋音楽発達史」を作り上げて行くプロセスを観察する。正倉院には天平時代の朝廷に由来する、「シルクロード」を通って日本へ渡来した楽器が収蔵されている。一九二〇年秋、初めてそれらの楽器についての音楽的な調査が行われ、田辺は宮内省の楽師二人とともに調査に携わった。とくに、箜篌《くご》という絃楽器を古代メソポタミア文明のハープにまでさかのぼろうとするシルクロード幻想は、今もなお大きな影響をもっている。この調査で日本音楽の源流を古代と西方へと求めることを学んだ田辺は、朝鮮・台湾・中国などへと研究の領土を広げ、これらの「東洋音楽理論の科学的研究」により、一九二九年に帝国学士院賞を受賞した。ここに現れた「東洋音楽」という言葉は、一九三〇年頃の満州事変の頃には「東亜音楽」となり、一九四一年以降は明らかに国の意向に沿う形で「大東亜音楽」と姿を代える。だが、古代メソポタミア文明までをも日本音楽の源流と捉える田辺の「大東亜音楽」の広さは、大東亜共栄圏よりも広い「世界音楽」であった。こうした戦前の田辺の仕事の民族主義的かつ国際主義的な側面は、そのまま戦後へもちこされ、日本の文化復興を支えるものとなる。そして三分類の「雅楽」は、いまも日本の「重要無形文化財」やユネスコの「無形文化遺産」の紹介などの中に生きているのである。

では、田辺とともに、「雅楽」の時空の旅へと出発しよう。

目次

はじめに

〈雅楽〉の誕生

田辺尚雄が見た大東亜の響き

序章　「雅楽」と「音楽」

「音楽」という用語が、明治以前の日本ではおよそ「雅楽」をのみ意味するものであったことは、この書を始めるにあたって強調しておくべきことであろう（吉川 1984／平野 1988: 17–38）。中国大陸から渡って来た「音楽」という外来語は、同じく外来の音楽としての雅楽をのみ示したというわけである。たとえば、今でも歌舞伎の黒御簾（下座）で演奏される効果音楽に「音楽」と呼ばれるジャンルがあるが、これは宮廷を描いた場面（『妹背山婦女庭訓』の入鹿御殿の場など）で用いられるもので、能管・太鼓・鈴によって雅楽を模した器楽のことをいう。

ゆえに明治期の日本が、西洋の「music」という言葉を「音楽」と訳したときに、日本の「音楽」の概念は大きく揺さぶられることになった。というのも、あらゆるジャンルの音楽を含む近代西洋の「music」の概念は、日本の在来のあらゆるジャンルの音楽を「音楽」と呼ぶように求めたからである。このようなことから、「雅楽」は、それまで自らより低いものとされてきた他の在来の音楽すべてを「俗楽」と改めて呼ぶことによって、自らの優位性を保持することになる。本章では、こうした雅楽の歴史を振り返りながら、田辺の手にわたる明治後半までの雅楽の概念が、どのように「音楽」という黒船を迎えたのかを確認しておこう。

古代から近世までの「雅楽」

「雅楽」という用語には、正しい（＝「雅」）音楽（＝「楽」）、という意味がある。『論語』に、「鄭声《ていせい》の雅楽を乱《みだ》るを悪《にく》む」（『論語』「陽貨篇」、第一七の一八）と用いられているのが、文献上に確認できる最初の「雅楽」だ。これは、鄭国の淫らで俗っぽい音曲が、中国神話の舜帝や周の文王（周朝の始祖）・武王（周朝の創始者）によって作られた正しい音楽を乱すことを憂えて孔子が言った言葉だという。このように、もとより「雅楽」の対概念は「俗楽」であったのだ。以来、「雅楽」は、歴代の中国宮廷において、また中国文化圏にある近隣諸国の王朝で、宮廷で演奏される「正しい」音楽すべてを呼びあらわす言葉として使われていった。つまり「雅楽」は、音楽の内容自体は時代・地域でそれぞれ異なるものであり、ひとつの固定した音楽ジャンルを提示するものではなかったのである。

日本では、五世紀以降、大陸との文化的交流によってもたらされたさまざまな音楽のうちのいくつかが、朝廷や仏教寺院の儀式に取り込まれていった。そして大宝令（七〇一年）のもとで治部省《じぶ》に「雅楽寮《ががくりょう》」が設置されると、「雅楽」とは、雅楽寮そのものを、または雅楽寮で扱う歌舞音曲、すなわち、久米舞《くめまい》、唐楽《とうがく》、高麗楽《こま》、百済楽《くだら》、新羅楽《しらぎ》、伎楽《ぎがく》などのすべてを指し示すことになった（荻 1977: 16–18）。

平安時代になると、これらの「雅楽」は貴族社会において儀式や行事のみならず、生活の一部として盛んに演奏されるようになっていく。そうした需要に応えるため、十世紀初めごろには、雅楽寮のほかに「楽所《がくそ／がくしょ》」という場が設置された。楽所は宮中の他にも大阪四天王寺と奈良（南都）興福寺などにも置かれるようになり、そこでは雅楽を専門とする地下《じげ》の役人（清涼殿の殿上に昇殿を許されない役人）である楽家《がくけ》が世襲制をとっていった。現在の宮内庁式部職楽部に見られる「多《おおの》」「豊《ぶんの》（豊原）」「安倍」「東儀《とうぎ》」「薗《その》」「林」「狛《こま》」「上《うえ》」「芝《しば》」「窪（久保）」「奥」等の楽家は、その家系の末裔である（養子縁組も多く、血のつながりがあるとは限らない）。楽所では、おもに外来の器楽・舞楽とされる「唐楽《とうがく》」（中国・ペルシャ・インド・ヴェトナムなどが起源とされる音楽）と「高麗楽《こまがく》」（高麗・百済・新羅・渤海などが起源とされる音楽）を中心に演奏・伝承が行われた。荻美津夫によれば、この時期から「雅楽」という用語が楽所の楽家が担う「唐楽」「高麗楽」のみを指し示して使われはじめたという。たとえば、後醍醐天皇の笙の師範であった南都方の楽人狛近真《こまのちかざね》（一一七七～一二四二）は、息子が家を継がなかったことから芸が絶えるのを恐れ、楽書『教訓抄《きょうくんしょう》』（一二三三［天福元］年）を著したが、これはいわゆる外来系の舞楽と楽器についての楽書で、職能に関わる技術的な知識のみならず、家業が正統であることを主張するための多くの説話も含んでいる（猪瀬 2009）。

同じ頃、「神楽《かぐら》」を家業とする「多《おおの》」家なども世襲制をとっていく。神楽とは宮中の祭祀である「御神楽ノ儀」で行われる歌舞音曲のことである。(1) 一条天皇の一〇〇二（長保四）年に神鏡を奉安した内侍所の庭上で隔年に行うことになってから定期的に始められ、白河天皇の承保年中（一〇七四～一〇七七）から毎年に改められた（飯島 1993）。こうした神楽歌や催馬楽《さいばら》・朗詠など日本のものとされた歌物は、すでに九世紀には設立されていたと考えられる「大歌所《おおうたどころ》」で伝承されていった。「楽所」と「大歌所」は、雅楽寮の機能が弱まるにつれて、それぞれの音楽の中心地となった。また、神楽・催馬楽の秘曲や琵琶・箏は、別に堂上公家の家芸として一子相伝された。

武士階級が台頭した鎌倉時代・室町時代に入っても、雅楽はその生命を永らえる。だが応仁の乱(一四六七〜一四七七)によって、楽家の人々は荒廃した京都を去ることを余儀なくされ、雅楽の伝承はほとんど断絶の状態にいたる。京都方の楽人豊原統秋《とよはらのむねあき》(一四五〇〜一五二四。後柏原天皇と足利義尚・義材の笙の師範であった)はこれを案じて、全十三巻からなる楽書『體源抄《たいげんしょう》』(一五一二[永正九]年)を著した。統秋は家芸の笙を筆頭にまず外来とされる唐楽・高麗楽を論じた後、神楽、催馬楽、朗詠も解説しており、さらに古代の失われた楽器や尺八などについても論じている。

十六世紀後半から、正親町《おおぎまち》天皇(在位一五五七〜一五八六)らによって集められた生き残りの楽人や楽書を通じて、楽所は京都・大阪・奈良において息を吹き返していく。江戸時代に入ると、徳川家が、朝廷の行動を制する公家諸法度のうちにおいてではあるものの朝廷文化を重んじたことから、これらの楽所は「三方楽所《さんぽう》」として制度化された。一六四二(寛永一九)年には、家康の霊廟である日光東照宮と江戸城内紅葉山の東照宮での祭典楽の奏楽のために三方楽所から楽人が呼ばれ、「紅葉山楽所」として組織されて寺社奉行の管轄下に置かれた(小川 1998、2000)。雅楽は様々な機会に演奏されるようになり、失われた演目の復興も数多く行われた。こうした復興のための考証として書かれたのが、京都方の楽人である安倍季尚《すえひさ》(一六二二〜一七〇八)の全五〇巻からなる楽書『楽家録』(一六九〇[元禄三]年)である(馬淵 1995)。これは『教訓抄』『體源抄』のほか歴史的な楽書を網羅検討した大著であるが、冒頭に大きく神楽・催馬楽を置くという特徴をもっている。だがいっぽう、同じ年に出版された絵入り職業百科辞典『人倫訓蒙図彙《じんりんきんもうずい》』を見ると、神楽・催馬楽などでなく、唐楽・高麗楽を奏するときの装束をつけ、唐楽に用いる楽器（太鼓・笙・篳篥・笛・箏）を演奏する「楽人」（ならびに舞楽の舞人）の図があり、「舞楽」の項に、楽人たちが「唐土」から来たこと、京都・奈良・大阪（天王寺）の楽家があることなどが述べられている。以上のことからは、当時の「楽」（≒雅楽）の概念が一つではなかったことが見て取れる。

江戸時代中期には、天皇による朝議・神事の復興が数多く行われた。たとえば光格天皇（在位一七七九～一八一七）の時代には、東遊、倭舞、久米歌といった、明治には「雅楽」の範疇へと組み込まれる歌舞音曲が復元された（平出 1959／塚原 2009: 15-41）。このようにみると、現在の「雅楽」に含まれる演目の多くは、江戸期に復元されたものであるということが分かる。また、この時期は武家の中にも公家文化を愛好し国学を学ぶ人々が現れ、徳川吉宗の次男である徳川（田安）宗武（一七一六～一七七一）は舞楽の復興に尽くしたほか、『楽曲考』『楽曲考附録』（一七六八年）のような楽譜付きの大著を残している（藤田 1994）。

この時期に国学者によって、神楽歌・催馬楽歌が「日本固有」のものとして多く研究されたことは、その後の「雅楽」としての神楽・催馬楽の価値基準に大きく影響を与えることになる。神楽歌は、皇室祭祀「御神楽ノ儀」において器楽伴奏とともに歌われる歌である。催馬楽歌は、平安時代初期の庶民の歌がもとになっているとされる。現存する最古の神楽歌には「伝源信義本」（十～十一世紀写本）、「重種本」（十二世紀写本、重要文化財）、「鍋島家本」（十二世紀写本）の三つの古譜、催馬楽には「鍋島家本」『催馬楽』（平安時代後期、国宝）と「天治本」『催馬楽抄』（一一二五［天治二年）の二つの古譜がある。これら神楽・催馬楽の研究史の始まりは、顕昭《けんしょう》『袖中抄《しょうちゅうしょう》』など平安末期の歌学書にたどることができる（臼田ほか 2000）。そして室町時代の一条兼良『梁塵愚案抄《りょうじんぐあんしょう》』（十五世紀中頃、『神楽注秘抄』と『催馬楽注秘抄』からなる）によって、神楽・催馬楽の「原典」が成立した。この兼良に多くを依拠しながら、賀茂真淵『神楽催馬楽考』（一七六六［明和三］年）が近世国学における神楽・催馬楽研究の先鞭をつけ、それに続く江戸後期の平田篤胤『神楽歌考稿』、本居宣長『玉勝間』（一七九五［寛政七］～一八一二［文化九］年）が、神楽・催馬楽の「日本固有性」を確かなものとしていく。これらの国学者の神楽・催馬楽研究の特徴は、音楽に礼楽思想や漢詩の技巧性を求めた儒学者に対抗して、「日本固有」の歌謡に口承性を求めたことである（子安 2001: 53-82）。

このような国学者による神楽・催馬楽の価値観は、同じ時期の尾張藩の医師・小川守中（一七六三～一八二三）の『歌舞品目《かぶひんもく》』（一八二二［文政五］年）にも共有されている。この書は小川が篳篥を学んだ京都方の安倍季康《すえやす》と、琵琶を学んだ天王寺方の林広猶《ひろなお》からの依頼で書かれた楽書であるが、そこには「皇朝楽目」（神楽、久米舞、吉志舞、倭舞、五節舞、催馬楽、朗詠等）／「異域楽名」（新羅楽、百済楽、高麗楽、唐国楽、林邑楽等）という二分類を見ることができる。また、宗武の子である白川藩の三代目藩主、松平定信（一七五九～一八二九）が『俗楽問答』（一八二九年）を著し、楽家らの伝承してきた唐楽・高麗楽は中国の俗楽であるから、日本の神楽のみを雅楽と呼ぶべきだと主張している（松平 1893）。これらのことから、江戸後期には、楽家が主に伝承する外来系とされた唐楽・高麗楽を「雅楽」とすることが一般的であったと同時に、日本固有のものとされた神楽などを「雅楽」のなかに取り込もうとする運動が見られたことが分かる。

楽家の明治維新――二分類の「雅楽」

一八六八（慶応四）年閏四月、王政復古の大号令により三職制度は太政官制度に移行した。新政府は、一八七〇（明治三）年十一月、太政官内に八世紀の宮廷の雅楽寮を模した「雅楽局」を設置し、大阪・京都・奈良の三方楽所で雅楽を伝承してきた楽家楽人たちと、江戸城紅葉山の家康の霊廟に奉仕する紅葉山楽所の楽家楽人たちを、新たな「雅楽」の業務に当らせた。これら楽所の廃止とともに、曲所《きょくそ》という歌物師範家（綾小路家・持明院家）に対して相承の廃止が申し渡されたことから、明治の雅楽局は、それまで楽所で伝承してきた唐楽・高麗楽などの外来系とされる器楽曲（管絃・舞楽）に、歌物師範家の秘伝をも含む神楽・催馬楽・朗詠等の歌物を合わせた「雅楽」を担当する機関として新しく誕生したのである。楽所内で各楽家の家芸として諸流あった唐楽・高麗楽も、「明治撰定譜」という楽譜集を作成することで統一されることになった（蒲生 1986）。雅楽局は官制改革に伴い、翌一八七一年に式部寮雅楽課、一八八四年に宮内省式部職雅楽課、一八八九年に宮内省式部職雅楽部、そして一九〇七年に宮内省式部楽部と名称を変えつつ、皇室祭祀の一翼を担う部局として地位を固めていく。

このような雅楽に訪れた「近代」を、明治維新によって支持基盤を喪失して没落の憂き目にあった能や歌舞伎と比較しておくと分かりやすいだろう。これらの芸能が明治天皇の「天覧」――能は一八七八年六月、歌舞伎は一八八七年四月――を経ることで改めて地位を獲得する必要があったこと（開国百年記念文化事業会編 1954: 100–102, 290–294）に対して、雅楽はもとより天皇の前で演奏される唯一の音楽であった。さらに、歌舞音曲の一切が禁止される大喪のときなども、雅楽は儀式音楽として奏でることが許されるという特権をもっているのである。

こうして復古された雅楽局では、八世紀の場合と同じように、そこで演奏されるすべての音楽を「雅楽」とよぶことになった。ただしそれと同時に、その「雅楽」のなかに、神楽などの「日本固有」の音楽を重視する新しい序列も生まれていった。塚原によれば、神楽は一八七〇年三月十一日の神武天皇皇霊祭において初めて「神楽の儀」以外での場で歌われて以来、祭祀の開扉閉扉・献饌供撤でそれまで演奏されてきた唐楽に取って代わっていた（塚原 2009: 82）。神楽重視の序列化がすすんだ理由は、楽人たちが神楽すべてを伝承し始めたこと、また、新しい皇室祭祀において神楽の実践数と重要性が増したことにあるだろう。

このような神楽重視を補強したひとつの機会として、一八七八（明治十）年のパリ万国博覧会への出品を挙げることができる。雅楽課の楽人たちは、パリ万国博覧会事務局から「礼典大祭且ツ公私歓楽ノ節慣用セル人民ノ音調」の出品依頼があったことで、初めて自ら海外へ向けて発信する機会を得たのであった。雅楽課では、雅楽器と舞楽図十三枚と一緒に出品するものとして、『日本雅楽概弁』と題する巻子本九軸の雅楽譜（宮内庁書陵部蔵、明治十一年五月）、ならびに同じタイトルの冊子本の雅楽解説書（東京国立博物館所蔵）を制作している。現地での展示方法を指示した「日本楽ノ諸物品ヲ、博覧会場ニ陳列スル心得」という文書には、次のような明確な序列の説明が見られる。

舞楽図ノ額ハ横ニ一列ニ右頭ニナシ左へ並フル件ハ、人長、東遊、久米舞、大和舞、大歌、万歳楽－胡蝶、打球楽－貴徳、太平楽－白浜、陵王－納曾利、ト順ヲナス、朱線ヲナスハ一双ノ印シナリ［…］

（『雅楽録』、明治十一年第二十二号、宮内庁書陵部所蔵）

ここでは「雅楽」の内部に、「人長《にんじょう》、東遊、久米舞、大和舞、大歌」（人長とは神楽の奏者たちの長で舞人のこと）など神楽を筆頭に「日本固有」とされるジャンルを最上位とする陳列の順位を定めている。「礼典大祭且ツ公私歓楽ノ節」を求めた外部の声（パリ万博）へ応えるという作業が、神楽の位置を確実なものとする一因となったと言えるだろう。

パリ万博の翌年、雅楽課における雅楽研究の集大成としての楽書『音楽略解』（一八七九年）が完成する。この「巻之一」の巻頭には、『音楽略解』の取り扱う諸々の範疇が描かれており、次のような定義づけの一文から始められている。

我邦楽府雅俗ノ二部アリ神楽久米歌東遊催馬楽［以上我邦固有ノ楽］楽舞楽［以上唐高麗伝ノ楽］等総テ雅楽ノ部ニ属シ其他筑紫箏八雲琴三絃胡琴の諸曲及明清伝ノ楽ノ如キ総テ俗楽ノ部ニ属ス本編戴スル所ハ雅楽ニ止リ俗楽ニ至リテハ概シテ戴セス朝廷儀式ノ用フル所ニアラサレハナリ

（『音楽略解』、「巻之一」、宮内庁書陵部所蔵）

ここでは、「雅楽」が「我邦固有ノ楽」と「唐高麗伝ノ楽」に二分類されたうえで、「俗楽」（「筑紫箏八雲琴三絃胡琴の諸曲及明清伝ノ楽」）と対置されている。そして「俗楽」をこの書では扱わない理由が、「朝廷儀式」で用いないことに求められている。雅楽課の「雅楽」と「俗楽」との間の線引きは、ここにあるのである。

この「我邦固有ノ楽」と「唐高麗伝ノ楽」という二分類の「雅楽」は、雅楽課によって明治期を通して繰り返されていく。一九〇八年に刊行された『国史大辞典』の「雅楽」の項には、「雅楽」の内訳が、「歌物（声楽）」／「管絃（器楽）」という二分法によって表されているのが見える（五四二～五四四頁、左図上）。これが『音楽略解』の「我邦固有ノ楽」と「唐高麗伝ノ楽」を言い換えたものであることは明らかである。項目の執筆担当者の名は記されていないが、文末に、「江次第、體源抄、歌舞品目、音楽略解、楽道類聚、歌舞音楽略史、芝葛盛談」とあること、また凡例には編纂の協力者として、宮内省式部職楽部（一九〇七年に改称）の楽長、芝葛鎮《しばふじつね》（一八四九～一九一八）と、葛鎮の長男で東京帝国大学文科大学国史科を出て同大学史料編纂掛に勤務する芝葛盛《かづもり》（一八八〇～一九五五）の名が挙げられていることから、当時の雅楽部のいわば公式見解と言っても差支えあるまい。

いっぽう、当時、一八八九年から一八九一年にかけて出版された『日本辞書 言海』（大槻文彦編）の「雅楽」の項（一七二頁、左図下）などに見られるように、外来系歌舞のみを「雅楽」とする近世以来の用法が一般に流通していたことを考えると、二分類の「雅楽」を掲げる楽部の内部と一般社会には大きな認識の隔たりがあったということができよう。

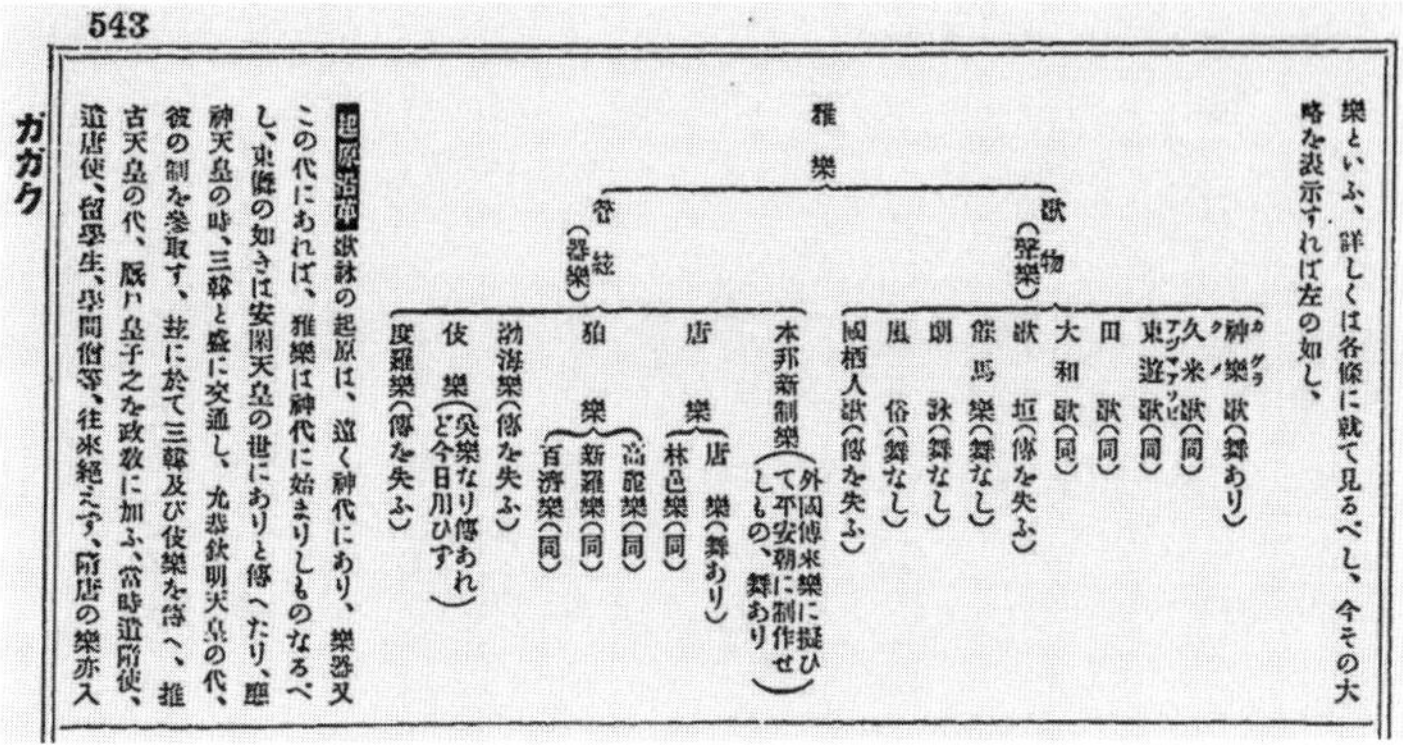

『国史大辞典』（吉川弘文館、1908年、543頁）

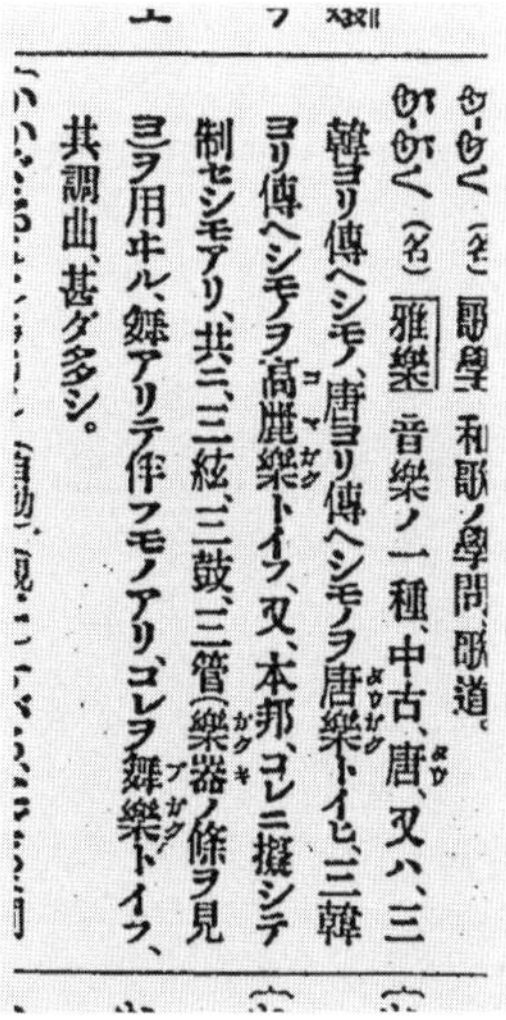

『日本辞書 言海』の「雅楽」（1889年、172頁）

「国楽」と「雅楽」

一八六八年の「開国」以後、近代化・西洋化を目指した日本は、軍隊や教育機関など公的な機関に、さまざまな種類の西洋音楽を導入した。陸軍にはフランス陸軍の軍楽、海軍にはイギリス海軍の軍楽が取り入れられた。そして学制（一八七二年）において初等科目に「唱歌」が設けられたことから、一八七九年に文部省音楽取調掛（一八九〇年より東京音楽学校）が設置され、アメリカなどの音楽教育をモデルとした「国楽」、すなわち国民音楽 national music（英）musique nationale（仏）としての唱歌の創出が目指された。人々は近代日本にふさわしい新しい音楽を作るため、さまざまな国楽の在り方を論じ始めた。いわゆる芸術としての音楽ではなく、こうした軍楽や国楽のようないわば行進に適した音楽が重視された背景には、十八〜十九世紀のヨーロッパ諸国でナショナリズム発揚のために作られた「ラ・マルセイエーズ」（のちのフランス国歌）や「星条旗のもとに」（のちのアメリカ国歌）といった「国楽」が、この時期には世界中で積極的に国民統合の手段として用いられるようになっていたことがある（奥中 2008; 81-85）。

日本における「国楽」という用語の初出として知られているものに、明六社のメンバーで、のちに文部小輔を務める神田孝平（一八三〇〜一八九八）の「国楽ヲ振興スヘキノ説」（神田 1874）がある。[2] この論考は、音楽の「改正」によって「国楽」（国民音楽）の振興を目指すことを説くもので、その冒頭は極めて開明派らしい一句、「方今《ほうこん》我邦《わがくに》改正《かいせい》振興《しんこう》スヘ《べ》キ者甚《はなは》ダ多《おお》シ、音楽歌謡戯劇《ぎげき》ノ如《ごと》キモ其一《そのひとつ》ナリ。」（句読点とルビは引用者による。以下同様）で始まっている。なぜ「改正」すべきかという理由は、「方今《ほうこん》士君子《しくんし》唐楽《とうがく》猿楽《さるがく》ニテハ面白カラス《ず》、俗楽ハ卑俚ニ堪ヘス《ず》トシテ、殆ト《ほとんど》楽《がく》ノ一事ヲ放擲《ほうてき》スルニ至ル」といった状況だからであるとされており、神田においては雅楽も俗楽も近代的な国楽にはなり得ないと考えられていることが分かる。ではどのように「音楽歌謡戯劇」を改正すべきなのか、神田は次のように提言している。

> 第一ニ音律ノ学ハ格致ノ学ニ基キ別ニ一課ヲ為シ、音ニ従《したがい》テ譜ヲ作リ譜ヲ案シ《じ》テ調《しらべ》ヲ為スノ法ナリ。此法《このほう》支那《しな》ニハ畧《なお》ホコレ有リ、欧米諸国ニハ殆《ほとんど》ト精妙ヲ極ム、只我邦ニ未《いま》タ《だ》開《ひら》ケ《け》ス《ず》。今之ヲ講《こう》ス《ず》ルハ我欠《けつ》ヲ補フノ道ナリ
>
> （神田 1874: 7）

「音律ノ学」が「格致ノ学」（西洋の自然科学）に基づくべきであるとされていることから、音響学的な音律研究が想定されていることが分かる。また、中国には「畧ホコレ有リ」、欧米には「殆ト精妙ヲ極ム」と述べていることからも「音律ノ学」は対位法や和声法を用いるような近代西洋の作曲法のみではなく、音律・音階に関する自然科学を土台として築く必要性があることを訴えているものと考えられる。こうした神田の国楽論は、日本音楽の研究手段として音律や音階の研究が第一に必要であるという主張において、これに続く日本音楽研究の特徴をすでに明確に描いたものであったのである。

雅楽課の「国楽」——「雅楽音階」の誕生

ところで、神田孝平のこの論考は、実は「国楽」という日本語が初めて使われた文献ではない。というのは、『太政官日誌』(七十五号追録)の一八七二(明治五)年九月十二日の記録に、鉄道開業式で演奏された宮内省雅楽課による雅楽を「国楽」とする記述が見られるからである。以下、『太政官日誌』の記録を追いながらその「国楽」としての雅楽の姿を観察してみよう。

一八七二年九月十二日、新橋—横浜間に鉄道が開業し、両駅に天皇の行幸があった。朝九時に皇居を出た天皇一行の馬車が新橋駅に到着すると、近衛兵が「ヲーシヤン」(*Aux champs*:フランスで高官を迎える際に近衛軍鼓笛隊によって演奏される曲)を高らかに吹く。工部省長官や各国公使らが迎えるなか、天皇が新橋駅構内に着くと、国旗の掲揚にともなって、「国楽」である唐楽「万歳楽《まんざいらく》」の演奏が始まる。天皇が列車に乗車するときには、近衛砲隊が日比谷訓練場で一〇一発の祝砲、品川の品海に碇泊の海軍軍艦が二十一発の祝砲をあげ、新橋の軍楽隊が演奏する。列車は十時に新橋駅を出発、そして十一時に横浜駅に到着の際には、東京鎮台砲隊が横浜で一〇一発の祝砲、横浜港碇泊の軍艦が二十一発の祝砲をあげる。天皇が列車から降りるときは、国旗の掲揚とともに、「国楽」である「慶雲楽《きょううんらく》」が演奏される。横浜駅での式典で天皇が勅語を述べ、外国公使の祝辞などがある。十二時に天皇が横浜駅から再び列車に乗るとき、国旗掲揚とともに「陵王《りょうおう》」の「奏楽」があり、午後一時に新橋駅に帰還すると国旗掲揚とともに「音楽」の「還城楽《げんじょうらく》」が同様に奏された。

この雅楽は、朝廷の儀礼的音楽という意味で、用語の原義の通りの「雅楽」であるということが

三代歌川広重「東京汐留鉄道御開業祭礼図」

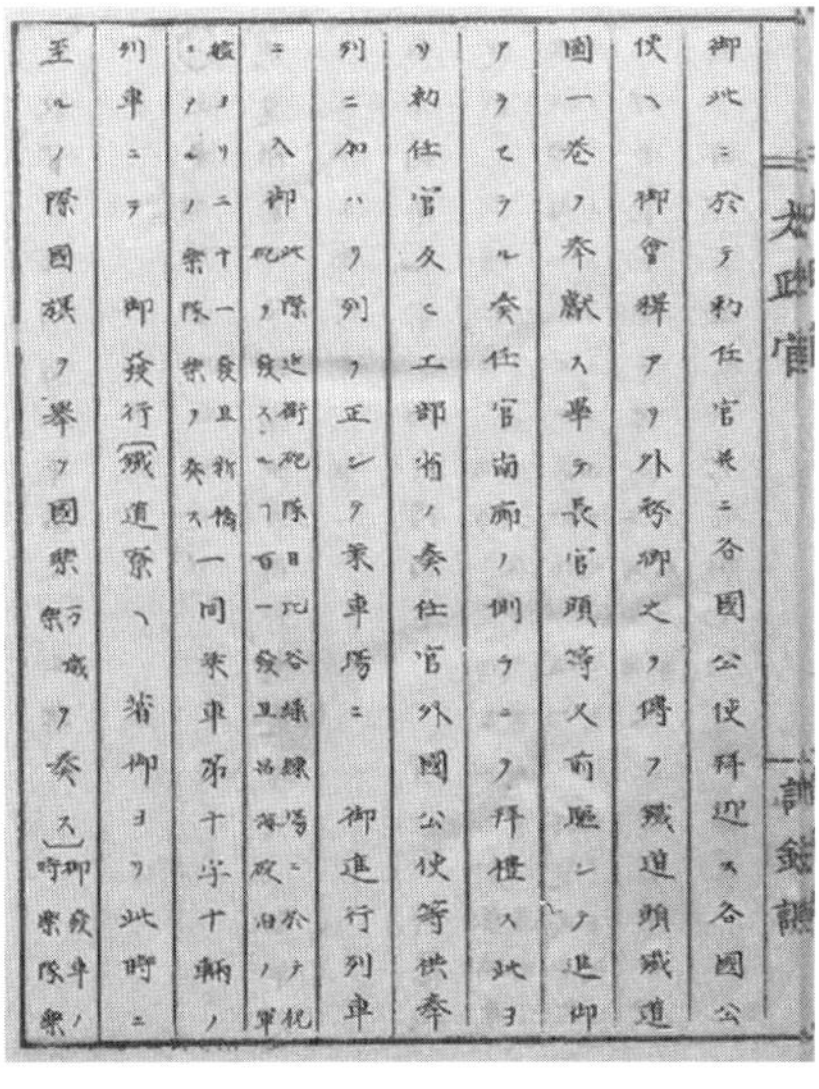
御此ニ於テ勅任官並ニ各國公使拝迎ス各國公
使ヘ御會釈アリ外務卿之ヲ傳フ鐵道頭鐵道
圖一巻ヲ奉献ス畢テ長官頭等人前駆シテ進御
アラセラル奏任官南廊ノ側ラニ列拝ス此ヨ
リ勅任官及ヒ工部省ノ奏任官外國公使等供奉
列ニ加ハリ列ヲ正シテ乗車場ニ　御進行列車
ニ　入御（此際近衛砲隊日比谷練兵場ニ於テ祝砲ヲ發ス一百一發且品海碇泊ノ軍
艦ヨリ二十一發且新橋ノ楽隊楽ヲ奏ス）一同乗車第十字十輌ノ
列車ニテ　御發行（鐵道寮ヘ著御ヨリ此時ニ
至ルノ際國旗ヲ擧ケ國楽楽ヲ成ヲ奏ス）（御發車ノ時楽隊楽

「国楽」の初見、明治五年『太政官日誌』（七十五号追録）

できよう。ゆえにそれが国家の儀礼的音楽という意味で「国楽」と読み替えられてもおかしくはない。だが興味深いのは、これよりのち雅楽が「国楽」と呼ばれることはないということである。別の見方をすれば、この明治天皇の前での雅楽を「国楽」とした記録は、これが唯一の記録であるということで価値があり、また当時の人々が実際に望んだ「国楽」が雅楽ではないということを、逆光をあてて見せてくれるものでもある。(3) 雅楽は皇室という当時の国の中央で行われていた音楽であり、ほかの諸芸能と比較してその価値向上のために改めて天覧を必要とすることもなかった特別な位置にある音楽であったにもかかわらず、当時の人々が求めていた「国楽」とは異なるものであったのだ。

だがいっぽうで、雅楽課とは、「国楽」である唱歌を作る機関として文部省音楽取調掛が設置される以前に、初めて唱歌を制作した機関であるということを記しておかねばならない。雅楽課は皇室での祭祀・行事において雅楽の奏楽を行うために再編された部局であったが、一八七四年には宮中行事での西洋音楽のために西洋の管弦楽の修得も申し渡されたことから、日本で最初の唯一の西洋管弦楽のエキスパート集団ともなっていたのである。そこで東京女子師範学校は、一八七七年九月、付属幼稚園の開業式において皇后の前で園児らに歌わせる遊戯歌と唱歌の制作を式部職に依頼したのである（藤田 1978／芝 1991／ゴチェフスキ 2000／塚原 2009: 114–115）。出来上がった保育唱歌は、フレーベル主義の幼稚園書にある西洋音楽の歌詞を日本語にしたものに、雅楽課の楽人が「雅楽音階」の旋律を載せたものであった。楽器はおもに笏拍子と和琴を使い、楽譜は神楽や催馬楽の歌譜にみられる伝統的な墨譜《はかせ》を使っている。

「雅楽音階」の研究の歴史的なプロセスとして強調しておきたいことは、塚原が明らかにしたように、ここで初めて雅楽の楽人たちが「西洋音階」の「長音階」「短音階」に対比しうるものとして、「雅楽音階」の「呂旋法」「律旋法」という概念を創出したことである。(4) 図に挙げた保育唱歌の墨譜には、「壱越調五声律旋法」(壱越dを基音とした音階)や「盤渉調五声律旋法」(盤渉bを基音とした音階)といった、西洋音階の概念を流用した表現が見て取れる(下図右)。さらに楽人たちは、それを「旋律指掌図」(一八七八年頃)なる掛図において西洋音律ならびに西洋音階の「長音階」「短音階」とぴったり符合するものとして表している(下図左)。

日本最初の国立の音楽研究機関である音楽取調掛が設置されると、そこで伝習生・御用掛となって勤め、次第に助手として、教授として教鞭をとっていったのは、この「旋律指掌図」の作成に携わったとされる芝葛鎮《しばふじつね》(前出)のほか、上眞行《うえさねみち》(一八五一～一九三七)・東儀彭質《とうぎたけかた》(一八五五～一八九二)・辻則承《つじのりつぐ》(一八五六～一九二二)・奥《おく》

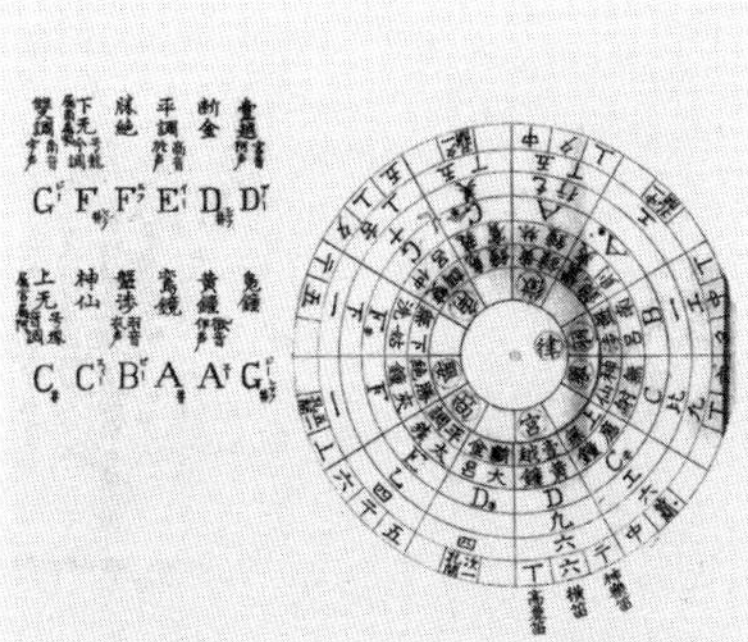

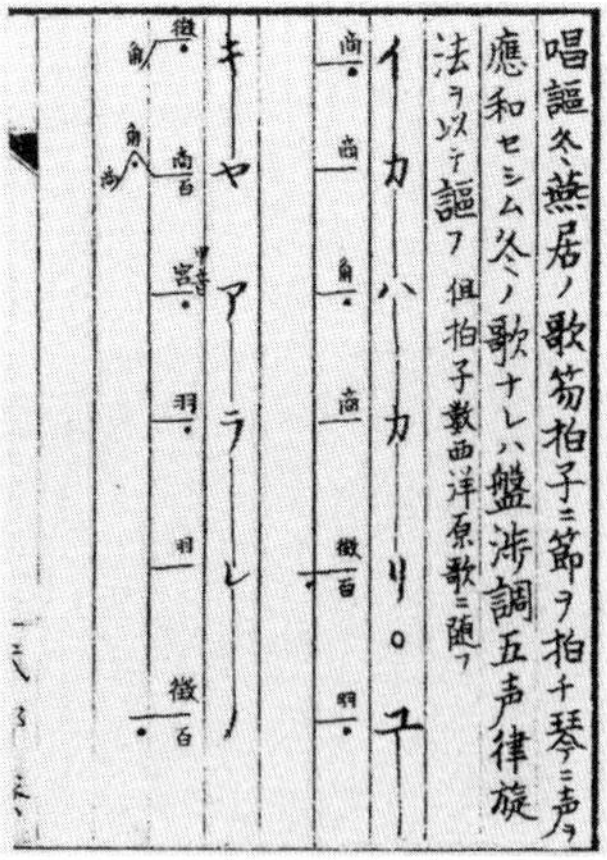

(左)「旋律指掌図」(塚原 2009: 167)
(右)保育唱歌の墨譜(同 : 169)

音楽取調掛の雅楽の楽人（塚原 2009: 141）

好義《よしいさ》（一八五八～一九三三）ら雅楽課の楽人たちであった。雅楽課が作り上げた新しい「雅楽音階」は、こうして国立の研究機関で正統な「伝統」として定着していくことになる。

第一部　「日本音階」の誕生

明治初頭の日本で、それまで「雅楽」のみを意味していた「音楽」という用語が、そこに在来のいわゆる俗楽をすべて含む必要に迫られたとき、「雅楽」と「俗楽」のあいだに改めて線を引く作業が行われたことは序章の冒頭で述べた。なぜ雅楽とそれ以外の音楽を分ける必要があったかといえば、当時の俗楽の主流である江戸時代から民衆に浸透していた端唄・小唄・清元・常磐津などが、遊郭や劇場と結びついていたこと、あるいは盲人が専門家として演奏することの多い箏や琵琶があることを理由に、地位の低いものと見なされていたからである。ゆえに、近代国家たるべく努力をしていた日本において、これらの「俗楽」を「音楽」たらしめるためには「改良」する必要があると考えられるようになったのである。

私たちが第一部で見ていくのは、こうした「日本音楽改良」論に代表される国楽論を背景として始められた日本音階の研究である。当時の人々が日本音楽を西洋音楽と比較しようとしたとき、日本の雅楽や箏曲には音の高さによって名を付けられた十二の「音律」の概念があり、それが西洋音楽のピアノの鍵盤（白鍵＋黒鍵）に代表される「十二平均律」に似ていた。また、西洋音楽には十二平均律をもとにした七音による「音階」の概念があるが、日本音楽には似ているといえなくもない概念が雅楽のなかにあるだけであった。このようなことから、日本音楽研究の近代は、「日本音階」を発見しようという努力から始められたのである。序章で触れた、国楽を改良するために「音律ノ学」の必要性を最初に説いた神田孝平は、日本初の学会である東京数学会社（一八七七年九月）を創立したが、これは後に数学物理学会となるもので、東京帝国大学理科大学物理学科と密接な繋がりをもっている（日本物理学会編 1987: 113-119）。したがって、物理学科の音律・音階の研究もまた、国楽論の歴史的延長線上に位置付けることができるように予想される。

同時期のヨーロッパにおいては、ヘルムホルツの研究に代表されるように、音響学は自然物理学の花形であったが、日本の物理学者による音響学についてはこれまで歴史的な考察をされることがなかった。以下では、文部省音楽取調掛で整えられていった仕事を、東京帝国大学理科大学物理学科が基礎のひとつとして展開していった、音響学的な音律・音階の研究を観察していこう。

第一章　東京帝国大学理科大学物理学科というトポス

音楽研究と科学

最初に、近代日本がモデルとした西洋の音楽研究の歴史を概観しておこう。

「音楽」Musik（独）、music（英）、musique（仏）などの語源であるギリシャ語の「ムーシケー μουσική」は、紀元前六世紀のピュタゴラスの弦の長さと振動数の比率の音律研究に見られるような、数学的な自然哲学を含む用語であった（三浦 2005／リンドバーグ 2011: 147-173, 206-237／Haines 2001: 21-44）。こうした音楽の概念は、ローマ帝国時代には「自由学芸 artes liberales」の「四学芸 quadrivium」（算術・幾何・音楽・天文学）のひとつとして取り込まれ、中世の修道院へ、そして十二〜十三世紀の大学における数学的な学問へと受け継がれていった。

十八世紀後半から十九世紀前半にかけて、ドイツを中心として大学が制度化されていくのに伴い、それまで神学・法学・医学・哲学の四学部の職業教育機関であった大学に、国家的・軍事的な科学者や技術者の教育を目的とする自然科学が加えられていった（廣重 1973: 45／ラヴェッツ 1982: 46-60）。音楽の分野では、十九世紀後半、自然科学をモデルとした音楽研究、すなわち物理学者であり生理学者でもあるヘルマン・フォン・ヘルムホルツ Hermann von Helmholtz（一八二一〜一八九四）や、実験心理学者のカール・シュトゥンプ Carl Stumpf（一八四八〜一九三六）らの音楽研究が登場する。とりわけヘルムホルツの『音感覚論：音楽理論の生理学的基礎 *Die Lehre von den Tonempfindungen als physiologische Grundlage für die Theorie der Musik*』（一八六三年）は、「協和」「不協和」といった和声の音響的概念を、生理学的・心理学的に解釈したことから、人文学的な音楽研究に大きな影響を与えた（木村 2004: 5）。

一八八五年、ドイツ・オーストリアの音楽学者たちによって、初の音楽学術雑誌『季刊音楽学 *Vierteljahrsschrift für Musikwissenschaft*』が創刊された。その創刊号の巻頭に掲載されたグイド・アドラー Guido Adler（一八五五〜一九四一）の論考「音楽学の範囲、方法、目的」は、音楽学とはどのような学問であるかを初めて提案したものであった。彼は音楽学に「歴史的部門」と「体系的部門」との二つの部門を設けて、「体系的部門」には補助学として「音響学」「数学」「生理学」「心理学」「教育学」などを挙げた。同時代の音楽学者で、ライプツィヒ大学のフーゴー・リーマン Hugo Riemann（一八四九〜一九一九）はその主著『音楽学大綱 *Grundriß der Musikwissenschaft*』（一九〇八年）の中で、音楽学の下位領域に、「音楽史」・「音楽理論（和声法など）」・「音楽哲学・音楽美学」・「音響学」「音響心理学（音響生理学）」の五分野を置くなどして、音楽学の専門化を図った（Rehding 2003: 2）。

このように十九世紀後半から二十世紀にかけて人文科学と自然科学が分化し、確立していったことは、しかし、人文科学と自然科学が同じ科学観をもつということを意味するものではない。というのは、この時代の自然科学は、産業と結びついたことによって、人文科学よりもより厳密で普遍的なで有用な「科学」として認識されていたことも確かだからである（野家 2007: 155／2010: 37-38）。たとえば、フライブルク大学の新カント派のハインリヒ・リッケルト Heinrich Rickert（一八六三〜一九三六）は、「科学」というのものが、物理学、化学、解剖学、生理学、生物学、地質学などの「自然科学」と、神学、法学、歴史学、文献学などの「文化科学」の二つに分かれていることは明らかであるが、自然科学者たちが方法論や概念を共有しているのに対して、文化科学の学者たちはそれがないので、自然科学の方法をモデルとして文化科学の方法を打ち立てる必要があると述べている（『文化科学と自然科学 *Kulturwissenschaft und Naturwissenschaft*』、一八九八年）（リッケルト 1939: 23)。つまり、科学という用語は、人文科学と自然科学を分化・確立させるために一役演じながら、リッケルトのような人文科学側からも援護射撃をうけつつ、産業と結び付いたサイエンスとしての自然科学を指し示す傾向を強めていったのである。

日本が西洋の学問や科学を導入した明治初期とは、西洋においてこのように科学の概念がゆらいでいた時期であった（廣重 1973: 43）。ゆえに一八七七年、明治政府が東京大学を設立したとき、当時のドイツの大学における諸学問としての「学」「科学」をモデルとすると同時に、産業・工学と結び付いたサイエンスとしての「科学」を重要視したのである（村上 1977: 124-130）。西洋の科学を受け入れた日本は、当時の西洋における科学の概念のゆらぎをも、一緒に受け入れることになったのだ。

こうした背景が、第一部で見ていく東京帝国大学理科大学の音響学の知を支えている。一つ例を見ておこう。先にも挙げたリーマンの『音楽学大綱』(一九〇八年)は、現在の音楽学の枠組みの雛型として知られるものであるが、これを初めて日本に紹介して、「音楽学」という訳語を使用したのは、東京帝国大学文科大学哲学科の乙骨《おっこつ》三郎(一八八一〜一九三四)である。三郎は幕末・明治期の英語学者・翻訳者の乙骨太郎乙《たろうおつ》の三男で、父方の伯父の息子(即ち従兄)に上田敏(一八七四〜一九一六)がいる(赤松 1973/石倉 1935)。文科大学の外国人教師ラファエル・フォン・ケーベル Raphael von Koeber(一八四八〜一九二三)に師事し、大学院では美学を専攻した。卒業後は音楽学校でドイツ語や西洋音楽史を教えた。乙骨がリーマンの『音楽学大綱』を紹介したのは、一九一四(大正三)年から一九一六年にかけて、雑誌『音楽』の附録として掲載していた「音楽通論」においてである(仲 1989: 47)。

この乙骨の音楽学の影響を受けたのが、田辺尚雄である。田辺が一高の理工科に入学した年に乙骨が文科の三年にいたことで、田辺は乙骨からドイツ系の音楽知のイニシエーションを受けることになる。この辺りのことについては次章で詳しく観察する。ここでは Musikwissenschaft(音楽学・音楽科学)というドイツ語の翻訳に関する二人の違いについてのみ触れておきたい。田辺が一九一六年に出版する『最近科学上より見たる音楽の原理』の附録「進んで斯学を研究する人の採るべき方針とその参考書」(田辺 1916: 498)には、リーマンの書が挙げられている。田辺は乙骨がこれをすでに「音楽学」と訳していたことを知っていたと思われるが、しかしそれにもかかわらず、ここで「音楽科学」という訳語をあえて用いているのである。これはおそらく、Musikwissenschaft に「科学」という用語がもつ自然科学的な意味を与えることで、「音楽科学」という領域をより実用的なサイエンスとして世間に認知させることを狙ったものであるように思われる。当時の日本では、「日本音楽」という以前に「音楽」というもの自体が社会的に有益なものとは考えられていなかったのであり、ましてやそれが研究の対象になるなどとは思われてもいなかった。ゆえに音楽を「科学」として研究するという主張が、自らの音楽研究のみならず音楽自体の地位向上のために必要不可欠なことであったと考えられるのである。

日本音階の起源としての雅楽音階──雅楽課から音楽取調掛へ

近代日本で最初に西洋音楽の研究を行った公的な機関は、大学ではない。すでに序章で観察したように、一八七〇（明治三）年に太政官内に設置された雅楽局であった。式部寮雅楽課（一八七一年に官制改革で改称）は、一八七四年からは西洋の管弦楽も習得することになった。そして一八七九年に音楽取調掛が設置されると、雅楽課の芝葛鎮、上眞行、東儀彭質、辻則承、奥好義らがそこで西洋音楽の習得・教育・研究に関わることになる。

音楽取調掛では、雅楽と西洋の管弦楽の二つが「高等音楽」と位置づけられ、「国歌」を作るときに依拠すべきとされたいっぽうで、声高に「俗曲（俗楽）改良」が叫ばれた。この辺りの音楽のヒエラルキーを理解するために、音楽取調掛が文部省に提出した『音楽取調成績申報書』（一八八四年）を見ておこう。これには「内外音律の異同研究の事」「本邦音階の事」「希臘楽律の事」という三つの調査報告が含まれているが、これらの題目からは、音楽取調掛による音楽調査の目的が日本音楽に西洋音楽と同じ意味での「音律」「音階」を見出そうとするものであったことは明らかである。

掛長の伊沢修二（一八五一～一九一七）は、これらの調査を、まずボストンのブリッジウォーター師範学校から招聘した音楽教師ルーサー・ホワイティング・メーソン Luther Whiting Mason（一八二八～一八九六）に日本の諸音楽を聴かせ、西洋と日本の音律に違いはないという答えを得ることから始めている。次に日本音楽側の演奏者たち――箏曲家の山勢松韻（一八四五～一九〇八）と雅楽課の楽人――に「ピアノの十二律」、すなわちピアノで十二平均律を聴かせて、西洋と日本の音律に違いはないという答えを得る。伊沢はここで慎重に、俗楽側の証言者として山勢に「其律と箏の調子とは毫も異なる所なし」と答えさせ、雅楽側の証言者として雅楽課の楽人に「我十二律はピアノの十二音（全音七、半音五を合して云う）に殆ど相同じ」と答えさせることで、日本の雅楽も俗楽も西洋音楽と同じ十二音律を有しているという物語を構築している。なぜこうした物語を前提とするのかについては、伊沢自身が次のように述べている。

若《も》し本邦の音律、即ち従前彼等が習学せし所の声曲をして、西洋の音律、即ち今将《まさ》に習学せんとする所のものと、大異《たいい》あらしめば、其成業は、殆《ほとん》ど期すべからざる程の困難を来すべし。何となれば、従前習学して深く脳漿《のうしょう》に侵入せし所のものを全く除去するに非ざれば、新律に移る能わざるを以てなり。

（伊沢 1971: 48）

要するに、西洋音楽と日本音楽の音律が同じであるということによって、日本の音律が「深く脳漿に侵入」している日本人であっても、西洋の音律に「移る」ことができるという確証を得る必要があったのである。

この物語を補強するために、伊沢は続く箇所では、三味線と箏の音律をヘルムホルツ等の近代音響理論と比較して「毫も異なる所なし」と結論づけ、さらに雅楽の十二律に西洋音楽の音名をイロハに当てはめた次のような対比表を表している。

ニ	ハ♯	ハ	ロ	イ♯	イ	ト♯	ト	ヘ♯	ヘ	ホ	ニ♯
壱越《いちこつ》、	断金《たんぎん》、	平調《ひょうじょう》、	勝絶《しょうぜつ》、	下無《しもむ》、	双調《そうじょう》、	鳧鐘《ふしょう》、	黄鐘《おうしき》、	鸞鏡《らんけい》、	盤渉《ばんしき》、	神仙《しんせん》、	上無《かみむ》

こうした上で、西洋の七音による「自然長音階」「自然短音階」を流用して作った、雅楽の七声（宮・商・角・変徴・徴・羽・変宮）による「呂旋」「律旋」の概念に並べながら、その類似性を指摘する。といっても、「雅楽音階」を「西洋音階」と対比しうるように解釈したのは、すでに雅楽課の楽人らが行っていたことである。元禄期の『楽家録』にある五声（宮・商・角・徴・羽）による「呂旋」「律旋」を用いて、楽人たちが保育唱歌の中に「壱越調五声律旋法」や「盤渉調五声律旋法」といった表記を生みだしたことは序章で観察した。

このようなプロセスを経ることによって、雅楽課による雅楽音階の理論は、音楽取調掛・東京音楽学校を通して正統な「伝統」として共有されていく。こうした雅楽課の楽人自身による雅楽音階の研究を、自文化表象という視点から捉えなおしてみると興味深いだろう。彼らは、日本で初めて西洋の音楽理論を習得した近代的な音楽人・知識人であると同時に、雅楽についての正統な「インフォーマント」（文化人類学などで言う「情報提供者」）でもあったのである。言い換えれば、雅楽課の楽人たちによって行われた雅楽音階の研究は、近代における「見る」「見られる」関係を、自文化表象の理想の極限まで近づけたものであった。このようなことからも、雅楽課による雅楽の知は正統なものとされ、音楽取調掛において改めて「取調」をする必要のないものとして認識された。したがって、のちに、実際に演奏される雅楽と理論との違いについて指摘をした兼常清佐《かねつねきよすけ》（後述）のような研究者に対しては、「正しくない」という批判がくることになる。(5)

さて、いっぽうの俗楽の音階についてであるが、伊沢は未だ明らかではないといいながら、俗楽

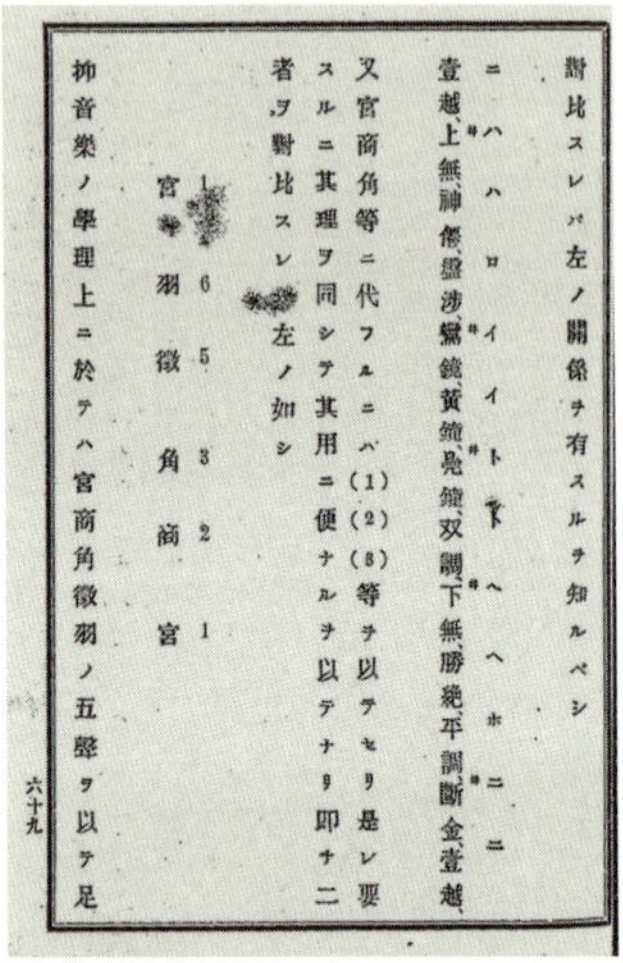
對比スレバ左ノ關係ヲ有スルヲ知ルベシ
ニ ハ# ハ ロ イ# イ ト# ト ヘ# ヘ ホ ニ# ニ
壹越、上無、神仙、盤渉、鸞鏡、黄鐘、鳧鐘、双調、下無、勝絶、平調、断金、壹越、
又宮商角等ニ代フルニハ(1)(2)(3)等ヲ以テセリ是レ要スルニ其理ヲ同シテ其用ニ便ナルヲ以テナリ即チ二者ヲ對比スレハ左ノ如シ
1 6 5 3 2 1
宮 羽 徴 角 商 宮
抑音楽ノ學理上ニ於テハ宮商角徴羽ノ五聲ヲ以テ足
六十九

(上) 雅楽の音律名とイロハの対応
(下)「呂旋」と「自然長音階」の対応（いずれも伊沢 1884）

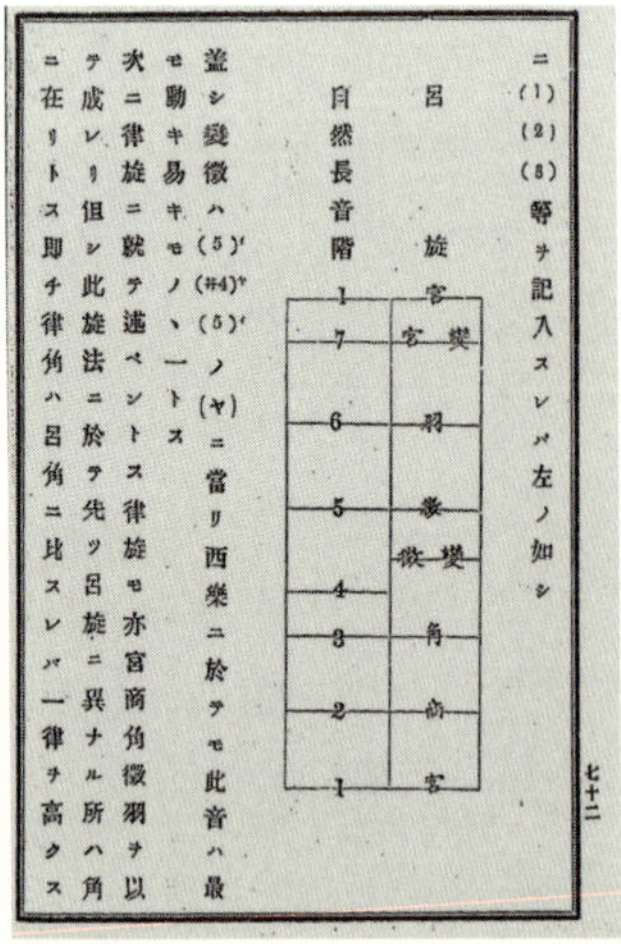
ニ(1)(2)(3)等ヲ記入スレバ左ノ如シ

自然長音階	呂旋
1	宮
7	變宮
6	羽
5	徴
	變徴
4	
3	角
2	商
1	宮

蓋シ變徴ハ(5)'(#4)''(5)'ノ(ヤ)ニ當リ西楽ニ於テモ此音ハ最モ動キ易キモノヽ一トス
次ニ律旋ニ就テ述ベントス律旋モ亦宮商角徴羽ヲ以テ成レリ但シ此旋法ニ於テ先ツ呂旋ニ異ナル所ハ角ニ在リトス即チ律角ハ呂角ニ比スレバ一律ヲ高クス
七十二

にも西洋音楽・雅楽と同じ方法で作られた音階があると「信ぜり」として、西洋音階・雅楽音階をモデルに俗楽の七音音階を提示している。さらに、古代ギリシャと雅楽の音階が同じであることから派生して、古代ギリシャのテトラコルド（四度の関係にある二つの音のあいだに、もう二つの音を配置したもの）と日本の俗楽音階が同じであると指摘する。そして最後に、「本邦雅楽の音階も俗楽の音階もみな此希臘音階中になきものは更に之なし」（伊沢 1971: 66）と結論した伊沢は、古代ギリシャの『アポロ讃歌』(6)なる作品を、芝葛鎮に頼んで「希臘古楽『アポロ』讃歌本邦楽器譜」という雅楽譜にさせて演奏までさせている（次頁図）。一八八二年一月三十一日、雅楽版『アポロ讃歌』は雅楽課により初演された。その結果に満足した伊沢は、次のような感想を述べている。

其律呂《そのりょりつ》の旋法の如き、殆《ほとん》どかれ我《われ》の別を知る能《あた》わざるに至れり。是《こ》れ、我《わが》音楽は啻《ただ》に理論に於《おい》て欧州の古楽と其趣《おもむき》を同じくするのみならず、実際の奏曲に至りても亦《また》、大《おお》いに異なるところなきを証するに足るものなり。

（東京藝術大学百年史編集委員会編 1987: 198）

古代ギリシャ音楽と日本の雅楽をその音階理論のみならず、今現在の演奏においても相似するものであることが、ここに証明されたというのである。

伊沢がこれらの調査結果を含む『音楽取調成績申報書』を文部省へ提出したのは、一八八四年であったが、この年は、音楽取調掛による日本の最初の音楽教科書『小学唱歌集』が完成を見た記念碑的な年でもある（初編～第三編、一八八一～一八八四年）。これらの唱歌の原曲が、キリスト教の

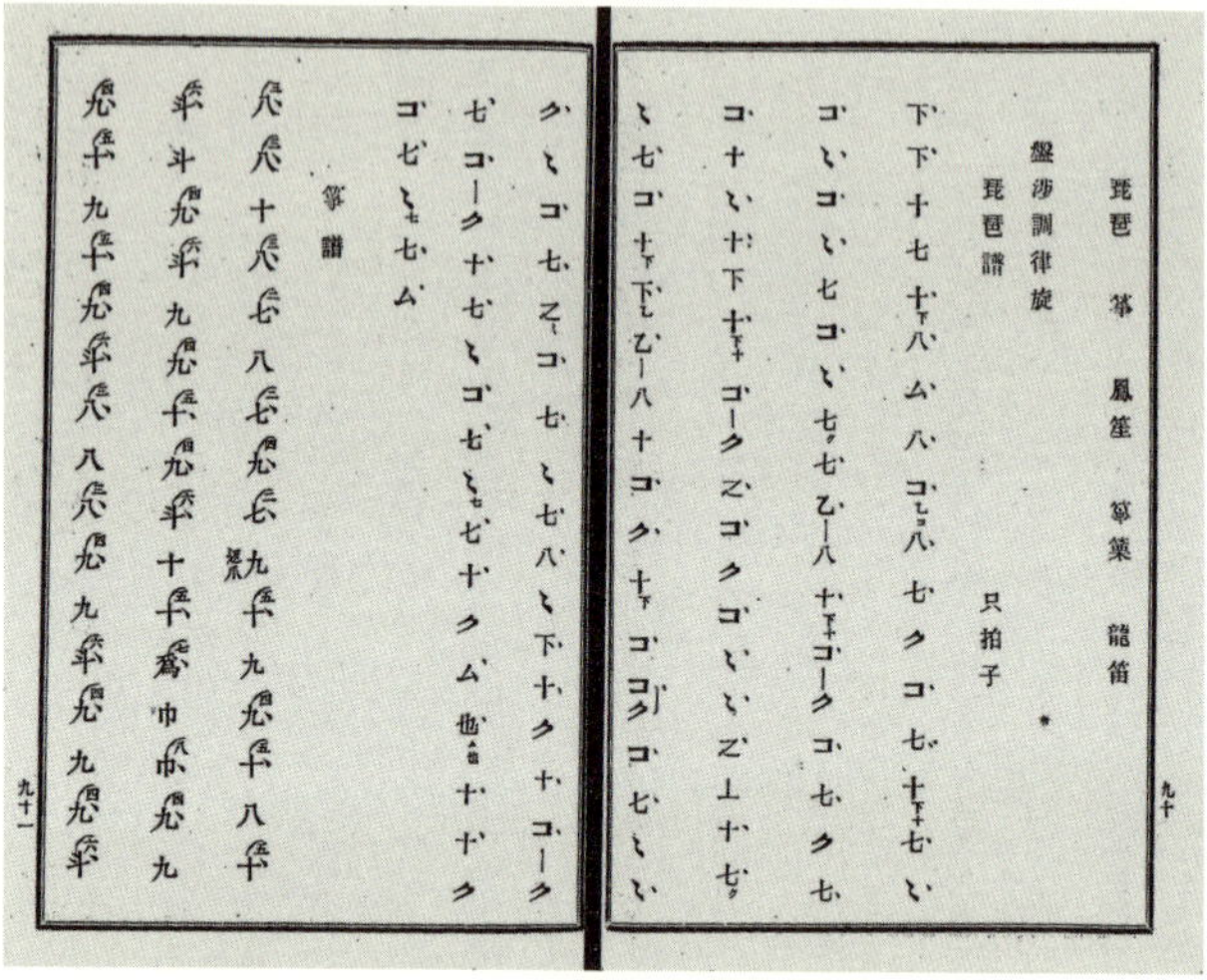

「希臘古楽『アポロ』讃歌本邦楽器譜」(伊沢 1884)

『アポロ讃歌』(Whilliam Chappell, *The History of Music*, 1874)

賛美歌（『星の界』）、スコットランド民謡（『蛍の光』）、アイルランド民謡（『庭の千草』）、ドイツ民謡（『蝶々』）などから取られたことはよく知られている。奥中康人が『音楽と国家』で明らかにしたように、その理由は、日本が音楽を通して近代国家になるためには、西洋の七音音階を習得する必要があると伊沢が考えたからだ（奥中 2008: 149-151）。伊沢がかなりの急ぎ足で七音音階による「日本音階」を誕生させたのは、これらの七音音階の原曲を移植して日本の唱歌集を作る必要があったからである。

そして「高等音楽」である西洋音楽と雅楽によって「国歌」を作るという計画も、一八九三年に文部省が小学校で祝日大祭日に斉唱する儀式歌として告示した「祝日大祭日唱歌」（全八曲）を作ることのうちに実現する。「雅楽家が雅楽音階と徐々に馴染んできた西洋音階とを折衷して作ったもの」（塚原 2009: 185）と考えられるこれらの唱歌群は、文部省によって「国歌」と位置づけられた「君が代」（古今和歌集読人不知、奥好義作曲）のほか、「一月一日」（千家《せんげ》尊福《たかとみ》作詞、上眞行作曲）、「元始祭」（鈴木重嶺《しげね》作詞、芝葛鎮作曲）、「神嘗祭」（木村正辞作詞、辻高節《たかみさ》作曲）、「天長節」（黒川真頼《まより》作詞、奥好義作曲）、「新嘗祭」（小中村清矩《きよのり》作詞、辻高節《まさこと》作曲）、「紀元節」（高崎正風《まさかぜ》作詞、伊沢修二作曲）など、雅楽課の楽人が作曲した曲が多数を占めている[7]。

いっぽう、「君が代」の作曲者として、官報の告示や教科書などには当時の雅楽部楽長である林広守の名が挙げられているが、実際には西洋音楽にも長けた奥好義が中心人物であったことはよく知られている。奥の「君が代」は、ヘルマン・ゴチェフスキの分析によれば、イギリス軍楽隊長ジョン・ウィリアム・フェントン John William Fenton（一八三一〜一八九〇）によって作曲された西洋の讃美歌風であった初代「君が代」を改作したものであるという（Gottschewski 2003）。まさに「君が代」は、「高等音楽」である「雅楽音階」と「西洋音階」の融合から生まれた、「壱越調律旋」（上昇レミソラドレ・下降レシラソミレ）という名の新しい近代の音階なのである。

上原六四郎の俗楽音階研究の背景

俗楽音階は西洋音楽と雅楽音階と同じ七音音階に基づく、という伊沢の信仰に対して「否」と唱え、五音音階による新しい俗楽音階理論を打ち出したのが、同じ音楽取調掛の上原六四郎（一八四八〜一九一三）であった。

上原は一八六九（明治二）年に東京大学の前身のひとつである開成学校に入学し、フランス語と物理学を修めた。一八七五年から士官学校で物理学を教え、一八八二年から音楽取調掛に出仕した。日本初の西洋音楽のコンサートホールである東京音楽学校奏楽堂（一八九〇年）の音響設計をしたのも、一八九二年の授業カリキュラムの改正で設けられた日本初の「音響学」の授業を担当したのも上原であった。彼の「音響学」の内容については、日本初の音楽の専門雑誌『音楽雑誌』に一八九六年八月より一八九八年二月まで連載された、「音響学」と題する上原の連続講義におおよその姿を知ることができるが、上原はそこでピュタゴラスの音律理論やヘルムホルツ以降の近代音響学を紹介しながら、中国と日本の音律・音階について論じている。こうした内容は、ここから十年後に田辺尚雄が打ち立てる「音楽的音響学」をほとんど先取りするものである。

この講義の「本邦音階」の末尾に、「明治八年以来此点に注意せしか全国に行はるゝ所謂俗楽なるものに就て遂に近年之を発見せり」（上原 1897: 4）とある。これが上原の著書『俗楽旋律考』（金港堂、一八九五年）を指したものであることは間違いないが、明治八年（一八七五年）以来の考察というから、上原は二十年近くも俗楽音階理論について温めてきたというわけである。それが具体的に実現したのは、東京音楽学校が一八九三年五月から開催されるアメリカのシカゴ・コロンブス万国博覧会へ出品するにあたって、東京音楽学校長の村岡範為馳《はんいち》が上原に日本の俗楽についての英語の解説書を依頼したことにあった[8]。その英語版 *Some Discussions on Melodies of Japanese Popular Music*（「日本俗楽の旋律についての考察」、鈴木米次郎による英訳、一八九三年）の日本語版が『俗楽旋律考』として出版されたのであるから、これも一八七八年のパリ万博に応えた雅楽課と同様、シカゴ・コロンブス万博という外部からの声に応えて自文化表象を行ったものということができる。

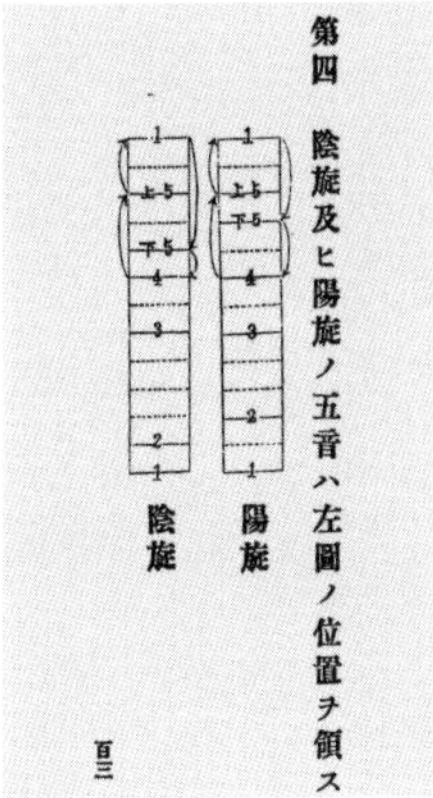

上原六四郎の陰旋と陽旋
（『俗楽旋律考』、1895年）

　上原が調査をしたのは、俗箏、長唄、上方地歌、尺八本曲、謡曲であるという。これらの分析を通して、上原は伊沢が俗楽音階を七音音階としたことを誤りであると指摘し、五音音階からなる日本の俗楽音階を提示する。この新しい俗楽音階は、陰旋・陽旋という二種類からなっている。陰旋は都会で行われる三味線・箏などの都節音階、陽旋は舟歌・馬子唄・田植え歌などの田舎節音階とされる。また上原は、陰旋・陽旋とも旋律が上方へ向かう時と下方へ向かう時とで二通りの異なる音階をもつと述べている。

上原の俗楽音階とその「陰旋」「陽旋」は、音楽取調掛が作った西洋音階と雅楽音階との類似を否定しているにもかかわらず、実のところ音楽取調掛と雅楽課による西洋音階の「短音階」「長音階」、雅楽音階の「呂旋」「律旋」という概念をモデルにして作られており、また上行・下行というのも、明らかに西洋音階の旋律短音階の上行と下行をモデルとしている。そして、上原は論考の最後で、俗楽の陽旋が雅楽の律旋と等しく、「此音階は昔も今も変りなきなり。」と結論することによって、雅楽音階と俗楽音階の連続性を主張しているのである。

このように上原が五音音階という俗楽音階を新たに提示するために、西洋音階・雅楽音階をモデルとしなくてはならなかった背景にはなにがあるのだろうか。というのは、もちろん上原は音響学者であるからそれは一見当然のようでもあるのだが、いっぽうで彼は二十七歳のときから尺八を琴古流の荒木古童に学びはじめ、名手と言われて荒木虚洞と称した「俗楽」の専門家であり、その情報のインフォーマントでもあるからだ。このような疑問をもって上原の音階理論以外の論考に目を向けてみると、ひとつの傾向があることに気づかされる。上原の他の論考「音楽の発達を論ず」(『音楽之友』、一九〇三年)をみてみよう。この論考には「俗楽者流に注意せよ」という物々しい副題が付けられており、次のような文章がつづられている。

茲《ここ》に先《ま》づ卑猥《ひわい》なる汚穢《おわい》物を掃除し、天下を清浄潔白なるものとなし何《いず》れ如何《いか》なる者を学ぶも決して差支へなきやうにして、然る後に高尚優美なる音楽を勧進するを以《もっ》て賢き順序なりとするなり。されば此方《このかた》を行はんには、先づ在来の歌謡の卑猥にして忌むべく嫌ふべきものを去り、そのまゝ用ふべきものと添削して用ふべきものとを分ちて一新機軸を開くこと緊急なり、依《よ》て之が調査をなさん為め取調掛なる職を置き、又一方にては警視庁に於て禁制の方を講ずるは時の急務且つ欠くべからずることなり［…］　（上原 1903: 9-10）

ここで上原は、「在来の歌謡の卑猥」の取り締まりをする部署を設置することを提案し、さらに法的な措置をとるべきであるとまで述べている。またその翌年の論考「社会音楽の改良に就て」でも、同様の見解をさらに激しく主張している。

私は少し卑猥の言葉に渡りますが、私の方法に小便主義と名を命《つ》けます。小便主義といふことは、どういふことかといふと、先年警察令を以て、立小便を禁じたことがある、就《つい》ては諸所に便所を作り、又いっぽうは立小便をすると、罰金を科するといふことにした。宜くないといふことを誰も知つて居りますから、僅か二三年経ちますと、立小便をする人が、各自幾分か、我が道徳心に対して、恥ぢて行はぬやうになつて来た。［…］音楽もそれと同様であつて、政府で、此の如き音楽はならぬものといふことの法令を布いて、警察の方で、両三年取締つたならば必ず立小便が絶跡《なくなる》と同様に、猥雑の音楽は滅ずるであらうと思ふ。　（上原 1904: 89-90）

「小便主義」という彼にとっては「卑猥」である言葉を意図的に用いて、「猥雑の音楽」が絶滅するよう過激にマニフェストをしていることが理解できるだろう。

これらのことから、上原の俗楽音階の研究は、俗楽というジャンルの内部において、「猥雑」を取り除こうとする「俗楽改良」を目的としたものであったことが推測できる。音楽取調掛によって作られた、雅楽と西洋音楽を「高等音楽」とする価値観と、それに支えられた上原の俗楽音階論は、尺八を含む彼が「猥雑」ではないと考えるジャンルの俗楽を、「猥雑」な俗楽から区別するための科学として機能するものであったと考えられる。

東京帝国大学理科大学物理学科の知

ここまで見てきたように、雅楽課、音楽取調掛・東京音楽学校、そして上原六四郎によって西洋音階・雅楽音階・俗楽音階がモデルとして形成されたことで、これらを共有して論じうる音楽の知の場が整った。これらを土壌として、東京帝国大学理科大学物理学科の人々は音響研究を始めることになる。

東京帝国大学理科大学物理学科は、一八七五（明治八）年に南校仏語部と開成学校諸芸学科を母体として設置された東京開成学校物理学科をその始端とする。一八七七年、東京大学設置に伴って理学部に「数学、物理学及び星学科」が設置され、これらが一八八一年九月以降それぞれ数学科、物理学科、星学科と分割されたあと、一八八六年の帝国大学令で帝国大学理科大学物理学科（一八九七年より東京帝国大学理科大学物理学科）として誕生する（東京大学百年史編集委員会編 1987／辻 1995／日本物理学会編 1978）。

二十世紀初頭、日本の物理学科という学問の場は着実にその領域を固めつつあった。一九〇一年六月には、物理学科出身で物理学科初の教授であった山川健次郎（一八五四〜一九三一）が東京帝国大学総長となり、同年七月には、物理学科は理論物理学科と実験物理学科とに二分化されて、専門教育としての物理学が充実する（辻 1995: 8-10）。一九〇三年には、長岡半太郎（一八六五〜一九五〇）が土星型の原子モデルについての論文を発表し、それが翌年 *Nature* に掲載されると、不備を指摘されながらも世界レベルの学問の場で議論の的となった（板倉ほか 1973／岡本 2011）。特に一九〇二年から一九〇六年にかけての物理学科は活発に論文が発表された時期であり、多くの若手研究者が育った「全盛時代」とされる（板倉ほか 1973: 223-228）。

ここで科学史家の湯浅光朝による、明治維新以降の日本の科学者に関する世代的な分類をみておこう。湯浅は、明治期の科学者は世代によって次のように三つのグループに段階的に分けてとらえることができるという（湯浅 1961: 109-110）。

甲グループ：（過渡期の科学者）国内で漢学と蘭学の教育を受けたもの。

乙グループ：（科学の英雄たち）外国の大学を卒業したもの、または留学したもの。日本でも主として外国人講師より教育をうけたもの。

丙グループ：（英雄につづくもの、創造する科学者）真に創造的な仕事を、日本の研究室でなしたもの。

甲乙丙はたいていそれぞれ師弟関係にあるという。物理学に関していえば、甲グループには川本幸民《こうみん》（蘭学者・化学者、一八一〇〜一八七一）、乙グループには山川健次郎・田中舘愛橘《たなかだてあいきつ》（一八五六〜一九五二）・田中正平（一八六二〜一九四五）・長岡半太郎、丙グループには再び長岡半太郎が位置づけられている。湯浅自身も「中間形態」があるとしている通り例外はあるものの、こうした類型化は、近世の蘭学・漢学・国学から西洋近代の科学への移行（甲から乙へ）、そしてお雇い外国人教師による教育や留学による知の獲得という形態から、日本国内での徒弟制度的な縦社会における知の再生産という形態への移行（乙から丙へ）という、知の枠組みの大きな変化の在り方をよく示している。

音響に関する研究が目だって始められたのはこの丙の時期の後半であり、「全盛時代」ともほぼ重なっている。以下では、物理学科が軌道に乗ったこの世紀の変わり目に日本音楽に関する音響研究に着手した、田中正平、中村清二（一八六九〜一九六〇）、寺田寅彦（一八七八〜一九三五）という三人の物理学者を観察していこう。彼らのいずれもが、のちに田辺尚雄の師となる人物である。

田中正平──「アンチ・平均律」としての純正調研究

日本の音響学者の第一号である田中正平は、ベルリン大学のヘルムホルツのもとで純正調（純正律）の研究を行ったことで知られている。

最初に純正調──just intonation（英）、intonation naturelle（仏）──と呼ばれる音律について

簡単に説明しておこう。古代ギリシャのピュタゴラス音律では、二つの音はその高さの比が3：2のように単純な整数比であればあるだけ「純正」に響くと考えられ、弦を三分の二の長さにして完全五度の音を得るということを繰り返して、十二の音律が導き出された。しかしそれでは完全五度の音程が美しく響く反面、とくに三度の音程は複雑な周波数比となってうねりが生じる。そこでドミソ・ソシレ・ファラドの三和音が濁りなくぴたりと合うように調節したのが、純正調である。これに対して、オクターヴを十二等分した平均律は、どの三和音も適度に協和している（すなわち不協和ではある）とはいえ転調の点で実用的である。田中の純正調研究についての研究には、伊藤完夫『田中正平と純正調』（一九六八年）や、平塚知子「『発達』する日本音楽——田中正平の理想と実践をめぐって」（一九九八年）という詳しい研究がある。それらを踏まえながら、ここでは田中における純正調研究と帰国後の日本音楽（俗楽）研究とのつながりを考えてみたい。

田中は物理学科の第一回の卒業生（一八八二年卒業）である。同期に学んだ人物に、後の物理学科を率いる田中館愛橘がいる。ふたりとも、東京大学理学部（一八八六年より帝国大学理科大学）のお雇い外国人教師であるアメリカの物理学者トマス・メンデンホール Thomas Mendenhall（一八四一〜一九二四）と、英国の物理学者ジェームズ・ユーイング James Ewing（一八五五〜一九三五）に学んでいる。この時期、グラハム・ベル Graham Bell の電話機（一八七六年）やトーマス・エジソン Thomas Edison（一八四七〜一九三一）の蓄音機（一八七七年）など音響に関する特許取得が相次いだことを受けて、メンデンホールもユーイングも理学部で音響実験を行っており、若き日の田中はそれらの実験に参加している（日本科学史学会編 1970: 37）。平塚知子は、メンデンホールが西洋音楽を物理学の見地から完全なものとしたことに対して田中が不満を感じていたことを指摘し、ここに田中の日本音楽研究の原点を捉えている。

このような経緯をへて、田中の研究者としての方向性を決定づけたのは、一八八四年に官費留学生としてドイツへ留学し、ベルリン大学でヘルムホルツに師事したことである。田中はヘルムホルツの『音感覚論――音楽理論の生理学的基礎』（一八六三年）にある、西洋音階・和声が西洋独自の一つの様式に過ぎず、それぞれの民族が民族独自の音階を持っているという主張に共鳴して、直接ヘルムホルツに尋ねたという。

これ迄主にモノフオニツクでメロデイを主にして居つてハーモニーは殆どないので、将来日本の国民が進んで行く時に於ては何れハーモニーは要求されるだらう。さう致しました時にどう云ふハーモニーの土台を作つたら宜いでせうか。

（田中 1940: 35）

田中の質問が和声を前提としていることに注意したい。そしてこう尋ねた田中へのヘルムホルツの答えが「純正調」なのであった。

それは無論純正調に行くより仕様がない。西洋の音楽には平均律と云ふのに瀰漫して居るが、夫には歴史的経路があり歴史的の習慣性を帯びて斯うなつた。新しく和声を始めるのに何を苦しんで平均律を使ふか［…］

（平塚 1998: 111–112）

このヘルムホルツの回答が興味深いのは、十九世紀末の西洋において、ラモー以来の和声学を支えていた平均律に対して、純正調がアンチテーゼとして持ち出されているところである。ただし、ヘルムホルツの『音感覚論』に目を転じてみると、ヘルムホルツは西洋の和声を基準に他者の音楽を測ってはならないと言いつつも、和声を発達の頂点に置く当時の西洋中心の進化論を明らかに共有しており、和声のない場所として、中国、インド、アラブなどを西洋音楽の初期の段階に位置づけている。田中には、このような和声の存在しない「未開」の位置に日本音楽を放っておくことはできなかったであろう。ヘルムホルツと田中にとって、「アンチ・平均律」としての純正調は、日本音楽を西洋の近代よりも先へ発達させるための装置であったのだ。

田中はヘルムホルツの音階理論から発想を得て、純正調のパイプ・オルガンを開発した。一八九〇年、田中の論文「純正調についての研究 Studien im Gebiete der reinen Stimmung」は『季刊音楽学 *Vierteljahrsschrift für Musikwissenschaft*』に掲載されると高い評価を得て、ドイツから博士号を授与され、その翌年には東京帝国大学から理学博士の学位を授与された。

田中の純正調オルガンは、一オクターヴに三十六の音をもち、二十個の鍵と膝押板の操作で純正律の和音を出すことができる鍵盤楽器である。具体的には次頁図のように、一オクターヴのあいだに、全音階の通常の位置の七つの白鍵、ピュタゴラス音階に属する音に黒鍵の位置の小さな五つの白鍵、そして別に八つの黒鍵（このうち六つの黒鍵は膝板を押すことで音を変化させることができる）から構成されており、合計で二十鍵をもち、二十六の音を出すことができる。西洋ではこれまでも多くの純正調オルガンが考案されてきたが、なかなか実用に向くものは現れなかった。純正調は美

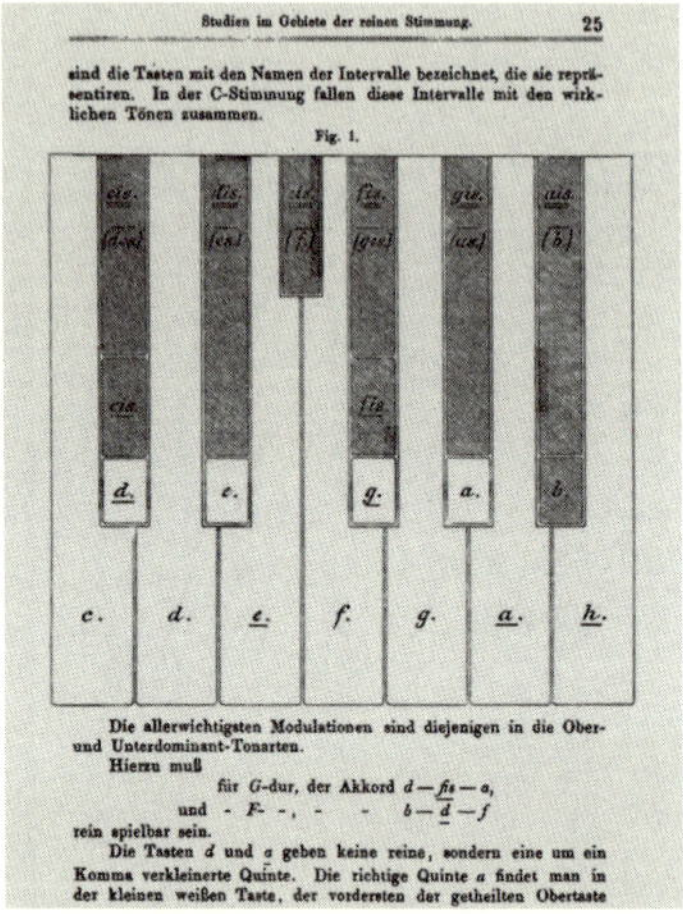
Studien im Gebiete der reinen Stimmung. 25

sind die Tasten mit den Namen der Intervalle bezeichnet, die sie repräsentiren. In der C-Stimmung fallen diese Intervalle mit den wirklichen Tönen zusammen.

Fig. 1.

Die allerwichtigsten Modulationen sind diejenigen in die Ober- und Unterdominant-Tonarten.

Hierzu muß

für G-dur, der Akkord d — fis — a,

und - F- -, - - b — d — f

rein spielbar sein.

Die Tasten d und a geben keine reine, sondern eine um ein Komma verkleinerte Quinte. Die richtige Quinte a findet man in der kleinen weißen Taste, der vordersten der getheilten Obertaste

田中の純正調オルガンの１オクターブの鍵盤（Tanaka, Shohé, “Studien im Gebiete der reinen Stimmung”, *Vierteljahrsschrift für Musikwissenschaft*, vol. 6, no. 1, 1890, p. 25.）

しい五度と三度の響きを持つが、その反面、さまざまな楽曲で転調したときには余計に特に三度がずれるため、さまざまな調に対応するには複数の鍵盤をもつ必要がある。田中の純正調オルガンというのは、このような純正調の実用化の戦いの歴史において、より実用的であるという点で高く評価されたのである。

日本音楽の発達を夢見ながら一八九九年に帰国した田中が、ただちに「邦楽研究所」を自宅に設けて邦楽を五線譜に採譜する作業を行いつつ、一九〇三年には「我邦音楽の発達に就て」というタイトルの講演を行っていることは当然のように思われる。しかし奇妙なことに、彼はこの講演で純正調について一言も触れていないのである。

この講演は、国楽を創出するための方法を提案するものである。田中は冒頭で、音楽において、メロディーは「物理的の関係」で生じる音そのものと異なり、各国各人に共通する「物理的の関係」を有さず、「個人的の習慣と民族的の継伝」によるものであるとして、次のような展望を述べている。

抑も一民族精神的事物の発達には、一定の順序と法則とがあつて、決して偶然に成る者でなく、人為を以て妄りに之を左右し得べきものでもない。必ずやその民族歴史上の根底なくては決して健全なる発達は望むべからざる者で、此事実は古今東西の歴史に徴しても明白である。故に我邦将来の民楽に於ても以上述べたる各楽風の特長が種子となり、之に幾多の改良が施されて漸次発育進化し来るの外、他の順序方策により、真正の発達を図るは到底望むべからざることゝ思はれる。

（田中 1904: 40–41）

このような考えから、続くところで田中は「将来我民楽の基礎たり、素材たるもの」は「我邦在来の音楽の外はない」と述べる。その「在来の音楽」とはなにかといえば、「雅楽は至つて深遠なる者であつて、其全盛時代に於てすら、流行の範囲僅かに上流社会に止まり、一般民衆の音楽的欲望を充たすことはできな」いものであるとして、田中は雅楽を否定し、その後に興った三絃楽を推進するのである。

面白いのは、田中が、しかしその在来の三絃楽を学ぼうとするときに次のような大きな困難が生じると述べているところである。

芸人の門に入り、最も幼稚、最も不規律なる彼等の訓練に服従せねばならぬのである。而も之を為すには、いはゆる旦那を以て臨み、彼等に少からざる利得を与へ得る資力あるものは格別なれど、其他は普通の弟子として、流派の規約に屈従し、彼等に伍し、時に或は賎陋なる習慣

をも共にし、彼等の歓心を買はねば其目的を達することが出来ぬのである。（田中 1904: 44-45）

そして田中は、たとえ決意をしてこのような「不完全極まる訓練法」を実行したとしても、「社会は之を目して堕落せりとなす」であろうし、また「猶一流派に通ずるに、殆んど半世を費すことを要し、従て他流を顧る機会を失ひ、かくして知らず識らず従来俗曲を嗜むものの一般弊風として認められたる偏見に陥るに至るのである」と述べる。さらに続くところで、実際に家庭に芸人を入れることは害を及ぼすので、その問題解決として、西洋のように「楽譜を戸棚より取り出せば即座に其伴奏が成り立つ」「音楽的娯楽を得る機関が充分に備はつて居る」ことが望まれる、と結論づけている。

これらの田中の言説からは、田中が邦楽研究所で芸人たちに演奏をさせて五線譜に採譜していたのは、芸人たちの担う音楽の歴史を「民族歴史上の根柢」として受け入れるためではではなく、これまでの伝承のあり方を否定して、楽譜のみで家庭での音楽の実践を可能にさせようとするためであったことが分かる。その後、田中が一九〇七年から始めた「美音会」（邦楽の鑑賞）とさらにその翌年からの「美音倶楽部」（邦楽の教授）といった社会活動が、つねに中流階級以上の人々を対象として行われたことからも、田中が三絃楽から下流階級や花柳界の文化を切り捨てようとしていることは明らかである。要するに田中にとって、三絃楽は日本の在来音楽として必要であっても、その歴史や演奏家の生活は不必要なものだった。

田中は晩年、ふたたび純正調の研究を始めて国産の純正調オルガンを製作したり、『日本音楽の和声』（一九三〇年）という著作を出版したりして、それらの功績によって一九三五年に朝日文化賞を受賞して世を賑わしている。だが田中は、日本音楽の発達のためには「民族歴史上の根底」が必要であるとしながら、なぜ日本音楽の歴史と関わりのない純正律を用いる必要があるのかという問いを、最後まで発することはなかった。つまり彼は純正調と日本音楽のあいだに歴史的な繋がりを見出す必要を感じなかったのだ。後述するように、それをしようと試みるのが、弟子の田辺尚雄だということになる。

中村清二──古代中国楽律を近代音響学で裁く

中村清二の論考「日本支那楽律考」（一八九七年）は、日本の雅楽と古代中国音楽の音律・音階について論じたものである。のちに中村は長岡と共に田辺尚雄の大学院時代の指導教官となるが、この論考を書いたときはまだ第一高等学校の教授であった。中村は一九〇〇年に物理学科の助教授となり、そして三年間のドイツ留学から帰国した一九〇六年の翌年に理学博士の学位を授与され、一九一一年に教授に就任した。中村の専門は光学・地球物理学であるが、とりわけ東京帝国大学の物理学に実験物理学の基礎を築いた人物として知られている。

「日本支那楽律考」は『東洋学芸雑誌』に、一八九七年十一月（「日本支那楽律考」）と十二月（「日本支那楽律考（承前）」）の二回に分けて発表された（中村 1897a, 1897b）。中村は執筆の動機を次のように述べている。

今日の如く音楽の錯乱を極めたる時に当りて精細に之を点検し其微妙を探り之を楽理に照して正楽の緩びたるを張り邪音の跋扈を抑留するは又無用の労に非ざるべし。（中村 1897a: 467）

この「邪音の跋扈」を排除しようとすることから始まる孔子のごとき中村の音階論は、その二年前に出版された上原の『俗楽旋律考』（一八九五年）と同じく、「俗楽改良」を目指す国楽論のひとつに数えられるものといえる。そして中村がここで良き音律のモデルとするのは、日本の雅楽である。彼はその理由を次のように述べる。

余未だ嘗て奏楽の術を学ばず。固より音楽之奥妙を探るを得ざれども好みて他人の奏楽を聴くに、本邦俗楽明清俗楽の聴くに耐へざるは論を俟たず、彼の洋楽の綺巧婉麗なる驚くべしと雖も、余をして之を言はしむれば文質に勝つ者に非ずや。妙は即妙、巧は即巧なれども、雅楽の雄大にして温舒なるに比志て如何がや。余思へらく、雅楽の旋法は一種特有の旋法にして、実に筆之を記し口之を述べ得ざる微妙の力を以て人をして優雅悲壮の感を起さしむ。（中村 1897a: 468）

ここにいう「旋法」とは「音階」のことであると彼自身が続くところで述べているが、これは中村が参照したという上原六四郎『俗楽旋律考』が、雅楽課の楽人・音楽取調掛を引き継いで「旋法」とした表記に依拠したものと思われる。雅楽を選ぶ理由が「本邦俗楽明清俗楽」の否定にあるところからは、中村のこの論には俗楽の地位の低さに加えて、日清戦争後に演奏されることが大きく減少した明清楽《みんしんがく》の地位の低下を見ることができる。中村が特殊なのは、当時のエリートたちが（田中のように）西洋音楽に高い価値を与えていたのに対して、雅楽に軍配を挙げていることである。しかしながら音階理論を語るに当っては、次のように西洋の音響物理学の立場から解説する。

> 此音階を子細に験するに、皆前述せる所の諧和の定則に従へり。現時の洋楽を除けば、音楽の音階は皆和音（２：３）によりて組織せられたるを見る。（中村 1897a: 470）

ここで中村が整数比に基づく和音（「諧和の定則」）に触れながら、「現時の洋楽を除けば」としていることからは、この「現時の洋楽」とは十二平均律による音楽のことを指すものであることが分かる。中村は続くところで「諧和の定則」による音階について述べ、「古代希臘のライル楽の如き亦此種の音階なり」「雅楽の旋法も亦之に酷似して一に和音によりて組織せられたるなり」として古代ギリシャ音楽と雅楽との間に共通性を見出している。この論考の前編の目的は、そうした西洋物理学の知の枠組みに入れたうえで、古代中国の十二律と七声の実数を算出することである。

興味深いのは、後編ではこれとまったく対極的に、「後世に於ける律論」がいかに牽強付会なものであるかが論じられていくことである。中村が「付会の説」として退けるのは、古代中国の陰陽五行説のことである。

京房の六十律となせるは唯理論に偏して毫も実際を顧みざりし者と云ふべし。蓋し思ふに此種の論の出でたるは即ち陰陽五行の論に基けるなり。［…］此論原来付会の説にして漢代の学者によりて大に鼓舞せられ後世学説の進歩を妨げたるもの少しとせず。楽律の如きも亦大に陰陽論の蹂躙する所となれり。

（中村 1897a: 506-507）

こうして中村は、前漢時代の易の大家である京房《けいぼう》（紀元前七七年～紀元前三七年）が六十律を一年の六十節に対応して作ったこと、南北朝時代の宋の銭楽之《せんがくし》が三百六十律を一年三百六十日に対応させたことなどを挙げて、「其論採るに足らず」と片付けるのである。その上で京房と比べて、時代を下って明の世子朱戴堉《しゅさいいく》（一五三六～一六一一）が世界で初めて計算した十二平均律（『律呂精義』）を「卓見」「数理を専らとせる者なり」と高く評価し、「此法は洋楽にもあり」と付け加えている。そして朱戴堉と同じ平均律を唱えたものとして、関流和算家である中根元圭《げんけい》（璋《あきら》、一六六二～一七三三）を挙げて（『律原発揮』、一六九二年）、中根にも「偉人」の称号を与えている。要するに中村にとって、陰陽五行論こそが中国の音階を進歩させなかった元凶なのである。「日本支那楽律考」に現れた非科学的なものを徹底して排除する態度は、実験物理学を打ちたてた中村ならではの観があり、こののちも彼の思想の特色として継続していく。

このような中村の科学観を観察しうる事例が他にもある。それは、一九〇九（明治四十二）年から一年半ほどにわたって世間を騒がせた「千里眼事件」である(9)（佐藤・溝口編 1997: 137-155／長山 2005／寺沢 2004）。近年これは、小説家の鈴木光司による『リング』（一九九一）など一連のホラー小説の成功とその映画化によって知られる話となったが、実際には当時の東京帝国大学の知をも大きくまきこんだ、「科学」や「知」の意味を問う出来事であった。

「千里眼事件」とは次のようなものである。一九〇九年八月、透視能力を持つとされた御船《みふね》千鶴子（一八八六〜一九一一）という熊本の二十三歳の女性が、京都帝国大学の元総長木下広次の治療を行ったとして、新聞に取り上げられた。翌年四月、東京帝国大学文科大学哲学科の心理学教室の助教授・福来友吉《ふくらいともきち》（一八六九〜一九五二）が御船千鶴子の実験を行ったことで、彼女の存在が一躍マスコミをにぎわすようになった。そして同年九月、東京帝国大学の元総長で物理学者の山川も参加して、彼女の透視と念写の能力の真偽をめぐる公開実験が行われるにいたる。だが、心理学と物理学の双方に納得がいく「客観性」のある実験が行われる以前に、御船千鶴子が服毒自殺をするという悲惨な結末を迎えた。その後も長岡郁子や高橋貞子という新しい「千里眼」の女性たちの実験を続けて擁護派を通した福来は、最終的に帝国大学を休職させられるにいたる。

この事件では、山川のほか、長岡、田中館、田丸卓郎（一八七二〜一九三二）ら理科大学物理学科の教授陣ばかりではなく、哲学者の井上哲次郎（一八五六〜一九四四）や政治学者の加藤弘之（一八三六〜一九一六）といった東京帝国大学の他分野の著名な学者までもが、「科学とはなにか」という論説に関わった。その中でもとくに中村清二は、透視・念力を否定して大に弁舌をふるう反対派として当時から著名であったのである。だが実は中村は、公開実験の場に一度も立ち会っていない。それにもかかわらず、中村は東京帝国大学で約四時間の講演を行い（「一理学者の見たる千里眼問題」）（中村 1911b）、福来と対談を行い（「明治四十四年二月二十二日東京帝国大学理科大学に於て福来博士と余との千里眼に関する会談」）（中村 1911c, 1911d, 1911e）、回顧録まで残している（「千里眼の手品師としての私の体験」）（中村 1938: 3-23）。

これらの記述の内容を通して理解できることは、中村は透視や念視に反対をしているというのではなく、心理学科の助教授福来に対して、物理学のように反復可能な科学的な実験を行うことを要求しているということである。福来が行った実験に対して科学的ではないと中村が批判する理由は、福来が透視・念視が可能であると「心中では信じて居る」（中村 1911b: 45）と、実験前から主張している点にある。いっぽう福来には福来なりの科学観があり、被験者を緊張させるような条件下では、反復可能な実験とはならないと考えていた。業を煮やした中村は、「共同実験」をしたいと提案して次のようにまで述べている。

> 実験の方法を如何にすべきか他人が見ても此方法ならば信用してもよいと云ふ様に行ふと云ふことは心理学者よりも物理学者の方が得手であると思ふ。夫故に心理学者が何か一つ実験をやらうと云ふ時には吾々が顧問となつて斯くゝゝやらなければ第三者をして満足せしむる事が出来ぬと云ふ様に注意をしたい。
>
> （中村 1911c: 229）

ここには、新しい科学の領域であった心理学に対して、古参の物理学が「顧問となつて」やろう提言するほどに中村の不信感が溢れている。

このような中村の科学観は終始一貫したもので、もとより中村は、山川とともに実験を行った理

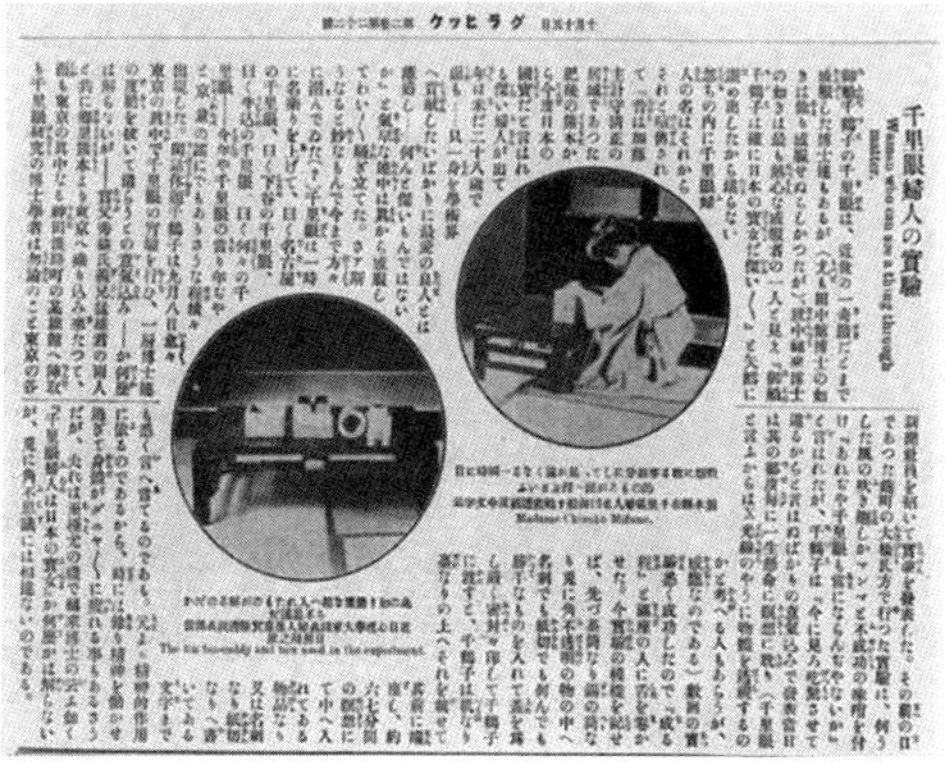

千里眼婦人の實驗

「千里眼婦人の実験」（『グラヒック』２巻22号、1910年10月）

「観音」長尾郁子夫人による念写（福来友吉『透視と念写』、東京宝文館、1913年）

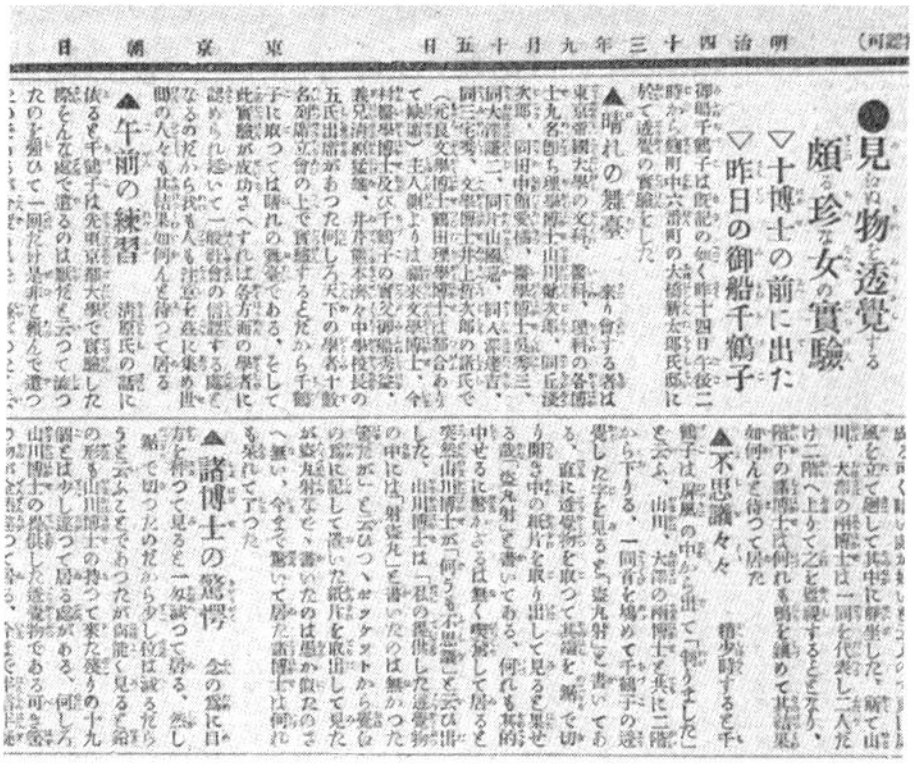

見えぬ物を透覺する
頗る珍な女の實驗
▽十博士の前に出た
▽昨日の御船千鶴子

「見えぬものを透覚する頗る珍な女の実験」（『朝日新聞』（東京）、1910年９月15日、５頁）

科大学物理学科の講師藤教篤《ふじきょうとく》と院生の藤原咲平《さくへい》による報告書『千里眼実験録』（一九一一年）には、次のような序文を寄せていた。

科学者の努力は［…］ＡＢＣを以てＸＹＺを解かんとするに在り。此解釈を得れば未知は即ち己知の知識となり、吾人の知識の範囲は拡大せらる。レントゲン放射線は発見の当時珍妙不可思議のものとして大に世人の注意を惹けり。此Ｘ線の発見は幸いにして他の研究より連鎖し来たれるを以て事実か虚偽かを験する必要なかりき。而して此放射線は今日に於て［…］既にＡＢＣとなり、己知の範囲中に収められたり。

頃者千里眼と云ふものあり。熊本に、丸亀に、大阪に、秋田に出で、蠢々乎として盛なり。［…］六大神通力と云ひ阿頼耶識と云ひ彼と云ひ此と云ふ皆証明されたる事実に非ず。真偽未定の事を根拠として未知の千里眼を信ぜんとす、是れ即ちｘｙｚによりてＸＹＺを解かんとするものなり。

（中村 1911a: 2–3）

ここでエックス線が透視・念写の引き合いに出されているように、十九世紀末から二十世紀初頭にかけての物理学はエックス線の発見、原子モデルの提唱、量子力学の形成といった出来事により、「物質」という対象を目で認識する科学にパラダイム・シフトが起こっていた。「千里眼事件」とは、こうした科学のパラダイム・シフトを共有していた日本の物理学者たちが、その知を賭けて、科学と非科学のあいだに線を引く作業として注目したものなのである。

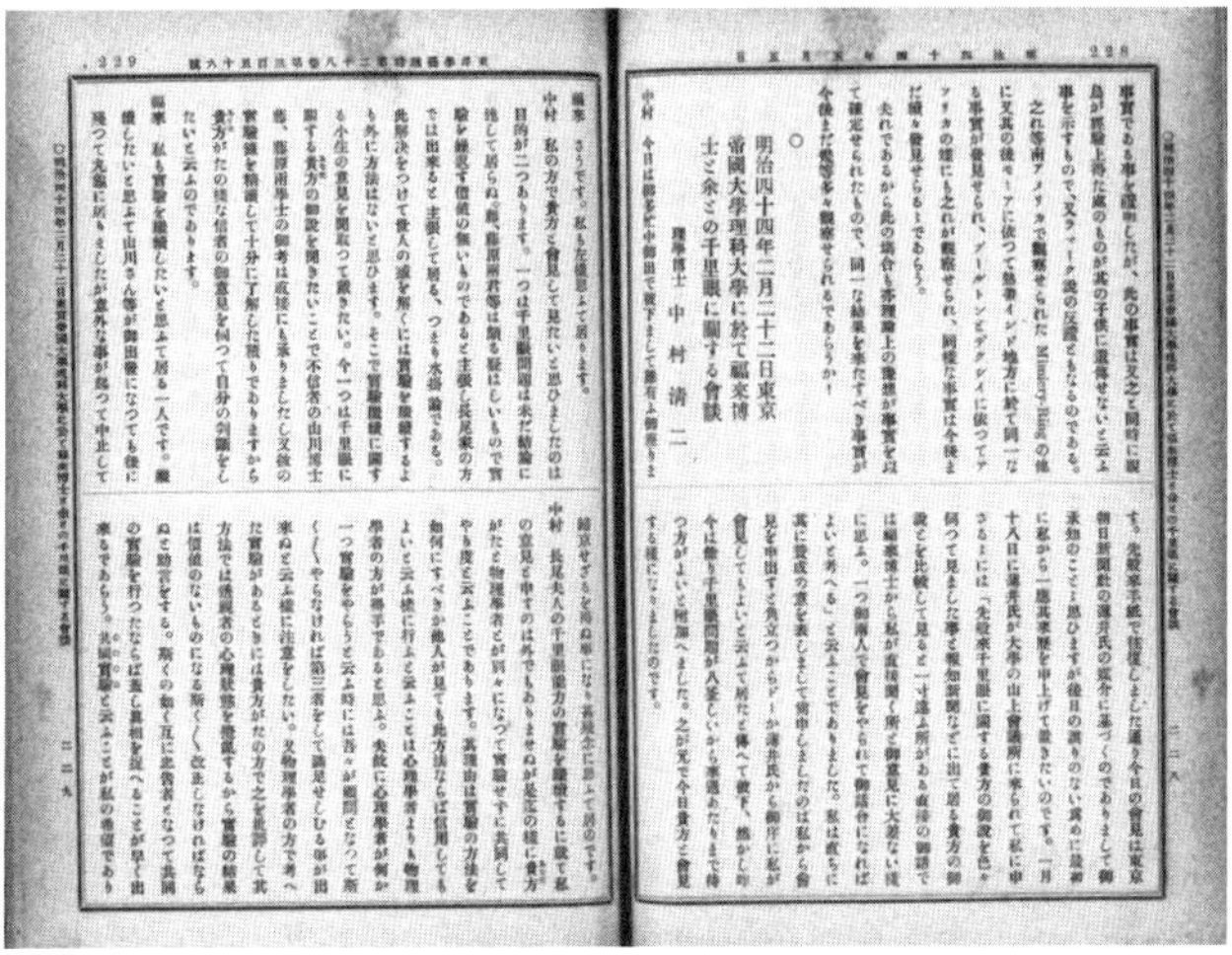
明治四十四年二月二十二日東京帝國大學理科大學に於て福來博士と余との千里眼に關する會談
理學博士　中村清二

「明治四十四年二月二十二日東京帝国大学理科大学に於て福来博士と余との千里眼に関する会談」（中村清二 1911c）

最近讀壇
一理學者の見たる千里眼問題
理學博士　中村精二氏

「一理学者の見たる千里眼問題」（中村清二 1911b）

中村が「日本支那楽律考」で古代中国の陰陽五行説を「迷信」であると裁いた科学観は、中村の弟子となる田辺にそのまま手渡される。田辺はちょうど千里眼事件が世を賑わしている頃、中村の音律の論考を引き継ぐ形で多くの中国の音律論を実数化する作業を行っている。そして田辺は、京房の六十律や銭楽之の三百六十律など陰陽五行の思想をもつ中国音階論を「迷信」と判断する中村の科学観を継ぎながらも、それらの中国の音律の計算上の誤りを訂正する作業を通して、田中の純正調の研究へと融合させていくのである。

寺田寅彦――文化的アイデンティティとしての尺八の音

寺田寅彦は地球物理学者であるが、日常の諸現象を研究対象にする独自の「寺田物理学」や、また夏目漱石の弟子として残したエッセイや俳句によって、物理学の世界以外でもよく知られている。一八九九年に東京帝国大学理科大学物理学科に入学した寺田は、田中館と長岡のもとで学び、講師時代に音響に関する英語の論文を十作残している。そのなかで、一九〇七年三月の“Acoustical Investigation of the Japanese Banboo Pipe, Syakuhati” 日本の竹製管楽器・尺八の音響学的研究（以下、「尺八の音響学的研究」と記す）（Terada 1985: 211-232）は、翌年に理学博士の学位を授与されたときの博士論文の一部となった。寺田の物理学の仕事全般からみた音響研究の内容については、池内了『寺田寅彦と現代　等身大の科学をもとめて』（二〇〇五年）、末延芳晴『寺田寅彦　バイオリンを弾く物理学者』（二〇〇九年）、小山慶太『寺田寅彦　漱石、レイリー卿と和魂洋才の物理学』

寺田寅彦「Acoustical Investigation of the Japanese Banboo Pipe, Syakuhati（日本の竹製管楽器・尺八の音響学的研究）」

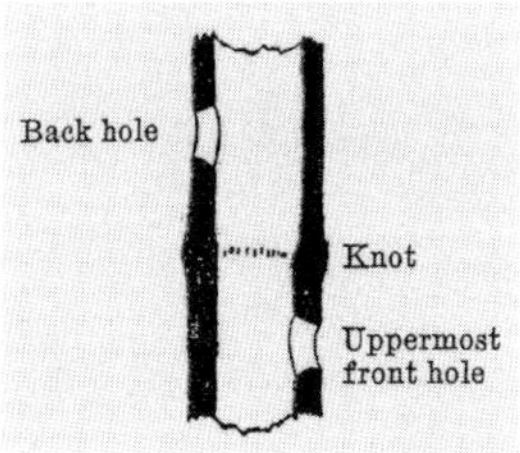

尺八の最上部の指穴の断面図

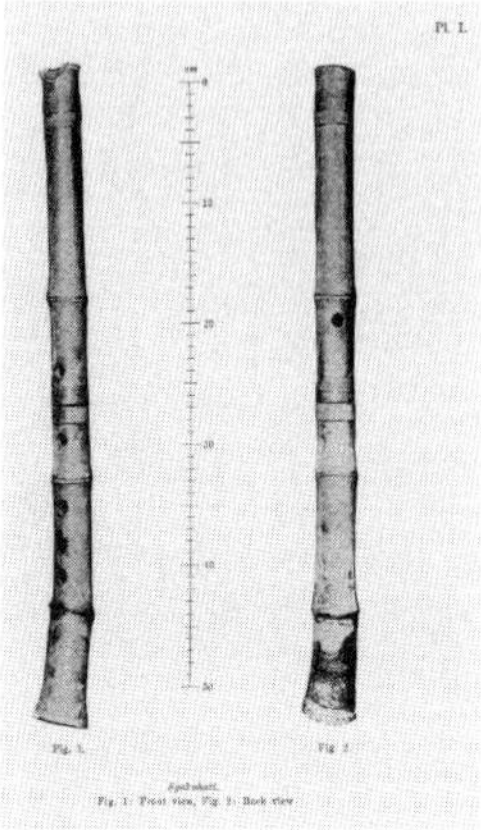

上原六四郎から借りた尺八の写真

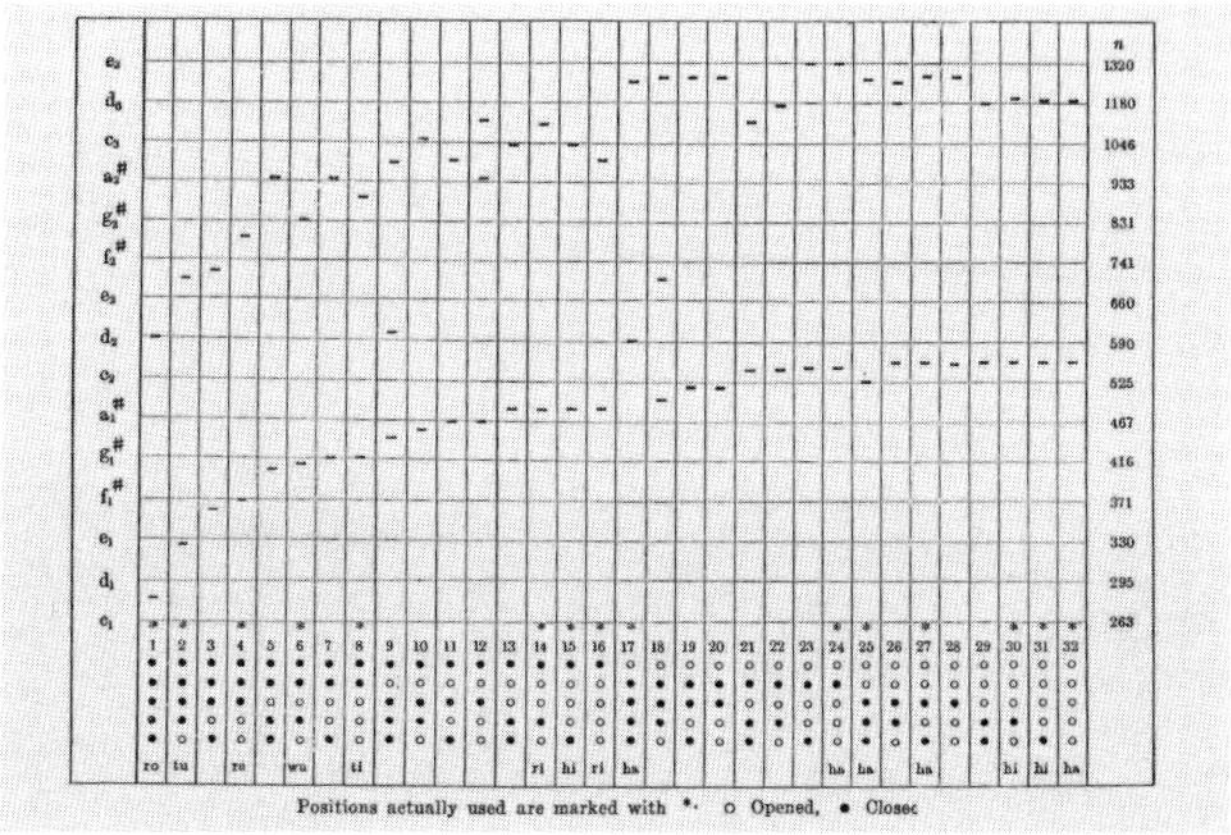

それぞれの指使いにおいてどのくらいの音の幅があるかを測定したもの。これによって尺八が音を安定させることが難しい楽器であり、しかしそれがゆえに音と音の間で揺らぎがある「日本らしい」音楽を演奏できると主張した。

（二〇一二年）といった優れた著作があるので、詳しいことについてはそれらを読んでいただくとして、ここでは日本音楽研究から見た寺田の尺八の論文の意味について考察してみたい。

　寺田は一八七八年の東京生まれだが、父の退任によって寺田家の郷里である高知へ戻り、一八九六年に熊本の旧制第五高等学校に入学した。ここで英語を教えていた夏目漱石と、数学・物理学を教えていた田丸卓郎とに出会ったことが、寺田の人生を決定づけた。漱石に師事して俳句を始めると時を同じくして、ヴァイオリンをたしなむ田丸に感化されてヴァイオリンを始め、物理学の道へ進もうと決意する。大学三年のときに読んだレイリー John William Stratt Rayleigh（一八四二〜一九一九）の『音響理論』*Theory of Sound* に多大な影響を受けて、物理学科の講師となった一九〇四年、初めて音響学に関する論文「共鳴箱に関するノート A Note on Resonance-Box」を発表する。これは音叉を設置した共鳴箱で音の波動の伝わり方を測定したものである。この時期、地震学（地震も同じく波動である）に関する論文と並行して、「音響学ノート Acoustical Notes」（一九〇五年）、「液滴の振動によって生じる笛の音とその応用について」（同年）、「尺八について On Syakuhati」（一九〇六年）と音響に関する論文を続けてまとめており、そして一九〇七年に先に述べた「尺八の音響学的研究」を発表した。

　この論文で最も重要なのは、尺八の音色が日本の民族の好みを反映したものであると述べられていること、尺八の特徴はいくつかの運指と奏者の首の振り方・口の当て方で音程を幅広く変えることができることだと述べて、それを次のようにまとめていることである。

要するに、この楽器は音から音への連続した移行を作り出すことができる優れた形をもつ管とみなすことができる。この点において、尺八はほかの管楽器よりもバイオリンのような弦楽器と比較しうるものである。

（引用者訳、Terada 1985: 214）

尺八の音程の自由さを、音程を定めるフレットのないヴァイオリンになぞらえているのは、ヴァイオリン奏者としての寺田の着想である。寺田は、このような「音から音への連続した移行」や「ゆるやかな半音」を出すことができる尺八の音の変化を明らかにすべく、レイリーの音響実験に基づき、モデル実験を行った。具体的には、内径四センチのガラス管に、上の開口部を唇の代わりに薄い亜鉛板で開閉し、内部の節として円錐形の輪を装着して、運指と音程の作用、唇の調整による唄口の開口部の作用、指孔の作用、そして内部の節の作用についてそれぞれ測定している。こうした実験方法や結果の提示方法を見ると、寺田がレイリーから学んだことは、西洋近代の物理学のパラダイムそのものであったように思われる。この尺八についての論考は、そうした近代音響学にのっとった実験を行うことで、民族の音としての「ゆるやかな半音」「音から音への連続した移行」を演奏しうる楽器である尺八を、近代日本の文化的アイデンティティの装置として機能させせようとした初めての試みであったということができるだろう。

論文に使用している尺八の図版に、東京音楽学校の上原六四郎から借りたものと記載されているから、論文中の尺八の楽器や奏法についての見解も、上原から直接聞いたものである可能性が大きい。であるならば、寺田の尺八についての考えを上原の国楽（邦楽）改良論からの発展と位置づけることもできよう。

この論考を一部として博士号を取得した寺田は、翌一九〇九年一月に助教授となり、二年三か月のヨーロッパ留学から帰国して教授に就任した（東京大学百年史編集委員会 1987: 21）。だがその後、寺田が音響学に関する研究や実験を行うことはなかった。その理由は明らかではない。寺田は、レイリーのように人の五感だけで対象を知覚できる範囲にとどまる古典物理学から、アインシュタイン Albert Einstein（一八七九〜一九五五）のように五感だけではとらえることのできぬ新しい物理学（相対性理論）や量子力学の時代に移り変わる時代にあって、古典物理学にとどまり続けて、日本の「日常身辺の物理的諸問題」を扱ったとしばしば評価される（池内 2005: 108-112）。ならばむしろ日本の楽器である尺八の音響という研究をさらに進めることもできたであろうが、寺田はそれを続けなかった。

寺田が尺八の論文で主張した、尺八の特徴としての「ゆるやかな半音」「音から音への連続した移行」は、尺八から得た体験というよりも、ヴァイオリンの経験に基づくものであったことは論文にも明らかである。のちに寺田は、「「手首」の問題」というエッセイを書いて、ヴァイオリンとそれを演奏する身体とをともにひとつの音響装置として捉える新しい視点を提示している（寺田 1993）。生涯ヴァイオリンを弾きつづけた寺田には、尺八よりも、ヴァイオリンのほうが「日常身辺」の音響学であったと思われる。近代西洋の知を身にまとった明治期日本の知識人にとって、日本音楽がすでに「日常身辺」のものではなくなりつつあったという近代の日本音楽研究の在り方が、ここに素直に反映されているだろう。

そしてこのヴァイオリンという楽器を通して、四年後輩である田辺の初期の音楽研究には、寺田の研究が大きく影響を与える。次章で詳しく見ていくように、田辺はヴァイオリンの奏でる「純正」な和音に執着することで、純正調研究と日本音階の研究を繋げていくのである。

第二章　田辺尚雄の音階研究

理科と文科のあいだ

田辺が音楽に真剣に取り組むきっかけとなったのは、一八九七年、十四歳のときに養父に買ってもらった鈴木製のヴァイオリンであった（田辺 1981：235-236）。養父の田辺貞吉（一八四七〜一九二六）は、尚雄の義理の叔父（実父の妹の夫）にあたる。尚雄は九歳で実母を亡くしてから神戸に住むこの叔父叔母のもとへ預けられており、その三年後に正式に養子となったのである。貞吉はかつて東京師範学校の校長を務めていたが、一八八一年にそれを辞して実業界に入り、住友銀行本店の初代支配人となった人物である。この養子縁組によって、尚雄は蔵書、蓄音機、レコード、邸宅、そして人間関係など、日本音楽研究の開拓者としての環境を支える「文化資産」（ブルデュー）を有したといえる。

田辺は一高入試のために上京するとすぐに宮内省楽師の多忠基《おおのただもと》（一八六九〜一九二二）についてヴァイオリンを習い始めたが、一高第二部の理科へ入学したのちも、やはり宮内省楽師である大村恕三郎《じょさぶろう》（一八六九〜一九五二）に習いながらヴァイオリンを続けていた。そしてここで、第一部文科の二年先輩である、乙骨三郎、石倉小三郎（一八八一～一九六五）、吉田豊吉（白甲、一八八一～一九六一）ら、ドイツ系の西洋音楽の「知」を共有する「一高の音楽三羽烏」と呼ばれる人々と出会う。乙骨三郎についてはすでに少し触れた。三郎は一高では従兄の上田敏と同じくその並外れた語学能力で周囲を驚かせ、加えて西洋音楽の知識も多く持ち、また校内の音楽室でよくピアノを弾いていたという（赤松 1973: 384）。大学院を卒業してからは東京音楽学校の教授としてドイツ語、英語、西洋音楽史、和声学を教える傍ら、音楽批評家としても名を知られた。石倉小三郎は、文科大学独文科時代にケーベルの教えを受け、卒業後は東京音楽学校で英語を教えている。シューマンの歌曲に日本語の歌詞をつけた「流浪の民」でよく知られるが、日本初の『西洋音楽史』（一九〇五年）を著した人物でもある（田辺はこれで西洋音楽史を初めて学んだ）。吉田豊吉もケーベルに薫陶を受けた独文学者で、ワーグナーの「タンホイザー」を初めて日本語に訳した人物として知られる。この三人は、一九〇三年、日本初のオペラ上演として日本オペラ史の冒頭を飾るグルックの歌劇「オルフォイス」（「オルフェオとエウリディーチェ」）の翻訳を担当した人々でもあった[10]。

玉川裕子は、夏目漱石の小説にあらわれる洋楽に親しむ登場人物たちの分析を行うなかで日本における西洋音楽の受容の初期の段階で、上田や乙骨ら洋楽を愛し語学に秀でた帝大出身の知的エリートたちが、実技優先の東京音楽学校の学生を啓蒙する役割を果たす構造が成立していたことを指摘している[11]（玉川 1996）。

田辺もまた彼ら「音楽三羽烏」によって、初めて「ドイツの音楽理論書」を教えられ、ピアノの初歩も教わり、ピアノ教本『バイエル』を練習するようになる。しかもこうした音楽の「知」が一高時代の田辺にもたらされたことは、彼の音楽研究の出発点において非常に重要な出来事として働いた。確かに、田辺が一高に入学した当時、「音楽三羽烏」はすでに卒業年次の三年生であったから、彼らと学生生活を送ったのは一年だけであった。だが田辺は、彼らの知を受け継ぐという再生産の形ばかりではなく、彼らを「高級芸術派」と呼び、自分は「通俗的」な一高音楽部で一高生活に必要な軍歌・寮歌・唱歌・マーチ・ワルツなどを演奏することで、「音楽三羽烏」との距離を取り、自己の音楽思想を形成しはじめたのだ（田辺 1981: 160–161, 167）。こうして田辺は着実に彼らの音楽知の土壌から育っていったのである。

「音楽的音響学」の構築

一九〇四年、東京帝国大学理科大学に入学した田辺は、前章で紹介した長岡半太郎と中村清二に教えを受けることになる。そのいっぽうで、入学の半年後、東京音楽学校の選科に入学してヴァイオリンを学び、さらに元東京音楽学校教授のノエル・ペリ Noël Peri（一八六五～一九二二）のもとへ通い、個人的に和声法・作曲法を学び始めた。こうして始まった、大学と音楽学校を両立させるための「修行中」の日々を、彼はのちに振りかえって次のように描いている。

毎日僅か三時間しか眠らず（夜二時まで大学の勉強をして、五時に起きて冬でも井戸で水をあびてヴァイオリンを勉強し、七時に学校に行った）、学校も同時に大学と音楽学校と二つに入学して、両校とも良成績を維持していた。――自慢するようで申し訳ないが、東大では理論物理学科を一年から卒業するまで通して首席であったし、音楽学校では特に抜擢されてオーケストラの一員に加えられていた。それには当時毎日、私の嫌いな蝮《まむし》を焼いて食べたのが、大いに効果があったのではないかと思っている。

（田辺 1965: 411–412）

東京帝国大学で物理学を研究しながら、東京音楽学校でヴァイオリンを弾く生活。これが、ピアノを弾く文系の「一高の音楽三羽烏」の先輩たちとの差異から田辺が発展させた音楽思想の実践であった。

その差異の輪郭をさらに明確にするために、大学生活の最後の半年、田辺は卒業論文に取り組みながら、雑誌『音楽』に音響学、和声学、音楽史、音楽美学に関する論考をほぼ毎月の割合で掲載しはじめる（田辺 1906a-g, 1907a-f）。当時その『音楽』という雑誌を支えていた人々こそ、上田敏や元「一高の音楽三羽烏」であったから、田辺はここへ自らの主張を発表することが、彼らとの差異を打ち出すチャンスになることを知っていたのである。つまり、田辺は大学卒業を前にして、彼らとの差異を論文という形で文字化していくことで、意識的に独自性を示していったといえる。この時期の田辺の作品は、ほとんどが西洋の音楽書の翻訳や紹介であるうえに、未完の論考が多くて内容がつかみにくいためか、これまでまともに考察されることがなかった。まず以下にこれらの論考を『音楽』への掲載順に一覧表にした。

『音楽』掲載の田辺の論文一覧表

一	「ヴアヰオリン盤の振動に就て」、九巻五号、一九〇六年三月
二	「理論音響学初歩講義」、九巻六号、一九〇六年四月
三	「音響学（続き）」、十巻一号、一九〇六年五月
四	「音楽的音響学」、十巻五号、一九〇六年九月
五	「音楽技術家と理論家に就て」、十巻六号、一九〇六年十月
六	「ハルト氏ヴアイオリン音楽論梗概」、十一巻一号、一九〇六年十一月
七	「リヒテル和声学対声学及フウグ論講義」、十一巻二号、一九〇六年十二月
八	「リヒテル和声学対声学及フウグ論講義（二）」、十一巻四号、一九〇七年二月
九	「音楽の主観的価値」、十一巻五号、一九〇七年三月
十	「ハルト氏ヴアイオリン音楽論梗概（二）」、十一巻六号、一九〇七年四月
十一	「リヒテル和声学（第三回）」、十二巻一号、一九〇七年五月
十二	「リヒテル和声学（第四回）」、十二巻二号、一九〇七年六月
十三	「音楽美学論」、十二巻三号、一九〇七年七月

ではこれらを概観しながら追って見ていこう。最初の投稿である「**ヴアヰオリン盤の振動に就て**」（田辺 1906a）は、一九〇二年六月のイギリスの自然科学雑誌『ネイチャー *Nature*』に掲載されたコヴェントリー W. B. Coventry の論文「ヴァイオリンの振動 The Vibration of the Violin」

（Coventry 1902）の紹介と抄訳である。内容は、ヴァイオリンの本体の板が弦と弓の摩擦によって生じた音をいかに伝えるかについて実験する方法とその結果を述べたものだ。コヴェントリーの結論は、ヴァイオリンの音の強さを決定するのは弦自身の音の共鳴に板の共鳴が融合したものであり、音色を決定するのは板である、というものである。この田辺の論考が貴重なのは、本文の前に添えられている、寺田寅彦との学業上の交流を示す次のような証言にある。

ロード・レーレーの名著 Theory of Sound 出でてより以来、音響学の進歩極めて遅々たるの今日に於て、ヴァイオリン盤の振動の如き複雑なる研究は、殆んど何等の効績を挙げずと雖も、音響学上又興味ある一問題なり。去年我理科大学に於て寺田理学士と共に音叉を以てヴァイオリン盤の共鳴振動を検したることありしが、何等の成績をも得ざりしは、頗る遺憾となす。近時偶々数年以前のネーチュアーに於て、コヴェントリー教授の論文を見、其やや旧聞に属すれども通俗的に於て頗る興味あるを以て一節として茲に紹介することとせり。（田辺 1906a: 20）

レイリーの『音の理論』が寺田に大きな影響を与えたことは先に述べたが、この田辺の一九〇六年の記述からは、寺田と田辺がヴァイオリン盤の共鳴振動の実験を一緒にしたことが分かる。実は寺田の尺八の博士論文のほうにもこの『ネイチャー』に掲載されたコヴェントリーの論文が参照されており、ここに物理学科における寺田から田辺への直系の流れを見ることができる。寺田の論文にあった実験方法と合わせて考えると、田辺がいう寺田と共に行ったヴァイオリンの実験も、レイリーの実験に基づくような形で行われたことが推測される。これらの実験が寺田の尺八に関する論文「尺八について」（一九〇六年）、「尺八の音響学的研究」（一九〇七年）へとつながったことは想像に難くない。またこのコヴェントリーについての論考は、理科大学物理学科という知の場から、雑誌『音楽』という音楽知の場へ宛てて、初めて投稿されたという点でも重要な意味を持っている。引用文中の「我理科大学」という表現からは、「理学士」である寺田と共に『音楽』という場所へ初めて参入することを、田辺が強く意識していることが理解できる。田辺にとって、文科大学の人々は「他」として捉えられているのだ。

このような流れから見ると、次の「**音楽的音響学**」（田辺 1906d）で、カール・シェーファー Karl Schaefer（一八六六〜一九三二）の『音楽的音響学 *Musikalische Akustik*』（Leipzig, G.J.Göschen, 1902）を紹介していることからは、田辺が物理学科で研究しているヘルムホルツやレイリーの音響学から一歩先へ進んで、自らの世界を〈音楽的音響学〉として発展させようとしていたことが分かる。この論考の冒頭で、田辺はシェーファーの翻訳に入る前に言葉の定義をして、

〈音楽的音響学〉Musikalische Akustik――「音楽を基礎として楽音の物理的性質及び楽器の構造作用等を研究するもの」
〈物理的音響学〉Physikalische Akustik――「一般波動運動の特殊の場合として空気の縦波並びに種々の物体の振動等を力学の見地より論及するもの」

田辺旧蔵のカール・シェーファー『音楽的音響学』（民音音楽博物館蔵）

と分類を行っている。田辺はこの分類という作業を通して、自らが物理学科の〈物理的音響学〉から、新しく〈音楽的音響学〉へと向かう道を模索しているようである。ただしこの論考は、音楽の要素である楽音を雑音と区別して、音楽的音響学は楽音を認識するための「調音」と「音覚」を対象とするものであると宣言した後、音の振動数の解説を始めたところで唐突に終わっている。

このような未完成の形で連載を終えたが、これまで漠然と提示されてきた田辺の音楽研究が、ここでついにはっきりと「音楽的音響学」の名称を与えられたことは確かである。

この次に発表された「**音楽技術家と理論家に就て**」（田辺 1906e）は、『音楽』に掲載された田辺の十三本の論考の中で唯一、西洋の音楽理論の抄訳を含まず、自らの音楽思想についてのみ記したものであり、彼の意識していた問題点がより明確に浮かび上がっている。この論考で田辺は「音楽技術家」と「音楽理論家」との違いについて述べることで、音楽に関する仕事にジャンル分けを施しているわけであるが、「音楽技術家」というのは「音楽学校の生徒」であり、「音楽理論家」はヘルムホルツの『音感覚論』にモデルをとり、「和声学」「音楽心理学」「耳科学」に加えて、「音楽形態学」「作曲学等の理論」を扱う者としている。続けてこの「音楽理論家」の育成方法について、次のような意見を述べている。

> 特別の専門学校を建てることは今日の我国には不可能のことでありますので、之を音楽学校の附属として音楽理論科といふのを置いてはどうであろふ《〔ママ〕》かといふことを先づ第一に考へて見ますると、前にも申しました通り音楽学校の入学程度は余り低過ぎて又その修業年限も短すぎる、［…］次に第二の考へとして音楽理論科を文科大学か理科大学の附属としたらはどうであろふかといふことを考へます、之では［…］技術の方即ちピアノ、ヴァイオリン唱歌等は大学にはないのであります、［…］第三の考へとしまして先づ理論の方面は大学で聞き技術の方面は音楽学校の撰科にでも入りまして習得しますするのが最も出来得べき場合であろふと思ひます。
>
> （田辺 1906e: 7）

このように消去法によって、理論は大学で学び演奏は音楽学校の撰科で学ぶのが「音楽理論家」の育成のための最善の道である、と導かれた結論こそが、彼自身が実践している方法であることは言うまでもない。

さて、次の「**ハルト氏ヴァイオリン音楽論梗概**」（田辺 1906f, 1907c）は、ジョージ・ハート George Hart（一八三九～一八九一）の『ヴァイオリンとその音楽 *The Violin and its Music*』[12]（London: Dulau and Co., 1881）から、ヴァイオリンという楽器の成り立ちについての部分を翻訳したものである。田辺にとってヴァイオリンは自分の演奏する楽器であるという他に、のちの彼独自の音階論・和声論の創出を大きく助ける楽器でもある。ゆえにこの翻訳が、「**リヒテル和声学対声学及フーグ論講義**」（田辺 1906g, 1907a, 1907d, 1907e）の連載と並行して交互に掲載されているのは偶然ではないだろう。「リヒテル和声学対声学及フーグ論講義」は、ドイツの音楽理論家・作曲家のエルンスト・リヒター Ernst Richter（一八〇八〜一八七九）の著作『和声学入門書 *Lehrbuch der Harmonie*』（Leipzig, 1853）を、ベルギー王立ブリュッセル音楽院の和声学教授ギュスターヴ・サンドレ Gustave Sandré がフランス語に訳した『和声学入門：理論と実践 *Traité d'harmonie: théorique et pratique*』（Leipzig et Bruxelle, Breitkopf et Hartel, 1891）の抄訳である。ドイツ語の原書は当時ドイツで三十二版を重ねていた和声学の名著であり、フランス語（一八八三年）、英語（一八六七年）のほか、多くの言語にも翻訳されていた（日本語の完訳は一九一二年）。ハートのヴァイオリン楽器論とリヒターの和声学は、田辺の「音楽的音響学」の音楽理論を形づくるのを助けることになる。

そしてこの両論文の連載をまたぐ形で、「**音楽の主観的価値**」（田辺 1907b）・「**音楽美学論**」（田辺 1907f）のふたつの論考が発表されている。これらはいずれも、アメリカの音楽評論家であるウィリアム・ジェイムズ・ヘンダーソン William James Henderson（一八五五〜一九三七）の『よい音楽とは何か？ 音楽芸術の趣味教養の向上を目指す人への助言 *What is Good Music? Suggestions to Persons Desiring to Cultivate a Taste in Musical Art*』（New York, Charles Scribner's sons, 1898）から抽出されたものである。「音楽の主観的価値」は、第一部第九章 "The Sensuous"（美的感覚）を抄訳したもので、音楽の美的感覚（田辺は「結構感情」という訳語をあてている）は主観的な価値判断であるが、音響・形式・様式という客観的な素材があって初めて成立すると説く。「音楽美学論」のほうは、同じ原著の第一部第十二章 "Aesthetics of Music"（音楽美学）からの抄訳で、カントの美的判断の無関心性について、音楽の美は自由美のみではなく、音楽の形式などの理性によって判断されると説くものである。

田辺がこれらヘンダーソン経由のカントに見出したのは、音楽作品における「形式」と「理性」は、「自由美」と「感情」よりも優位にあるということである。これ以降、田辺がカントの美的判断について考察を進めた形跡はなく、これらが彼の音楽美学思想としての完成形であるといってもいい。しかし、音楽における形式の重要性を説くヘンダーソン＝カントの音楽美学論は、田辺が後に日本音楽理論を打ち立てていく時の最初の支柱の一本となるものである。

この「音楽美学論」が掲載された一九〇七年七月、田辺は首席で理科大学理論物理学科を卒業した。卒業論文のテーマは「管楽器の音響学的研究」である。自伝によれば、これは、ヘルムホルツの『数理音響学理論 *Vorlesungen über die mathematische Principien der Akustik*』（一八九八年）を基礎としたものであったという（田辺 1981: 215）。

それから半年後の一九〇八年二月、田辺は『音響と音楽』（田辺 1908a）を出版する。すでに大学院で新しく日本音楽の研究を進めている時期であるが、それにはまだこの書では触れていない。校訂者に田中正平の名があり、巻頭にはヘルムホルツの写真があることから、田辺が自分の知の足場をどこに築こうとしたのかが分かる。

序文の次の頁には、「音楽的音響学の高等教育に資すべき参考書」として文献一覧がある。以下に抜粋して引用する。

Helmholz, *Tonempfindungen*（ヘルムホルツ『音感覚論』）

同上英訳 *Sensation of Tone*（エリスによる同書の英訳）
Stumpf, *Tonpsychologie*（シュトゥンプ『音響心理学』）
Lord Rayleigh, *Theory of Sound*（レイリー『音の理論』）
Schaefer, *Musikalische Akustik*（シェーファー『音楽的音響学』）
田中正平氏 Studien im Gebiete der reinen Stimmung, Leipzig（「純正調についての研究」）
寺田寅彦氏 Acoustical Investigation of the Japanese Bamboo Pipe（「尺八の音響学的研究」）、『帝国大学紀要理科第二十一冊第十編』
Rechter-Sandré, *Traité d'harmonie, Traité de contrepoint, Traité de fugue*（リヒター、サンドレ訳『和声学』『対位法』『フーガ論』）

（田辺 1908a:「自序」7-8, 原文誤植訂正、括弧内訳は引用者による）

これらを見ると、シュトゥンプ『音響心理学』と田中と寺田の論文を除いて、田辺が半年前に大学を卒業するまでに雑誌『音楽』で取り上げたものがすべて挙げられていることから、この書がここまでの田辺の仕事の総決算であることが分かる。

『音響と音楽』の本文は三編からなり、第一編「音響」では、主にヘルムホルツ『音感覚論』やシェーファー『音響音楽学』からの引用のほか、エジソンの蓄音機の構造が取り上げられ、第二編「楽器」では、レイリー『音の理論』からの引用のほか、寺田の尺八の実験や笙など日本の楽器の解説、第三編「音楽」では音楽理論のほか、田中正平の純正調オルガンについて言及されている。

迷路

蝸牛殼

第一編　音響

前庭（Vestibule）半規管（Semi-circular canal）及び蝸牛殼（Cochlea）の三部から成り、皆其内に淋巴液が充滿して居る。此部分は最も必要な部分であつて非常に複雜になつて居るから通常迷路（Labyrinth）と謂はれて居る。前庭は迷路の初まる最も初めの部分で、中耳の鐙骨と連結して居る、此所は二つの嚢狀の腔から出來て居り、圓形の方を正圓嚢（Recessus sphaericus）と謂ひ、楕圓形の方を楕圓嚢（Recessus ellipticus）と謂ふ此楕圓嚢と連絡して三つの半規管がある、此半規管の中大きな方の二つは其技が中途で合して一つとなり頂度五本の管となつて楕圓嚢に連結して居る。又正圓嚢と連結して蝸牛狀の管が出て居る、之れ即ち蝸牛殼と名づける者であつて、耳の構造中最も複雜なものである、即ち之れは二回半卷いた管であつて此管の中

第二十九圖　内耳の構造
（イ）正圓嚢
（ロ）楕圓嚢

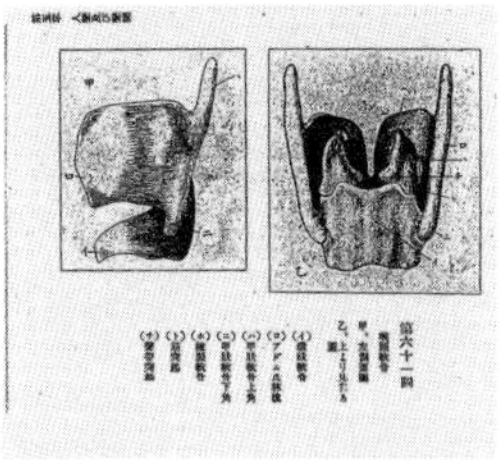

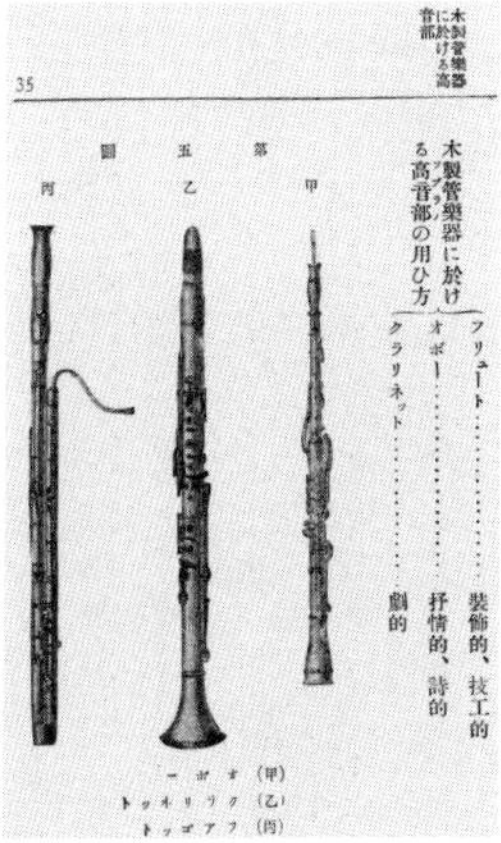
木製管樂器に於ける高音部

35

木製管樂器に於ける高音部《ソプラノ》の用ひ方

フリュート……装飾的、技工的
オボー……抒情的、詩的
クラリネット……劇的

第五圖　甲　乙　丙

（甲）オボー
（乙）クラリオネット
（丙）ファゴット

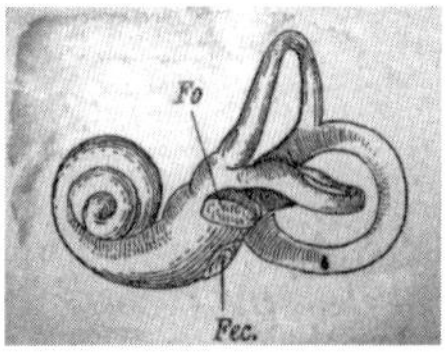

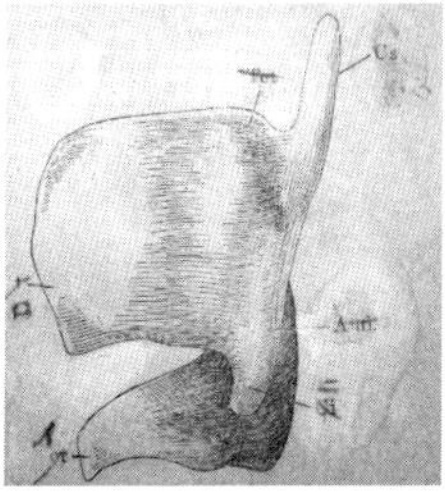

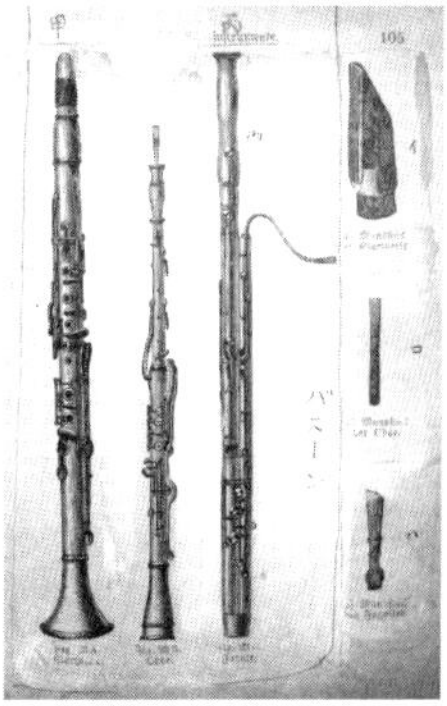

田辺旧蔵のシェーファー『音楽的音響学』（民音音楽博物館蔵）には、図版を借りた形跡が多く残っており、たとえば人体構造（右上・右中）の図版は『音響と音楽』（田辺 1908a）で（左上・左中）、楽器の図版（右下）は『西洋音楽講話』（田辺 1915）で使用されている（左下）。田辺は洋書を丸善へ行って購入するためにお菓子代を節約したと自叙伝で述べているが、この書も含めて田辺旧蔵の洋書の多くには丸善（日本橋）のチケットが付されている。これらの洋書を雑誌『音楽』で紹介することが、田辺の最初の仕事となった。

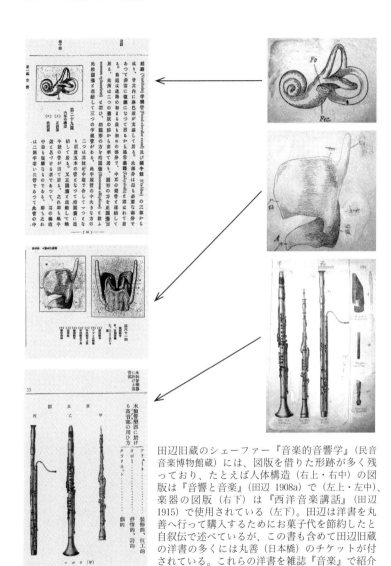

本文のあとには「附録」として、(一)「ヴァイオリン盤の振動に就て」、(二)「音楽の主観的価値を論ず」、(三)「カント美学説より音楽を論ず」という、『音楽』に掲載された三つの論考がそのまま収録されている。このようなことからも、『音響と音楽』は、雑誌『音楽』を通して考察されてきた「音楽的音響学」の構想が、改めて田中正平や寺田など物理学科の先輩から受け継いだ知と結びつけられたものであると位置づけることができるであろう。こうして構築した「音楽的音響学」のなかに、田辺は日本音楽の理論のための場所を与えていくのである[13]。

日本音楽研究への転向

日清戦争・日露戦争での勝利という、軍事力による日本の世界進出を背景として、それまで西洋文化を輸入することに熱心であった人々も自国の文化への自負心を強く持つようになっていったが、二十世紀初頭の物理学科にも「日本音楽」を研究の対象としうる風潮が生まれていた。まずは田中が「邦楽研究所」で五線譜化の作業を始めた。そして寺田が一九〇七年三月に「尺八の音響学的研究」という論文をまとめ、翌年一月には博士号を授与された。ゆえに一九〇七年九月という時期に大学院へ進学した田辺に、そうした物理学科の動向が大きく意識されていたことは間違いないだろう。『田辺尚雄自叙伝』によれば、大学院に進学して音響学の研究を続けることを希望した田辺は、指導教官の長岡に面談を求めて、「もっと色々の楽器について研究して行きたい」と述べたところ、長岡が「日本音楽の科学的研究」を田辺に勧めたという(田辺 1981: 215)。田辺は別のところでは中村に勧められたと述べており、これは中村本人も「東洋音楽の研究」を田辺に勧めたことを書き残している（中村 1943）。

進学して間もなく、田辺は長岡の紹介状を手に、田中正平の「邦楽研究所」を訪れる。そしてそこで俗楽の五線譜への採譜や山村流の舞踊の稽古に励むことになった田辺は、それらの経緯について次のように述べている。

> 私が理科大学を出ますと直ちに、理学博士田中正平先生の御指導を得て居りましたが、先生の御忠告に従ひまして、日本の舞踊を一通り研究して置く方が、音響学上からも便利であると存じまして、凡て先生の御指導によつて近世の舞踊を習得することになりました。
>
> （田辺 1919b: 2）

山村流の舞踊の習得が音響学のためであるという意識を強く持っていたことは、ここでの田辺の最初の成果である「初めて研究されたる日本の舞踊」（『報知新聞』）（田辺 1908b）にも見ることができる。この論考では、踊りの型の終止形に「不協和音の解決」といった用語をあてはめるなどして、日本の俗楽を音響学の立場から解き明かそうと試みている。

こうした音響学からの視点の他に、田辺の俗楽研究のもう一つの支えとなったのは、大学院で研究を始めた心理学である。彼は長岡に、心理学と美学を研究する目的で文科大学の講義に出席することを願い出て、文科大学のほうへ推薦をしてもらっていた。美学については田辺は生涯ヘンダーソン経由のカント的観念論から外へ出ることはないが、心理学の研究については、哲学科心理学教室の元良《もとら》勇次郎（一八五八～一九一二）が自宅で内輪に開いていた「心理学会」（一九〇一年創設）という研究会にまで参加するなど、積極的に活動をしていた。元良は一八八三年にアメリカに渡って、心理学者ヴィルヘルム・ヴント Wilhelm Wundt（一八三二～一九二〇）の弟子に学んだ、日本で初めての心理学の教授である。ヴントは元は医師であったが、ハイデルベルク大学の生理学教室でヘルムホルツのもとで助手として働き、徐々にそこから距離を取るようにして、ライプツィヒ大学に実験心理学を打ち立てた人物である（高橋 2016: 127-144）から、田辺の目には音響学と心理学の知を結びつける位置にあると捉えられていただろう。田辺は心理学教室で行われていたヴント『生理心理学』の読書会で音響に関する部分を担当したと述べており（田辺 1981: 233）、またヴントの晩年の作である『民族心理学』（一九一〇年）の言語論に影響を受けてしばしば引用している。田辺の俗楽音階研究には、ヴントのほかにも、実験心理学の祖といわれる精神物理学者のグスタフ・フェヒナー Gustav Fechner（一八〇一～一八八七）がたびたび姿を現すことからは、心的感覚を数量化するという新しい心理学を彼が意欲的に取り込もうしていたことが分かる。

純正調を「東洋楽律」へ接続する

田中の「邦楽研究所」での研究対象が俗楽であったことで、この時期の田辺は俗楽音階の研究に力を入れているが、それと並行して、近代の音響学の方法で古代中国の音楽や日本の雅楽の音律・

音階を捉えた研究の成果を継続的に『東洋学芸雑誌』（『ネイチャー』をモデルとした総合雑誌）に発表している。彼はこれらを指して「東洋楽律」の研究と呼んでおり、前述した中村の「日本支那楽律考」（一八九七年に『東洋学芸雑誌』に掲載）を先行研究としてその延長線上に理論を展開しつつ、もう一人の師の田中の純正調研究をもそこへ取り込もうと試みているのである。これらの二つの研究――東洋楽律と俗楽音階の研究――を発表順に並べて次に一覧にした[14]（**ゴチック体**：東洋楽律の研究「『東洋学芸雑誌』掲載」、明朝体：俗楽音階の研究）。

一	「日本音楽の粋を論ず」『歌舞音曲』（一九〇九年一月）
二	「日本音楽の理論　附粋の研究」『哲学雑誌』（一九〇九年三月）
三	**「音程の対数値及其楽律上の応用」（一九〇九年五月）**
四	**「音程の角度値及新案楽律構成器」（一九〇九年七月）**
五	**「支那の純正調声律」（一九〇九年一〇月）**
六	**「支那楽律に於ける糸声竹声の論」（一九一〇年一月）**
七	**「支那律管の径囲数に就て」（一九一〇年六月）**
八	**「中根璋の六十平均率と京房の六十律との関係に就て」（一九一〇年七月）**
九	**「中根璋氏の本邦楽律論に就て」（一九一〇年八月）**
十	「日本俗楽論　附現代唱歌の難点」『早稲田文学』（一九一〇年九月）

十一	「**律呂新書中の八十四声図に就て**」（一九一三年三月）
十二	「**隋書律暦志中の三百六十律に就て**」（一九一三年八月）
十三	「**楽律構成器の改良**」（一九一四年四月）

ここでは東洋楽律に関する研究（ゴチック体）だけを見てみよう。最初に田辺が「**音程の対数値及其楽律上の応用**」（田辺 1909c）のなかで行ったのは、東西の音律・音階の音程の値を示すために「対数値」を算出する方法を作ることであった。従来の音響学では二つの音程の値を振動数の比によって表してきたが、これは割り切れないことで難解になるため、「対数値」はそれを改良しようとしたものである。具体的には、「感覚の大きさは刺激の強さの対数に比例する」というフェヒナーの法則を応用して、二音間の音程の高低は振動数の多い少ないによる人間の感覚への刺激で決定するという考えに基づいて計算を行い、少数値を避けるために定数c＝1000として、計算して得られる値を音程の「対数値」としている。

「**音程の角度値及新案楽律構成器**」（田辺 1909e）では、対数値を応用して簡易に音律・音階の音程を示しうる「新案楽律構成器」という分度器のような器具を発表している。これは、先に触れた雅楽課の「旋律指掌図」（一九頁）と非常によく似ている。使用法は、例えばピュタゴラス音律を求めるときに、CをIに合わせると、その五度であるVがGであることが計算することなく分かるというものである。田辺はこれによって複雑な五十三律からなる純正律とその転調も容易に求める

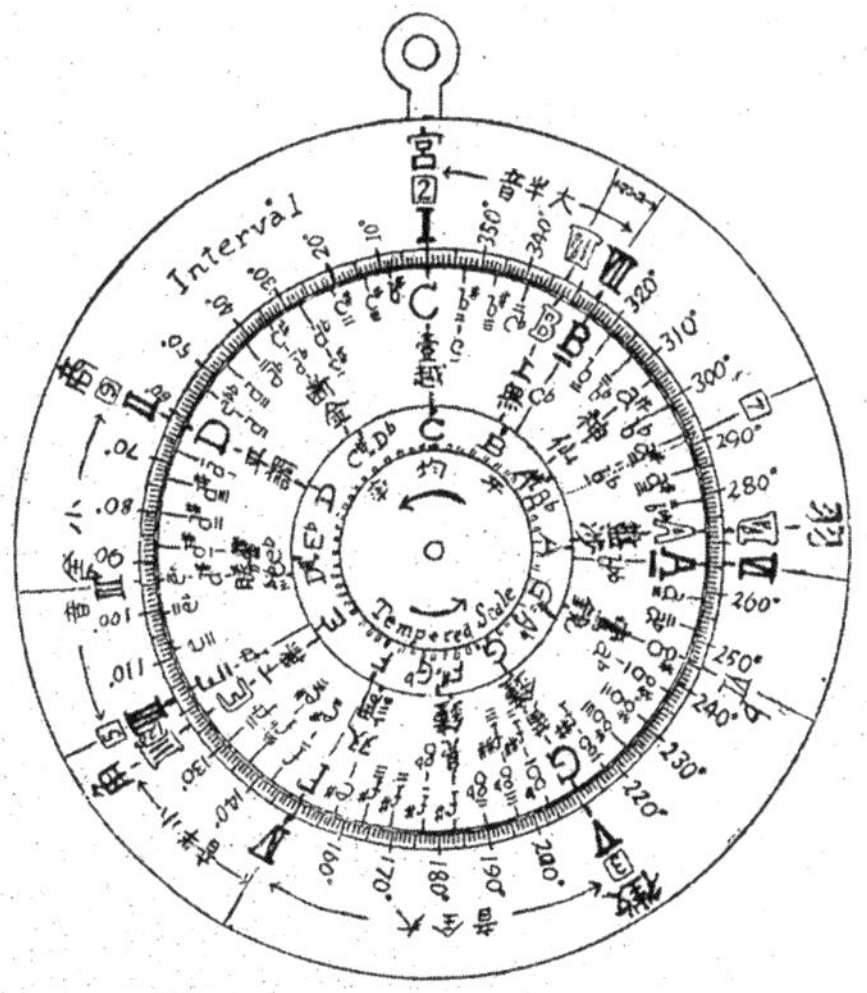

「新案楽律構成器」（田辺 1909e: 315）

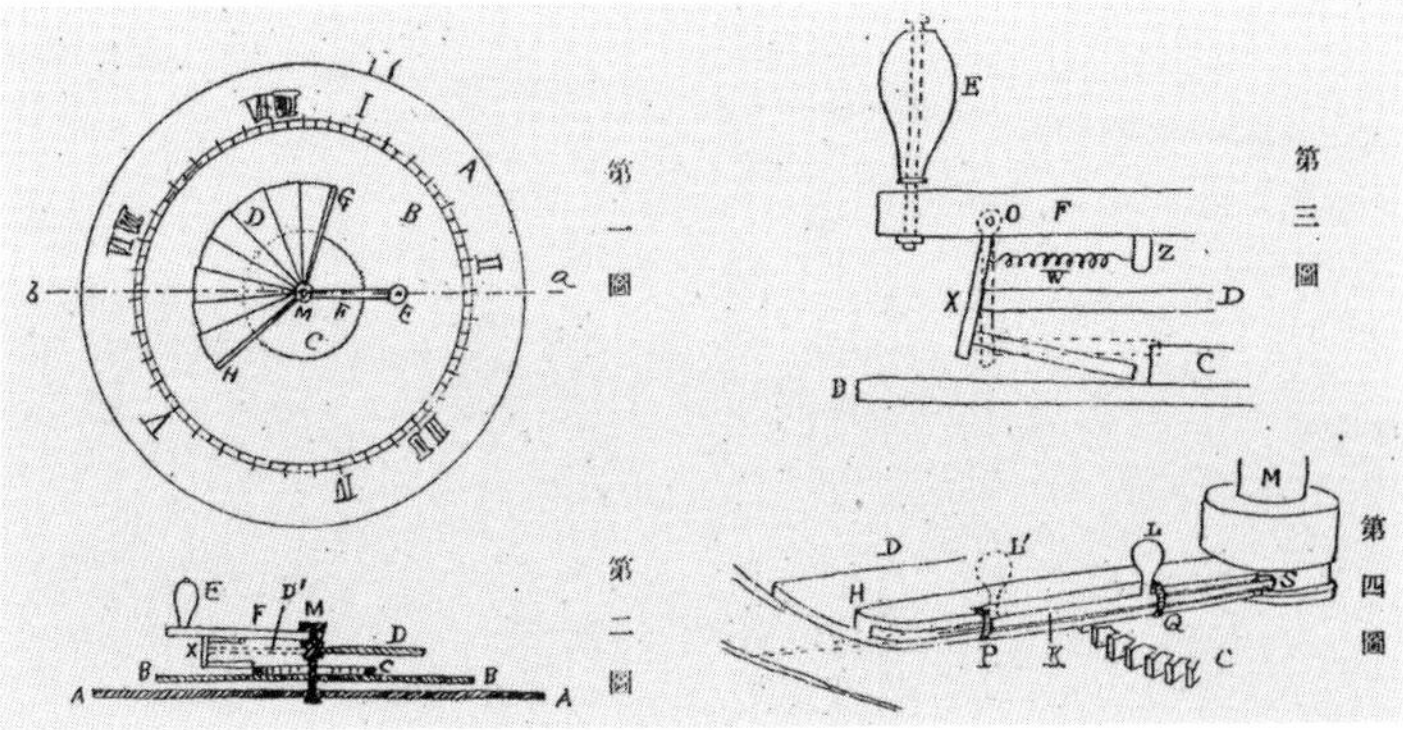

「楽律構成器」の改良版（田辺 1914a: 172–173）

ことができると売り文句をつけている。実際、この「新案楽律構成器」は誌上で反響を呼んだため、いくつかの改良が重ねられ、「**楽律構成器の改良**」（田辺 1914a, 1914b）へと発展をみせている。こうした器具の発明・改良へのこだわりや器具の図版の挿入は、物理学の訓練を受けた田辺ならではのスタイルである。

加えてこの「対数値」が興味深いのは、イギリスの音声学者・数学者のアレクサンダー・ジョン・エリス Alexander John Ellis（一八一四〜一八九〇）が論考「現存するある非和音的音階についての音振動測定的な観察」（一八八四年）で発表した「セント値」を思い起こさせるからである。エリスは、「セント値」という半音の百分の一にあたる値を用いて音の高さを数値化し、あらゆる民族の音階を数値によって記すという試みを行っている(15)（エリス 1951）。この「セント値」は、地球上のあらゆる音楽は数値にして比較できるという思想に立っており、ゆえに比較音楽学（民族音楽学）が仕事を広げていく際の科学の装置となった。田辺はこの自ら開発した「対数値」を理科大学の物理談話会で発表したときに、長岡からこのエリスの方法の存在を指摘されている（田辺 1914c）。そこで田辺は自分の不明を恥じながらも、エリスの「セント値」では絶対的音高を認知できないと批判するが、その後はそこまで厳密である必要はないと撤回して「セント値」の利点を認めて、時に使用している。

ここで指摘しておきたいことは、エリスが非西洋音楽の音高・音階を理解するために「セント値」を求めたのと同じ目的で、田辺も非西洋音楽である日本音楽の音高・音階を理解するにあたって、「対数値」を求めたということである。現在の「民族音楽学」は当時は「比較音楽学」と呼ばれていたが、「比較」というのは、西洋音楽との比較ということだ。エリスと田辺が違うのは、田辺にとって対象としようとした音楽が自らの国の音楽だったということであろう。この田辺の事例からは、西洋化された非西洋人が非西洋である自文化を西洋のフィルターを通して表現するという近代の在り方が、自然科学の分野においては極めて分かりやすい形で起ったということが理解できる。

田辺は「楽律構成器」と「対数値」を応用することで、「**支那の純正調楽律**」（田辺 1909g）を書いている。中村の「日本支那楽律考」を先行研究として確認したうえで、京房の六十律の対数値を求めて、その最後の七つの音律が「ピュタゴラスコンマ」（三分損益で十二音を求めた時に最初に生じる基音とそのオクターヴとの誤差）よりも小さい誤差をもつことを突き止めた田辺は、それを「京氏コンマ」と名付けて、六十律とは実際にはそこから「京氏コンマ」をもつ七音を除いた五十三律であると訂正を求めている。

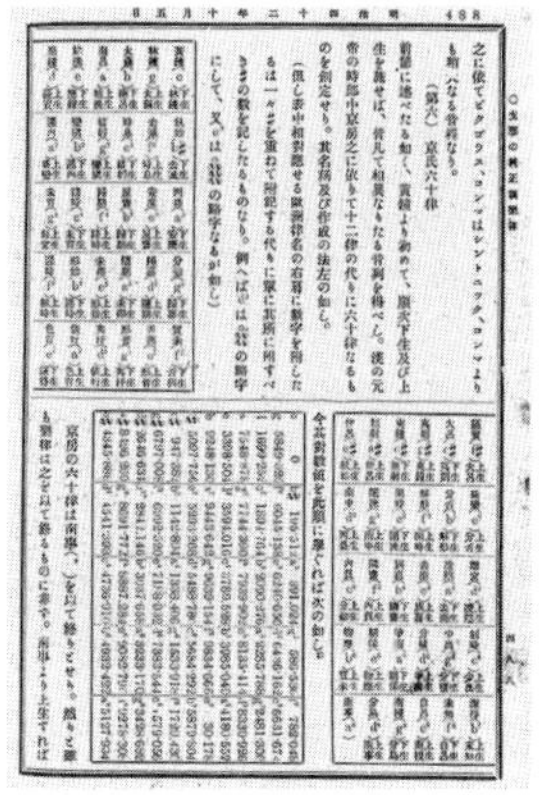

京房の六十律の対数値
（田辺 1909g）

この五十三律というのが田辺にとって重要なのは、彼自身が指摘するように西洋の五十三平均律に似ているからであるだけではなく、おそらく、田中の純正調オルガンの五十三音にも対応しているからであると考えられる。東洋と西洋の音律に音響学の視点から類似性をみつけることが田辺の目的であったことは、彼がその「京氏コンマ」に似たコンマを持つ「六百六十五平均率」を導き出して、これが純正律に近似しているところからも明らかである。平均律も一オクターヴをこまかく平均に割れば純正律に近づくという発想は、東洋と西洋の音律を、近代音響学の視点から融合させるのに有効な手段であったと思われる。

このように純正律を東洋音楽（中国の古代音楽・日本の雅楽）の楽律に近づけた田辺は、最後に**「中根璋の六十平均率と京房の六十律との関係に就て」**（田辺 1910b）で、江戸期に平均律と俗楽音階を誕生させていた和算家の中根璋を取り上げる。第一章で見たように、中根についてはすでに師の中村が論じていたが、田辺は、中根が計算した六十平均律も京房と同じく五十三律とすべきであると述べて、古代中国の音階と日本の俗楽音階とをつなぎ合わせている。ここで面白いのは、京房が五十三律ではなく六十律としたのは「人種的迷信」であると中村と同じように低い評価を下しつつも、その続くところではヴントの『社会心理学第三巻芸術論』にならって、「神聖なる数」が音律に影響を与える人種や歴史があるといった高い評価を示していることである（田辺 1910b: 314）。翌月に掲載された**「中根璋氏の本邦楽律論に就て」**（田辺 1910d）では、中根の雅楽音階と俗楽音階の理論を紹介して、中根が俗楽音階の主音の上に四分音《しぶおん》（半音の半分）があることを発見したことを褒め称えている。こうして中根に見出された四分音の存在は、寺田寅彦の尺八の論文に見られた「音から音への連続した移行」や「ゆるやかな半音」と結びついて、俗楽が「固定的ではない音階」（後述）を持つという考えを田辺にもたらすことになるのである。

「粋《いき》」の音階研究

田辺には、以上に見てきた東洋楽律の研究と時期を並行して、俗楽音階に関する論考が三つある。一九〇九年一月の「日本音楽の粋を論ず」（田辺 1909a）、同年三月の「日本音楽の理論附粋の研究」（田辺 1909b）、そして翌一九一〇年九月の「日本俗楽論附現代唱歌の難点」（田辺 1910e）である。

最初の「日本音楽の粋を論ず」は、『歌舞音曲』に一般読者向けに発表された二段組五頁の短い文章である。とはいえその内容は、二か月後に発表される論考「日本音楽の理論附粋の研究」（以降「日本音楽の理論」と記す）の要素をほぼ含んでいる(16)。

「日本音楽の粋を論ず」の書き出しには、この論考がもつ意義が次のように説かれている。

> 本邦は不幸にして数百歳鎖国の難に遭ひ、幾多科学的才能の空しく葬られたるの故を以て欧州文明の偉大なる科学的発達に比して頗る遜色ありと雖も、亦到底他国文明の及ばざる所のものあり、之れ即ち予が茲に粋と名付くる所のものなり。［…］其最も著しく表現せられたるものは即ち本邦の音楽なり
>
> （田辺 1909a: 2）

田辺はここで初めて日本の「粋」という現象にスポットを当てて価値を与えるだけではなく、さらにそれが音楽においてもっとも現れているという。続くところでは、

抑《そもそ》も東西音楽の依て以て立つ所の基礎は、東西両洋の音階の差異にして、欧州楽の和声的なるに対して本邦楽の旋律的なるを主要なる差異とす。（同）

とあり、「和声的音階」／「旋律的音階」と大きく東西の文化を二分割していることからも、この「粋」の理論が「東西比較文化論」のひとつであることには違いないが、それを始めるに当って、田辺は次のように注意深く東西の「音階」を定義づけている。

今八度（十二律）及び五度（七律）の音程は、音階作成の根本原理なるを以て、八度を以て音階作成の範囲を定め、五度を以て各音列の一を定む、之れ八度及び五度は共に完全協和音にして、吾人に絶対的快感を与ふる者なるを以て、之を採て音階を作らんとするは、音楽なる芸術を以て吾人が美的判断の理想体に一致せしめんとする者に他ならず。（同）

この前半で田辺が述べているのは古代ギリシャと古代中国に原理として共通する三分損一《さんぶそんいつ》による音律の作り方であるが、これが後半で完全協和音による「絶対的快感」を与えるものであると価値づけされ、こうした音律を使って音階を作ることで、「美的判断の理想体一致せしめんとする」（カント流の美学による）音楽が作られるとしている。田辺はこの音階論に基づき、近代西洋音楽は完全協和音である五度（ド→ソ）以外にも、完全協和音ではない三度（ド→ミ）のミ、そして六度（ド→ラ）のラの音程を下げることで、それぞれを協和音として使用する「和声的音楽」であるとし、日本の俗楽は完全協和音の五度を基礎とする「五度旋法」による「旋律的音楽」であるとする。
次に田辺は先行研究として上原の『俗楽旋律考』を引き、都節《みやこぶし》旋法と田舎節《いなかぶし》旋法の二種類があることを紹介する。田辺は、これらがそれぞれ西洋音階と同様に上行・下行で異なる音階を持つとされている点に反対して、上原の俗楽音階の上行のうち、都節と田舎節の最後がいずれも盤渉（シ）↓壱越（レ）↓平調（ミ）となっているが、実際には、盤渉から平調への中間の音は壱越だけではなく、都節は神仙（ド）、田舎節は上無（ド♯）の場合もあると述べている。そして田辺自身の音階理論では、日本俗楽音階には上行・下行の音階の区別は無く、上行・下行の一部が混合している「二重式旋法」なるものが提示される。

この「二重式旋法」が面白いところは、音階が固定的ではなく、「長唄常磐津清元義太夫等の各流派」のあいだで差異があるとして、この差異こそが「粋」の科学的研究のための立脚地になると考えられていることである。ここに田辺の「粋」の理論が始まる。田辺によれば、人間は平和を好むとともに完全なる安定には単調さを感じて変化を望むもので、それは人間の美的判断にも当てはまる。すなわち、完全な美の理想体は単調であるが、だがあまりにも不完全であれば不快感となるから、なるべく理想体へ近づけなければならない。そしてこの理論は日本音楽にも用いることができるというのである。

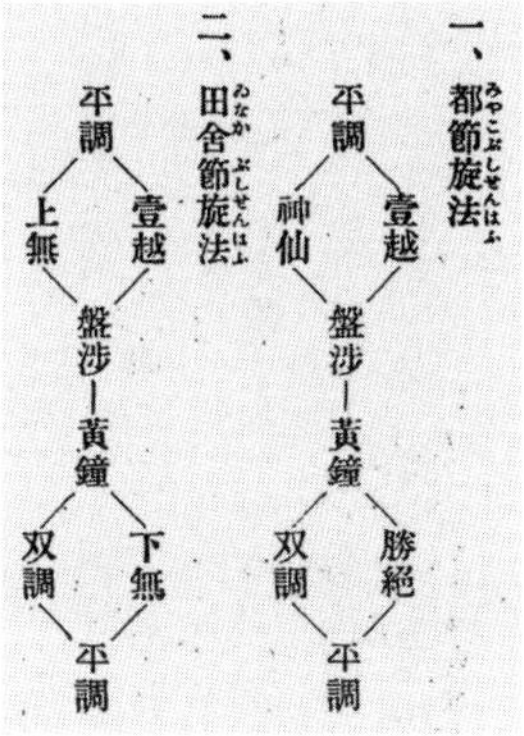

田辺の「二重式旋法」による「都節旋法」と「田舎節旋法」(田辺 1909a: 4)

田辺は、二種類の音階のうち五度の関係にある平調（ミ）と盤渉（シ）を「主体」とし、その他の音程をすべて「属体」としたうえで、次のように説明する。

例へば壱越より平調に上る際、長唄常磐津に於ては、主体たる平調には変りなく、属体たる壱越は少しく下りて、壱越と上無との中間の音となる。而して、壱越と上無とは所謂半音と名づくる者なる故、此変位は四分音にして、之に依て大に粋なる感を起さしむ。又猶粋《なおいき》なる者に於ては、壱越は変じて上無となる。此変位は半音即ち四分の二音なり。猶進んで、壱越が上無と神仙との間に変位する時は、四分の三音の変化にして、此者に於ては稍野卑の感を起さしむ。

（田辺 1909a: 6）

長唄・常磐津では、壱越（著者注：盤渉［シ］の誤りと思われる）から平調に上がる際に、壱越（レ）（盤渉から平調への中間の音である）が四分の一音低いと「粋」だと感じる、四分の二音（すなわち半音）低いとこれは「猶粋」だと感じられる、そして四分の三音低いと「野卑」だと感じるということである。つまり、壱越の音が神仙（ド）と壱越（レ）との間で四分の一音ずつ変化するのに従って、「粋」「猶粋」「野卑」と感覚が変化する。田辺は、このように「粋」を産み出すために四分音を生じさせることを、「音程の四分化」と名付ける。また、この四分音の変位によって「理想体」から「粋」が生じることを、「理想体の粋化」と呼んでいる。

二か月後の論考「日本音楽の理論」（田辺 1909b）でも、田辺は以上の「粋」による俗楽音階理論を大きく踏襲しているが、新しく精神物理学の視点からリズムについて論じた箇所がある。リズムによって人は音楽から「快楽」を得ることができるということから、リズムには二拍子と三拍子を核とした四種類があるとするヴントの「根本原理」に従いつつ、日本の俗楽の伴奏のリズムも、音階の「粋」のシステムと同様、四分の一というリズムによって「粋」の度合いが決まると理論を発展させている。ただし田辺は、このリズムの「粋」の理論は、多くの日本の俗楽が言葉（歌詞）によるリズムを伴うものであることからもっとも重要であるが、言語学の範囲に入る困難な問題であるとして、ここでは論を閉じている。

論考の最終部分は、タイトルでは「附」とされる「粋の研究」にあたり、ふたたび「粋」による音階理論が展開されているが、前作からいくばくかの変更点が見られる。前作では、長唄・常磐津では、盤渉（シ）から平調（ミ）に上昇する際にその中間の音である壱越（レ）が四分の一音下がると「粋」、四分の二音（すなわち半音）下がるとこれは「猶粋」、そして四分の三音まで下がると「野卑」と述べていた。これを本作では俗楽のジャンルの差から語りなおしており、長唄＜常磐津＜清元・歌沢＜端唄というジャンルの順にしたがって壱越は低くなり、さらに清元・歌沢では四分の三音、端唄では一音（つまり神仙［ド］）を越えて下がることもあると述べている。また、長唄という一つのジャンルの中でも、歌詞の内容によっては高くなったり低くなったりし、低過ぎれば野卑な感じを起こすという。結論ではこれらをまとめつつ、「粋」「猶粋」「野卑」とされていた前作から「猶粋」が消えて、新たに「上品」というカテゴリーが加えられて、「上品」「粋」「野卑」と並び方も書き変えられている。

田辺の「粋」という斬新な視点からの日本文化論が、九鬼周造（一八八八〜一九四一）の有名な『「いき」の構造』[17]（一九三〇年）より二十年も早く誕生したのは、田辺が精神物理学に影響を受けて心理を数値化しようとしていたことにあるだろう。九鬼の『「いき」の構造』に、音楽について論じたところはないが、その草稿（甲南大学九鬼文庫蔵）には日本音楽について考察した部分があり、「野暮―長唄―歌と三味線との隔離が少ない、粋―清元―歌と三味線との隔離が適宜、下品―常磐津―歌と三味線との隔離が大きすぎる」「田辺尚雄、哲学雑誌」と書き込みがあると、安田武によって紹介されている。安田は、この点を九鬼が発展させていたら、彼の上品・いき・下品の関係がもっとよく分ったのではないかと論じている（安田・多田 1992: 105）。この草稿は一九二六年十二月に書き終えられているので、田辺の「粋」の研究からおよそ十七年後の構想であるが、九鬼は一九〇九年九月に東京帝国大学文科大学哲学科に入ってケーベルのもとで学んでいるから、『哲学雑誌』に掲載された田辺の「日本音楽の理論」（一九〇九年三月）をすでにほぼ同時代に読んでいた可能性もある。いずれにしても、「粋」によって日本の文化的アイデンティティを考察しようとする点では、田辺も九鬼も同じヴィジョンを共有しているのである。

「粋」から「俗楽旋律式」へ

だが、田辺の三つ目にして最後の俗楽音階理論である「日本俗楽論附現代唱歌の難点」（以下では「日本俗楽論」と記す）（田辺 1910e）からは、その「粋」という言葉が突如として姿を消す。田辺の

「粋」の理論に何が起こったのであろうか。

「日本俗楽論」は一九一〇年九月の『早稲田文学』に掲載された。田辺は大学院へ進学してから早稲田中学校で数学の教授をしていたことから、同誌に多くの論考をよせているが、それらは『哲学雑誌』よりも一般向けに書かれたものが多く、この「日本俗楽論」も分かりやすい体裁をとっている。例えば音楽を専門としない一般の読者への配慮として、田辺が独自に編み出した新しい音程の表示法が使われている。だが前二作よりも規模は大きく、内容も豊かであり、田辺の日本俗楽音階論のひとつの到達点として位置づけることができる。

具体的には、西洋音階の三種類の短音階と、上原の俗楽音階である都節音階と田舎節音階を、改めて新しい表示法に翻訳して並べて比較することで、上原の俗楽音階が西洋の短音階の旋律的音階に影響を受けたものであるということを視覚的に明らかにして、非常に説得力が増すものとなっている。そして上原の俗楽音階をすべて否定するのではなく、上行のみを誤りだとして、下行は自分の理論に取り込んで、これを「基本音階」として提示している（九五頁図）。

田辺がこのようにわざわざ表示法を編み出してこれらをビジュアル化して並べて見せたのも、なぜこの上原の上行が誤りであるのかという点こそが、田辺の新しい俗楽音階の核だからである。西洋音楽の音階には、主音へ向かって上る「導音」があり、この音程は主音の半音下に位置して音階の一音を構成している。だが田辺に従えば、日本音楽には「導音的動作」はあっても、それは西洋音楽の「導音」とは異なる性質のものであって、「単純なる音階構成上の問題に帰着」させることはできない。つまり日本の俗楽音階の「導音的動作」は、西洋音階の「導音」のように音階の固定した一音として持つことができないというのだ。

田辺はその理由を、「言語の強聲（アクセント）の配置法」に求めている。彼がここでいう言語のアクセントとは、話し言葉の発話における音の強弱と高低の両方のことである（実際には日本語には強弱アクセントはなく、高低アクセントのみがあるとされる）。日本の俗楽は、「言語と楽曲旋律と相接近し、或時は殆んど其境界線を見出し難きもの」（田辺 1910e: 36）であるから、言語のアクセントとリズムが旋律と音階とを決定すると田辺はいう。前作で言語学の範囲であるとして脇に置いておいた問題を、本作では掘り下げていくことにしたわけである。ただし、田辺において言語のアクセントとリズムの関係はあやふやなまま進められている。のちにそれを指摘した東京音楽学校教授の島崎赤太郎（一八七四〜一九三三）とは、激烈な議論を誌上で起こすことになる[18]。本書ではそこに立ち入る余裕はないが、田辺が論じた言語のアクセントによる音階論を概観しておこう。

田辺は俗楽を「浄瑠璃系」と「唄物式」の二つに区分し、「浄瑠璃系」の旋律は、義太夫や新内などの劇の語りの内容による「心理的旋律」であり、「唄物式」の旋律は、長唄・地唄・端唄などの歌詞の「物質的旋律」であるとする。これはヴント『民族心理学講義』の言語論にある「民族心理学上の問題」に関わるものであるという。例えば端唄『夕暮』では、言語のアクセントと歌曲の旋律が同じであるという。

このような分析を重ねるうちに、次のような「面白き導音及び上主音的性質」（田辺 1910e: 39）を発見したという。主音の下から主音へ向かう際に現れる音である「導音」は、西洋音楽では主音の半音下であるのに対し、日本俗楽では一音から一音半位下になる。また主音の上から主音へ向か

田辺は新しく一般向けに考案した音階の表示法について次のように解説している。「各音間に引きたる縦線の中、一本は半音を示し、二本は半音二つ即ち一音を示し、三本は半音三つ即ち一音半の音程を示す。」(田辺 1910e: 30)

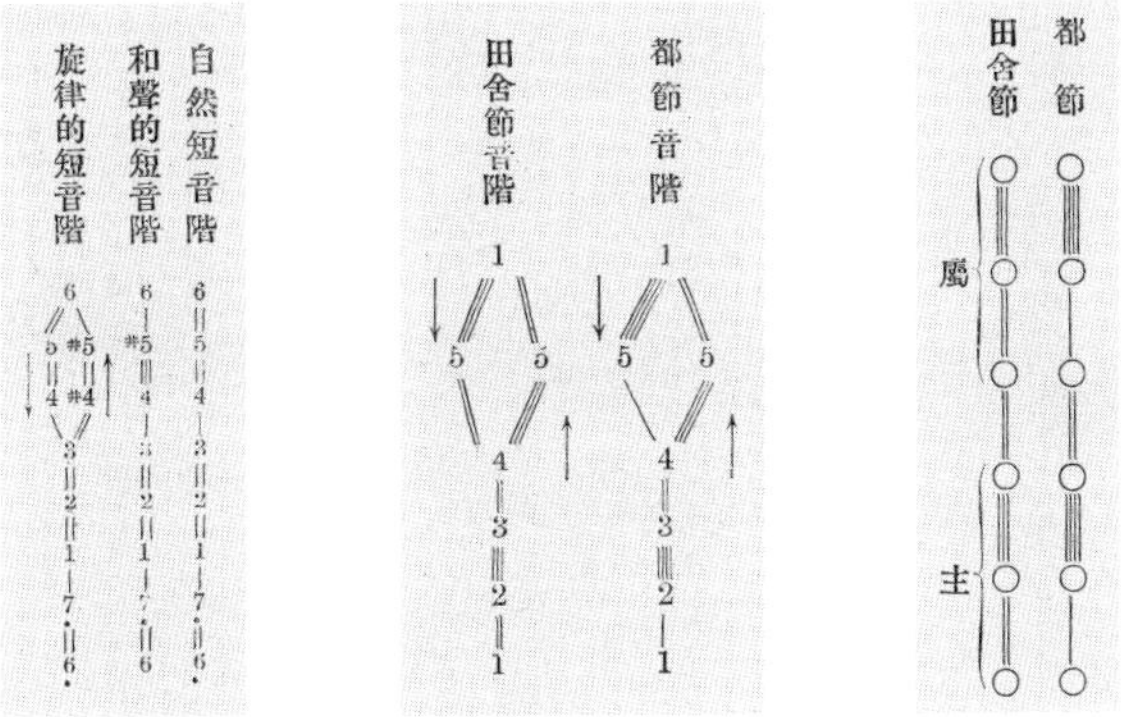

(左) 西洋音階の三種類の短音階 (中) 上原の俗楽音階である都節音階と田舍節音階 (右)「基本音階」

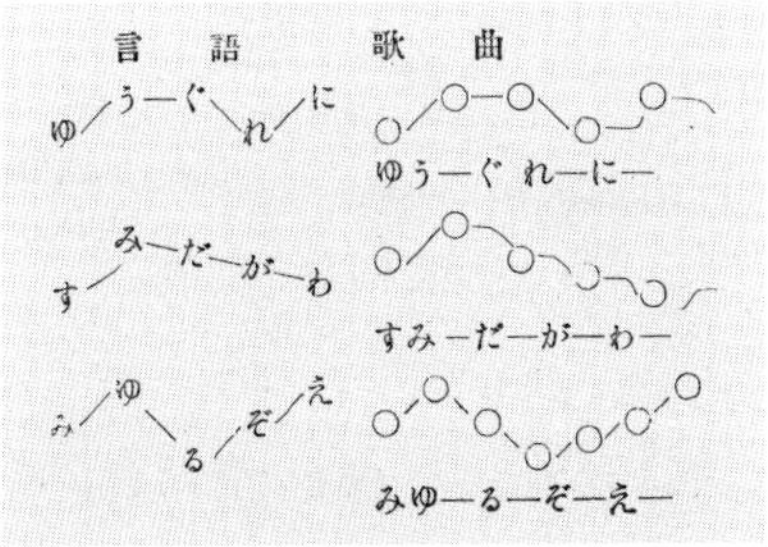

端唄『夕暮』の歌詞のアクセントとメロディの比較 (ただし日本語のアクセントは高低の二つしか存在しないため、田辺の分析には日本語研究からみて明らかに手落ちがある)

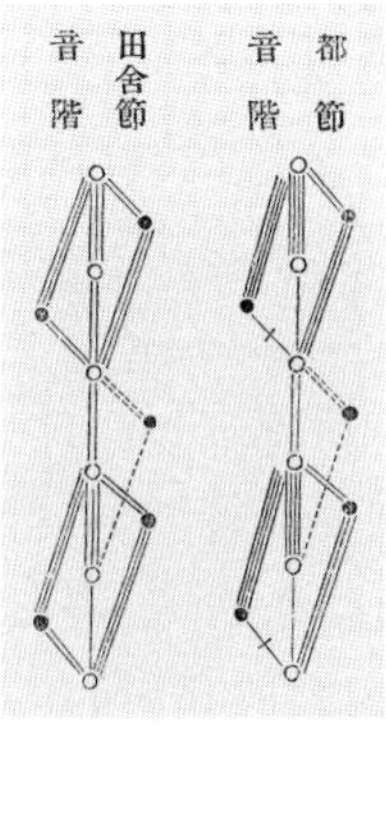

「俗楽旋律式」

う際に現れる音である「上主音」は、西洋音楽では主音の一音上であるが、日本俗楽では四分音から半音上であるという。日本の俗楽音階では「導音」も「上主音」も大きな幅を持ち、固定することがないというのが田辺の主張である。この理論にしたがって「基本音階」に導音・上主音的な四分音の変化を加えた都節音階と田舎節音階を、「俗楽旋律式」と名付けている。固定した「音階」ではなく、つねに異なる解をもつ「式」であるのだ。

この「俗楽旋律式」が興味深いのは、「凡ての固定的音階の上に立つものとは異つたもの」とされている点である。だが、固定的ではない音階を「音階」であるとすることは可能なのだろうか。おそらく田辺も、この理論を物理学の成果として発表するには時期尚早であると認識していたと思われる。というのは、「日本俗楽論」の約半年後に出版された田辺による物理学の教科書『実用大物理学講義 第一巻 力学・音響学』(田辺 1911a) は、日本の物理の教科書としては珍しく音階について多くのページが割かれているのだが、しかし俗楽音階について触れた箇所はない。固定的ではない音階を発表することに躊躇いがあったとしたら、まさにその固定的ではないという点こそが彼の俗楽音階論の創造的なところであっただけに残念である。

なぜ「粋」の理論は消えたのか

こうして田辺の俗楽音階理論はひととおりの完成をみるわけだが、そこでひとつ失われたのが「粋」という言葉であった。三つの論考を見る限りでは、彼は「粋」という現象を実験物理学的な数値やジャンル分け等によって示すことを目指したのであるが、彼が日本俗楽の独自性を当時の心理学・精神物理学にならって数値化・概念化しようとすればするほどに多様さが生じて、それらを「粋」の名のもとに統一することが不可能になったように考えられる。そして「粋」に代わるものとして、彼は最後に多くの解を含むことができる「俗楽旋律式」という考え方を生み出したのだ。

しかしまた「粋」が消えた理由としてもう一つ、田辺の俗楽音階理論が、心理学教室の「心理学通俗講話会」において「日本の舞踊と美容について」（田辺 1909f）と題する講演で変奏されてからは、しばしば女性の美容や舞踊と同様に論じられていたことにもあると思われる。実はこの時期の田辺は音階研究のかたわら、新聞や女性雑誌を中心に、舞踊と美容について科学的に語る若き「理学士」としても姿を現していた。ざっと挙げるだけでも、「舞と踊」『東京毎日新聞』（一九〇九年一月）、「東西婦人の姿勢」（『趣味』、一九〇九年五月）、「美容の標準」（『早稲田文学』、一九〇九年五月）、「静止美と運動美」（『日本新聞』、一九〇九年六月）、「舞と踊」（『音楽界』、一九〇九年八月）、「婦人の姿を美しくする法」（『女学世界』、一九〇九年八月）、「容姿《すがた》の美学」（『東京朝日新聞』、一九〇九年十月）、「容姿美醜の研究」（『髪』、一九〇九年十一月）、「姿を美しくするには斯くすべし」（『婦人界』、一九一〇年八月号）、「踊と姿」（『みつこしタイムス』、一九〇九年十一月）等がある。田辺はこれらを通して、近代的な洋装を前にして文化的アイデンティティの揺らぎを感じている多くの和装の女性たちに向かって、自らの日本の美に誇りを持つようにという啓蒙活動を行っていたのであった。そのときに彼が用いたロジックは、姿勢や着物に現れる角度によって「上品」「粋」「下品」が決まるというもので、それをさらに推し進めて、「粋」という現象が起こることを「粋化」「粋化作用」と名付けたり、「粋」になるために必要な割合を「粋化率」としてとらえ、科学的に測定しようとしたりしている（田辺 1909f）。実際、田辺はこうした理論を音響学の研究から引き出したと述べている。

そしてこの当時、物理学科の田辺の指導教官のひとりである中村清二は、第一章で見たように、千里眼事件の批判者として弁舌を振るっていた。その中村が、千里眼を批判するための講演を心理学教室の「心理学通俗講話会」に申し出て断られたことや、千里眼問題が「風教上大に影響がある」ことを厳しく非難しているのだ（中村 1911b）。中村のこうした視線は、女性雑誌でもてはやされ、さらに千里眼事件で物議をかもしていた心理学教室にも出入りをしていた田辺にとって、無視することはできない圧力として働いたと考えられる。

だがそれよりも重要なことは、田辺自身も言葉の使い方に苦心していたように、当時は「粋」または「意気」という言葉が芸者や花柳界をすぐに思い起こさせたということである。この十年後、田辺はこれらの美容・舞踊に関するテクストをまとめて『女の美容と舞踊』（一九一九年）という一冊の本にしているが、そこからは「粋」という言葉がほとんど排除されている。この傾向は同書のまえがきにある次のような箇所にも明らかである。

本書の挿画や例の中に一切芸者を挿みませんでしたのは、此書が教育ある立派な御家庭の方に読んで戴きたいからです。それに私は芸者といふものを余り知りませんし、又之を知る様な機会もありませんから、一切入れないことに致しました。

（田辺 1919b:「序言」5）

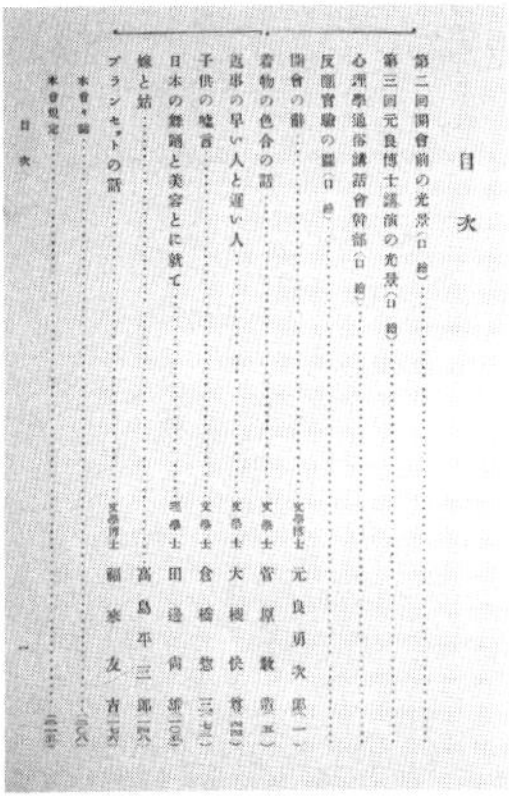

目次

『心理学通俗講話』（第一輯、1909年）は同じ年の四月に東京帝国大学の心理学教室の有志によって結成されたばかりの心理学通俗講話会の講演録。講話会は常に満席であったといい、実際に田辺もこの講演のおかげで女性雑誌からのオファーが来るようになった。目次には同じく講演者に福来の名も見える。

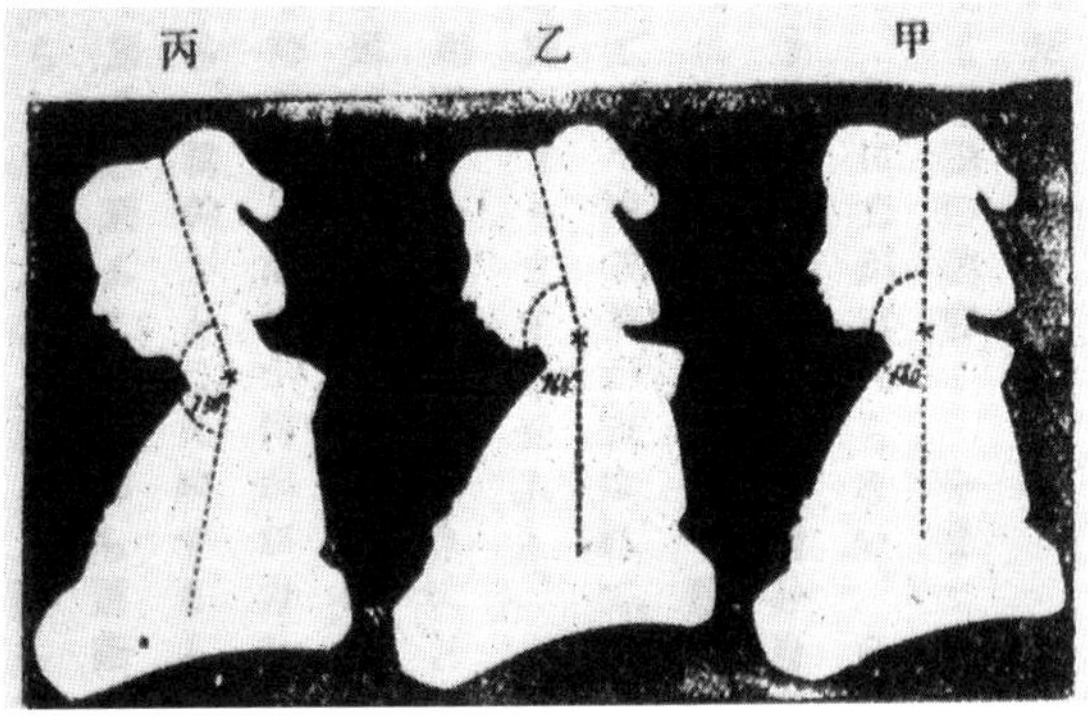

左から「下品」「粋」「上品」（田辺 1909f: 133）

この「教育ある立派な御家庭の方」の対極に「芸者」を置いて忌避する態度は、三味線音楽を家庭音楽にするために芸人を切り離そうとした師の田中正平の国楽論にも一致する。田辺は芸者の写真は載せることなく、巻頭に自分の肖像写真を載せている（「その人の説に一種の親しみを感じまして、忘れ難いといふ為めには、その著者があんな人かと知るのが最も必要と存じまして、先ず自分のみすぼらしい肖像を巻頭に掲げました次第です。」）。芸者の写真の代わりに自分の和装の肖像を載せることで、用語への批判の矛先を変えようというのである。

これらのことは、当時の美容や舞踊にまつわる議論が、即座に芸者を思い起こさせるものであり、「教育ある立派な御家庭」を脅かしかねないものであったことを物語っている。こうした芸者を忌避する風潮がまだ残っていたならば、『女の美容と舞踊』がまとめられた一九一九年当時、「粋」という花柳界と関わりの強い言葉は、やはり消されるしかなかったであろう。

純正調と東洋楽律と四分音の出会い——田中と中村と寺田の遺産

俗楽音階理論から「粋」は消失した。だが、「粋」を成立させる要素である「四分音化」は、俗楽音階理論の中に姿を現し続けている。このことは、「四分音化」という音の動きこそが田辺の俗楽理論の動かぬ核であったことを示している。ここで最後に、田辺の音階理論における「四分音化」の役割を考えて本章を閉じよう。

「四半音程の記号に就て」（『音楽』、一九一〇年八月）という論考には、四分音（四半音程）についい

『女の美容と舞踊』（田辺 1919b）巻頭。写真の裏ページには、次のような断り書きがある。「その人の説に一種の親しみを感じまして、忘れ難いといふ為めには、その著者があんな人かと知るのが最も必要と存じまして、先ず自分のみすぼらしい肖像を巻頭に掲げました次第です。」

て次のような解説が行われている。

四半音程といふのは全音程の四分の一、即ち半音の半分を指すのであつて、今日ピヤノやオルガンのやうな十二平均率〔ママ〕を用ひて居る鍵盤楽器には無い音程であります。但し今日西洋でエンハルモニックと名付けて居るものは純正調から起つて来た、半音よりも小さい音程を指すのであつて、茲《ここ》に四半音程と名付けるものとは異なつて居ります。〔…〕日本音楽の旋律は極めて微妙でありまして、極めて明瞭に四半音程が現はれて居ります。〔…〕日本の俗楽旋律を研究するのには此点を深く注意をして見なければなりません。

（田辺 1910c: 15）

田辺にとって四分音は十二音平均律とは相いれない性質をもつものであり、その意味で純正調と同じく「アンチ・平均律」に属している。ここで、「純正調から起つて来た、半音よりも小さい音程」としてエンハルモニック（エンハーモニック）が持ち出されて、四分音と異なるものであると指摘されているのは、四分音と純正調が「半音よりも小さい音程」という共通項を有するからである。そうした上で、俗楽音階の研究のためには殊に四分音に注目する必要があることが繰り返し述べられている。ただし、田辺が続くところで、「西洋音楽でもヴァイオリン等においては屡々四半音を用ふることがあります。」と述べているように、これは「西洋音楽 vs.東洋音楽」ということではない。実際、西洋音楽でもヴァイオリンでは奏者は音響物理学的に純正だといえる和声を作ろうとするのであり、この点でピアノなどの鍵盤楽器の奏者がすでに調律された十二音平均律で和声を演奏することとは異なっている。啓蒙家である田辺は、日本俗楽に現れる四半音程を楽譜に表すための記号を模索し、「種々の記号を工夫して之を用ひてみ」た結果、「其内最近の考案に基くもので、最も用ひ易いもの」を提示する。このような田辺の四分音へのこだわりが、自らも演奏するヴァイオリンにおける四分音の体験から来ているものであることは明らかである。そしてここには、尺八の音を同じようにヴァイオリンの半音から捉えていた寺田の研究が影を落としていることを指摘できよう。

同じような主張は、「西洋音楽を日本楽器で奏することに就て」（『読売新聞』、一九一〇年九月）にも見ることができる。これは、田辺の最後の俗楽音階理論「日本俗楽論」と同じ月に刊行されたものである。

田辺による四分音記号の説明
（田辺 1910c）

我邦の唄の旋律は余程複雑であつて到底簡単に西洋流に解釈する訳には行かぬ。所謂節回しといふのは其特徴を表はして居る。所が此節回しは其自身独立して、即ち伴奏から取り離して見ると、音楽の価値が減ずるので、此節回しと伴奏との間には一種の結合的の性質を持《もつ》た現象がある、素より之れは西洋風の和声法ではない。西洋現在の和声法は全然平均率〔ママ〕音階（テンパードスケール）の上に立つて極めて粗造な和声であるが、我邦の此唄と伴奏との間の関係を若し仮に和声といふならば、之は全然平均率から異なつた一種の音階の上に立つ和声法に相違ない。単に平均率許りでなく、凡ての固定的音階の上に立つものとは異つたものに相違なからう。（田辺 1910f）

この論の背後に、浄瑠璃や長唄における言葉のアクセントから俗楽音階論を論じようとしていた「日本俗楽論」の分析があることが分かる。このように、田辺において俗楽音階論と純正調の理論とは同じ地平にあるのだ。

最後に引用した箇所では、「西洋現在の和声法」が平均律に基づいた「極めて粗造な和声」であるというように、否定的に述べられている。これと同じ時期、田辺には「正しい調子と有鍵楽器」（『音楽界』）というタイトルの論考があるが、そこでも、「平均率はピアノ楽やオルガン楽を進歩せしめたことは著しいことであるにしても、和声の上に於ての欠点は免れることは出来ない。」（田辺 1910a: 20）といったようなことが述べられており、ヴァイオリンなどにおける「正しい調子」が、ピアノなど鍵盤楽器の平均律に勝るものと位置づけられている。

このような平均律の否定が、田中正平がヘルムホルツの助言に導かれて取り組んでいた純正調の思想から導かれたものであることは言うまでもない。つまり十九世紀から二十世紀にかけて、音響物理学者たちのあいだでは、平均律に対して純正調が自然科学の視点からみた「正しい」音階であるという認識が共有されていたのである。田中はそれをドイツから日本へ持ち帰ったのだが、しかしその時点ではそれを日本音楽研究と接合することはなかった。田中が残したこの課題に取り組んだのが、弟子の田辺尚雄であり、田辺は純正調という西洋由来である音楽思想を、慎重な手つきで日本音階へと近づけていったのだ。

本章で観察してきたことを物理学科の音響学の歴史の上にまとめておこう。田辺の日本音階研究は、田中の純正調の理論を、中村の古代中国音律の考察を通して日本化したものに、寺田の「音から音への連続した移行」「ゆるやかな半音」という日本俗楽の特徴を組み入れたものであった。それらを熔接するために田辺が用いたのが、「四分音化」によって機能する「枠」や「俗楽旋律式」という概念であったのだ。言い換えるならば、「四分音化」という運動の中に、田辺は日本音楽が近代の知に耐えうるだけの確固たるなにものかを見出したのである。

第二部　進化論と「日本音楽史」

近代において、歴史は、国や民族のナショナル・アイデンティティを支えるというはっきりとした目的で書かれるようになった。大正時代に田辺尚雄が試みた「日本音楽史」も、そうした役割を果たすものであったには違いない。だが、彼の仕事をくわしく眺めてみるならば、そのような目的のもとにのみ書かれたと片付けてしまうことができないユニークな革新にあふれていることに気付かされるのである。

たとえば、日本初の日本音楽史である小中村清矩《こなかむらきよのり》の『歌舞音楽略史』（一八八〇年／一八八八年）は、「各芸の起源と沿革」（小中村 2000: 17）を文献から抽出して時系列に沿って並べたものであるが、こうした国学者の文献実証主義的な歴史記述は、日本の音楽が誕生したままの形で現在まで存続しているかのような印象を与えるため、田辺にとっては進化思想を欠いたものと映った。また当時の宮内省楽部の皇室儀礼中心の雅楽のあり方は、芸術は人々のあいだにあまねくあるべきであるとする田辺にとっては、啓蒙思想を欠く非常に閉じられたものであった。ゆえに田辺は、それらを最新の科学であった進化論やロマン主義的な芸術論によって論じなおすことで、国民に向けて開こうと戦ったのである。

以下では、田辺が「雅楽」を核としてどのように新しい「日本音楽史」を創り上げていくのか、ほぼ十年にわたるその道筋を、当時の科学界・思想界を席巻していた進化論という背景のなかに置いてひもときながら、順を追って明らかにしていきたい。

第三章　「進歩」と「国民性」のはざまで
進化論における西洋音楽と日本音楽の出会い

田辺が愛した西洋音楽進化論——パリー『音楽芸術の発達』

進化論 evolutionism の父とされるイギリスの生物学者チャールズ・ダーウィン Charles Darwin（一八〇九～一八八二）が、著書『種の起源』（一八五九年）で「進化 evolution」という言葉を使わなかったということはあまり知られていない（グールド 2001）。当時、「単純なものから複雑なものへの順序だった展開」という意味をもつだけだった「evolution」という用語を、生物や社会の「進歩・発達 progress」へと結びつけてダーウィンの理論を拡大解釈したのは、同じくイギリスの哲学者ハーバート・スペンサー Herbert Spencer（一八二〇～一九〇三）だった（村上 2002）。進化論を国家や民族の進化などに適応させた「社会ダーウィニズム」は、瞬く間に同時期の世界に広がり、さまざまな条件のもとで応用されていった。ただしこれはダーウィニズムの曲解というよりも、ダーウィンが進化論を「発明」したヴィクトリア時代にすでに見られた、「発展」「進歩」を理解することが世界を理解することであるという、ドイツの観念論的な「進歩主義」の思潮のひとつなのである（ボウラー 1995: 11-30）。日本では、一八七七年から東京大学で動物学を教えていたエドワード・モース Edward Morse（一八三八～一九二五）によって徐々に知識人のあいだに広まり、加藤弘之の『人権新説』（一八八二年）によって人権論争（「余は、物理の学科に係れるかの進化主義を経て、天賦人権主義を駁撃せんと欲するなり」）が起こったことで、一般に使用されるようになった（鵜浦 1991／鈴木貞 2000）。

こうした進化論は西洋音楽研究にも登場していた。十九世紀末から二十世紀初頭のヨーロッパにおける西洋音楽の進化論では、音楽は単声から多声へ、そしてより複雑な和声へと「進歩」するものとされた。これは現在でも一般に知られる音楽史に見られるもので、「音楽の父」バッハ、「天才」モーツァルト、「楽聖」ベートーヴェン、「芸術至上主義」ワーグナーという作曲家たちの作品とパラレルになっており、さらに「宗教からの芸術の解放」といったロマン主義的な精神の「進歩」とも重ねてよく語られるものだ。

日本人によって初めて書かれた「西洋音楽史」は、石倉小三郎の『西洋音楽史』（一九〇五年）であるが、これも古代ギリシャの単声から多声へ、対位法、歌劇、ソナタ形式、交響曲へ「発達の径路を明らかに」（石倉 1905: 自序）するものであった。後年、「私はこの（石倉の）書で初めて西洋音楽史を学んだ」（田辺 1982: 159）と述懐しているのは、一高時代に石倉にドイツ音楽理論のイニシエーションを受けた田辺である。

その田辺の初めての「西洋音楽史」である「欧州楽発達史講義」（田辺 1911b）は、古代ギリシャ音階から西洋近代の平均律、対位法、ソナタ形式から交響曲へと和声を中心とした進歩史観を含むものである。これは石倉の章組みを多少変えて、音律や音階を中心に並べなおした程度のものといえるが、ただ一つ興味を引かれることがある。それは、田辺が文末の「参考文献紹介」のなかで、石倉の著には現れない、イギリスの作曲家・教育者ヒューバート・パリー Hubert Parry（一八四八～一九一八）の『音楽芸術の発達[19] *The Evolution of the Art of Music*』（Parry 1905）を推薦していることだ。

パリーの『音楽芸術の発達』は、当時もっとも世界で広く読まれた進化論的音楽史として知られている。パリーがこの書で描いた和声の進化史を一言で言えば、初期の段階においては容易に発見できる完全協和の五度のみしかなく、そこへ四度やオクターヴが重なり、次に三度や六度というあまり協和しない音が重なり、それがもう一歩進むと意図的に不協和音を用いるようになるという、西洋の音楽史をなぞるものである（アレン 1968: 191）。

田辺が所有していた『音楽芸術の発達』の原著（民音音楽博物館所蔵）は、一九〇五年の第四版である。表紙の内側左に丸善の票、内表紙に一九〇七年二月という手書きの日付が記されており、学部生時代に田辺がこれを購入したことが分かる。書中の余白にも赤で多くの書きこみが見られる。田辺は『最近科学上より見たる音楽の原理』（一九一六年）でも、この書を「世界的有名の名著と称せられる」と評価し、参考として読むべき音楽書として第一に推薦している（田辺 1916: 499）。このパリーの書の題名の「Evolution」を、田辺が「発達」と訳していることからは、田辺が「発達progress」＝「進化 evolution」とするパリー＝スペンサーの進化論を共有していたことが分かる。

ところで、パリーは西洋以外の音楽史を進化論の相のもとに描いた最初の人物のひとりでもあった。パリーが同書で日本音楽に触れたところには、次のようなことが書かれている。

田辺旧蔵のパリー『音楽芸術の発達(民音音楽博物館蔵)。1907年2月に購入したことが記されている。

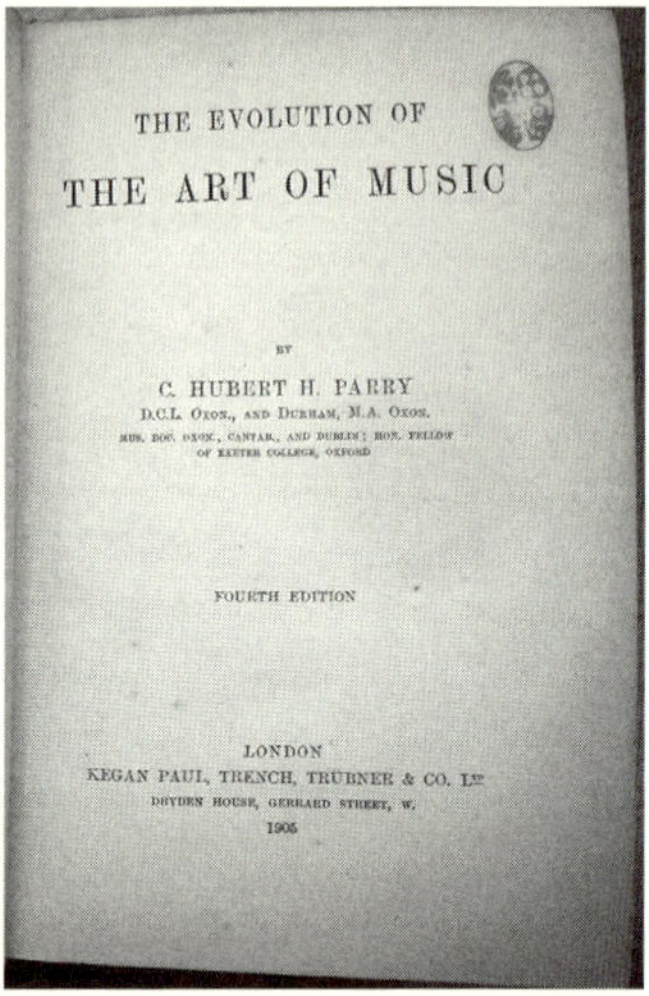

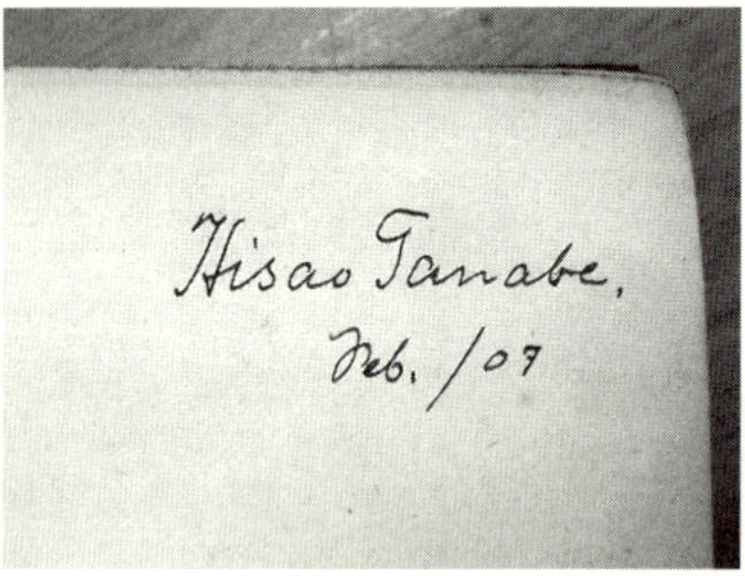

〔…〕日本音楽は、おそらく、中世初期の音楽と同じ過程を経るであろう。そして、日本人の和声に対する感覚は、ずっと以前にヨーロッパ人の和声が発展したのと同じような仕方で、発展するであろう。(Parry 1909: 88)

西洋音楽が過去から現在まで和声を発展させてきたように、日本音楽も将来は和声によって発展する——要するにパリーは、日本音楽が独自の歴史を持つものとは考えていないのだ(クレイトン 2011: 69)。

科学史家の鵜浦裕は、進化論が明治十年代後半の日本へもたらされたとき、いわゆる不平等条約を結ばされていた日本は、自らを「白人」よりも劣等であるという思想も受け入れることになったことが、西洋における進化論の広がり方と大きく異なると述べている(鵜浦 1991: 120-122)。まさしくこうしたことが、日本の音楽研究の世界にも起こったのだ。つまり、十九世紀末から二十世紀初頭に、日本音楽を研究しようとした人々は、進化論に基づいた「西洋音楽史」を知の手本として受け入れることで、自らの国の音楽を未開であると見做さざるをえない状況に置かれたのである。

「音楽進化論」

では、このような「日本音楽は歴史を有さない」といった西洋中心の見方を、近代日本人にして進化論者の田辺は、どのように受け止めて、そしてどのように日本音楽史の研究に適応させて行くのだろうか。この点を検討するためには、田辺が「欧州楽発達史講義」の一年前に『音楽』誌上に発表した、まさしくそのタイトルも「音楽進化論」という論考が絶好の資料となるだろう。これは三ページに満たない小さな論考であるが、田辺が日本音楽に関してダイレクトに進化論的な立場から考察を試みた最初の作品である。

田辺はこの小論を、「音楽自身の進化する事は、既に一般の原則中に説明されてあつて、新説ではない。」という前提から始める。次に、これから将来において書かれるべき「音楽進化論」がどのようなものであるべきかを次のように説明する。

> 種々の条件を取り出して、これを進化論の一般的の条件と合致するやうに説明を附けなければならないから、自然多少の附会は免れない事と見なければならない。[…]

［…］昔はどういふ旋律が行はれたか、或はどういふ音色が喜ばれたか、或は後にはどういふ様な旋律に変化して来たかといふ事は、普通の音楽史で明瞭である。而して此等が音楽の進化論を築き上げる材料になるのである。

（田辺 1909d: 1）

音楽の進化論は、一般的な進化論に基づくべきであるから牽強付会が許されるものであり、「普通の音楽史」の記述を「材料」として、「どういう風に進化して来て居るかといふ点に説明を加へる」ものである、ということの部分ほど、こののちの田辺の日本音楽史研究に貫かれる歴史観を正確に語っているところは他にない。論考の最後には、「西洋と東洋、又は日本と支那」とでは音楽の「発展」の仕方が非常に異なっていることから、音楽の進化の形が決まったものではないことが述べられている。

この論考が書かれた時期は、日本俗楽音階論の最後の三作目である「日本俗楽論」（一九一〇年九月）が出版される少し前である。ゆえに、東西の音階の差異がそれぞれの「発展」の仕方によって生み出されたものであるという歴史的な視野をもつ「音楽進化論」は、田辺がこれまで取り組んできた日本音階の研究から、日本音楽の歴史の研究への橋渡しの役割をしていると位置づけることができるだろう。パリーのような西洋音楽のみを進化の発達の到達点にあるとする西洋音楽の知を取り込みながらも、非西洋音楽である日本音楽を同等に進化論の相のもとに置く見方は、当時の世界の音楽思想の中でも先進的なものといえる。

繰り返すが、進化論は当時のパラダイムにおいて、あらゆる考え方の前提とされる最新の科学思想であった。とりわけ物理学の徒であった田辺が、それに背を向けて独自の科学を打ち立てることなどできるはずはなかった。この後の田辺が新しい「日本音楽史」の創出を目指していくのは、従来の日本音楽に関する歴史書に、こうした進化論的な視野が欠けていると考えたからなのである。

ウェスタールによる日本音楽礼賛と日本側の反発

二十世紀初頭の日本音楽研究が直面していた問題は、彼らがモデルとして受け入れた西洋音楽の知の世界において、日本音楽は和声を持たないがゆえに進化論的な歴史を有するものではないと判断されてしまうということであった。それに対して田辺が「音楽進化論」で提案したのが、日本音楽を西洋音楽と同等の立場から進化論の相のもとでとらえるというアイディアであったのだ。

このアイディアをいかに田辺が実践していくかを、分かりやすく見せてくれる例がある。それは一九一一年から一九一三年にかけて音楽界をにぎわせた、ドイツの音楽学者アルフレート・ウェスタール Alfred Westarp（一八八二～一九四六。なお、ドイツ名ではあるが慣例によりウェスタールと読みを表記する）による日本音楽礼賛と、それに対する田辺を含む日本人研究者たちの反論である。

一九一一年、ウェスタールは「日本音楽の発見 A la découverte de la musique japonaise」（Westarp 1911）という論文を、『パリ日仏協会紀要』に発表した。この論文は、日本音楽を礼賛するものであったことからであろう、翌年二月より日本の『音楽』誌上に翻訳されて三回に分けて掲載された（ウェスタール 1912a, b, c）。ところが、これが日本人の音楽研究者たち――乙骨三郎、兼常清《かねつねきよ》佐《すけ》（一八八五～一九五七）、そして田辺――から一斉攻撃を受けることになったのである（仲 1989, 1990）。

ウェスタールがこの論文でおもに主張したのは、日本音楽において和声が存在しないことは長所であり、ゆえに無理に日本音楽に西洋音楽の和声をつけることは避けるべきである、ということであった。また彼は、イギリスのピゴット Francis Taylor Piggott（一八五二～一九二五）やドイツのディトリッヒ Rudolf Dittrich（一八六九～一九一九）のような来日経験のある西洋人の音楽研究者が、日本音楽に和声がないという点を短所と捉えたことを、西洋の基準に当てはめた偏見であると非難する。そして、西洋人の和声こそ「原始的」であると進化論を逆転させて、和声に頼らない日本人を褒め称えたのである（ウェスタール 1912b: 15）。このように日本音楽を褒め称えたウェスタールが、どうして当の日本人たちから反論を受けようなどと想像できただろうか。

ウェスタールの日本音楽礼賛に対する批判は、兼常が「日本は音楽の下等国　エスタール氏の論文について」（兼常 1913）を『心理研究』に掲載して、反論の火ぶたを切った。続いて乙骨が「邦楽と洋楽」（乙骨 1913, 1914a, b, c, d）を『音楽』に、そして田辺が「日本音楽は世界最高か最劣等か―ウエストハルプ氏に―」（田辺 1913a, b）を『時事新報』によせた。彼ら日本人研究者側に共通する主張をひとことでいえば、ウェスタールの音楽論は、西洋人による西洋の和声からの解放を求めた「西洋音楽論」であり、そして西洋にとって都合のよい「未開」を日本に押し付けるものに過ぎず、「日本音楽論」ではないということであった。

この点について、細川周平はさらに掘り下げて考察して、美術の分野では明治初期にフェノロサが日本人に与えたオリエンタリズムを日本側は恭しく有難く押し頂いたことと比較して、音楽の分野ではウェスタールが批判の的となったのは、ウェスタールが日本に現れた大正元年（一九一二年）という時代には、すでに日本が西洋の知を十分に吸収していたからであると指摘している。[20]

確かに、和声の不在を礼賛したウェスタールの音楽論は、オリエンタリズムあるいはジャポニズムの視点をもっている。だが、日本音楽を西洋音楽の知のパラダイムで判断してはならない、という文化相対主義的な視点があったことも見逃してはならないだろう。その意味からいえば、むしろ「発達」の証として近代西洋的な和声を求めた日本側の音楽論こそ、西洋中心のものの見方をしているのである。この日本側の音楽論について、さらに掘り下げてみよう。

田辺の「和声」と「純正調」

ここで興味深いのは、日本側の三人が主張することをよく観察して見ると、それらは一致団結したものとはいえず、とりわけ田辺の和声に関する発言が他の日本側の研究者たちと異なっていることである。たとえば、兼常は、「和声こそ音楽が真の芸術としての職責を全うし得る第一の要素」（兼常 1913: 89-90）と反論するが、その「和声」とは、まさしく近代西洋の和声法における和声のことであった。乙骨もこれとほぼ同じ立場をとっている。それに対して田辺はただひとり、「和声」という言葉を使いながらも、兼常や乙骨のいう近代西洋の「和声」以外の「和声」が存在すると主張している。この辺りのことをくわしく観察していきたい。

田辺は「日本音楽は世界最高か最劣等か」のなかで、「私も兼常氏の議論に大体に於て賛成である。」と述べた後で、「但し」と次のように続けている。

> 但し、ウ氏が和声を排する論拠の多くは平均率〔ママ〕和声にあるやうであるが、斯の不快極まる唸りの混じた不協和音を以て協和音と誤魔化し去らうとする所の平均率和声を以てすれば、今日之を厭ふ人は尠くない。私なども平均率和声は大嫌ひである。然しながら此事は純正の和声其物が音楽の要素として存在するの価値は少しも左右しない。［…］我々が音楽に於て純正の和声を望むことは自然の成り行きである。今日未開人にあらざれば、協和不協和の考へから脱却した音楽を以て進歩したものと考ふるものは恐らくあるまい。（田辺 1913b: 5)

これが師の田中正平の「純正調」理論を応用したものであることは明らかである。田辺はそれをここで、「純正調」に基づいた音楽はより進歩したものであると、進化論的な優劣をつけて論じているのである。

同年九月、田辺は一連の騒動を締めくくるために、ウェスタールとの対談を行うことにした。そのときの模様は、田辺によって「食卓上の楽論」というタイトルで対談形式の記事として書き起こされ、一九一三年九月二六日、二七日、三〇日の三日間にわたって『時事新報』の紙上に掲載された（田辺 1913c, d, e)。この対談が実際に田辺の描いたとおりの進行内容であったかどうかは分からないが、同席者の名（野口米次郎、鈴木鼓村《こそん》ら）も挙げられているため、大きく異なることは書かれていないと思われる。少なくとも、田辺の主張したいことがここに述べられていることは確かだろう。

連載最終日の対談を見ると、田辺はかつて論じた「日本俗楽論」（一九一〇年）の日本音階論をひとしきり展開している。そして、それでも日本音楽には和声がないと主張するウェスタールに対して、次のように対話を続ける。

尚［引用者注：田辺］「一寸お待ちなさい。貴下の先程より言はるゝ和声は希臘のピタゴラスやユークリッド又は近頃のヘルムホルツ等が研究された理論上の和声を指して居るのですか、又は仏国のラモー以来建設された鍵盤楽器の和声法を指すのですか。言い換へれば純正調に於ける和声ですか、平均率《［ママ］》に於ける和声ですか。

ウ［引用者注：ウェスタール］「勿論ラモー以来の和声法です。今日の欧州で和声といへば先づ平均率の和声をいふのです。

尚「アゝ左様でしたか。私は音響学者の立場として、和声といへば一般に純正調を取扱つて居るのです。平均率の和声に限られるのならば私は全く貴下のお説に賛成です。然らば純正調に於ける協和不協和の関係は音楽には必要であると貴下は考へますか。

ウ「其は勿論です。純正調に於ける協和不協和の関係を離れては音楽は成立しません。唯今日欧州楽の基礎をなして居る平均率の和声は極めて幼稚なる劣等なるものであります。あれは決して東洋に入れるべきものではありません。

（田辺 1913e）

ここで田辺が、自分にとっての和声とは音響学における「純正調」であり、自分も近代西洋の「平均律」には反対であることを主張しながら、ウェスタールと自分はお互いに「アンチ・平均律」として同じ立場にある、という解決へとやや強引に導いていることが分かるだろう。

ウェスタールは自らの属する「見る」側の西洋において、和声の行き詰まりを嘆くことができる立場にいた。それに対して田辺は、「見られる」側の東洋（日本）の知識人に属し、西洋の知を受け入れながら日本音楽の価値を「見る」という複雑な立場にあった。そうした背景にあったからこそ、田辺は進化論を自家薬籠中のものとし、ウェスタールの日本礼賛が進化論の裏返しでしかないことを容易に見抜き、田中から引き継いだ「純正調」理論を進化論的に発展させることで、ウェスタールを自らの音階論へと引きずりこんだのである。このときに編み出された「純正調」の進化論は、こののち、田辺の「日本音楽史」の基礎として、繰り返し姿を現すことになる。

アメリカ生まれのレコードによる「西洋音楽史」

先に触れた田辺の「欧州楽発達史講義」（一九一一年）では、彼はロマン主義的な西洋音楽の進化論を音律音階論に再構築して繰り返していただけであった。だが、一九一五年に岩波書店から出版された『西洋音楽講話』を見ると、彼が「西洋音楽史」の語りに新たな手法を加えたことが知れる。

一九一五年八月一日より十日まで、田辺は私立東洋音楽学校の夏期講習会で「西洋音楽史」の講義を行った。田辺によれば、この夏期講習会での講義の筆記を「補正」して、同年十一月に著作としたものが、『西洋音楽講話』である。
　この講義はレコードを用いて行われたという点で、当時の「西洋音楽史」の講義のかたちとして非常に新しいものであった。現在ではレコードを用いた音楽史の授業は小学校でさえ普通に行われるが、その元をたどれば日本では田辺と彼の弟子である須永克己（一九〇〇～一九三五）が一般に普及させたものと考えられる。(21)「西洋音楽史」にレコードを用いたことが、彼自身にとっても新しい試みであったことは、『西洋音楽講話』の「序言」に次のように述べられている。

　尤も同講習会にはその実例を示す為めに数百枚の蓄音器音譜を使用して講演したのであるが、今之を筆記として書物にするとなれば、之等の実例は悉く之を省略しなければならない。従つて説明が頗る不明瞭になつてしまふ［…］。読者はできる限り蓄音器に就て実地研究せられんことを望む。

（田辺 1915: 序言1）

『西洋音楽講話』は文字だけでは説明できない要素を含んでおり、読者はレコードを聞いて「実地研究」することによって、はじめてその理解を完成することができると田辺は考えているのだ。田辺は続くところで、「講習会に於ける蓄音器使用に関しては米国ヴィクトル蓄音器会社出版のAnne Shaw FAULKNER 氏著 *“What We Hear In Music”* といふ書に拠つた。」と述べている。アンヌ・ショー・フォークナー（一八七七～一九四八）がヴィクター・トーキング・マシン社から出した『音楽の聴き方――音楽史と音楽鑑賞の学習の実習講座、高校・高等専門学校・大学・音楽部・

自宅学習の四年間』(Faulkner 1913)は、そのサブタイトルにあるように、レコードを使用しながら音楽史と音楽鑑賞を四年間で学べるプログラム(三十レッスン/年)ための、教師用の教科書である。『音楽の聴き方』は、戦前のアメリカで非常によく用いられたと考えられる。というのは、初版ののち、ヴィクター社がRCA社に吸収合併される二九年までに五度に渡って再版され、合併後も引き続き四度版を重ね、さらに四三年に全面改稿版が出されているからだ。

著者のフォークナーは、アメリカ合衆国の音楽教育家・啓蒙家として知られた女性で、ヴィクター・トーキング・マシン社(ニュー・ジャージー州キャムデン)の教育部門の社員であった。この書は、コピーライトがヴィクター・トーキング・マシン社になっていることから、彼女独自の著作というよりは、ヴィクター社の方針に沿って、教育部門部長フランシス・エリオット・クラーク Frances Elliott Clark(一八六〇~一九五八)[22]の監修によって編纂されたものというほうが正確であろう。クラークもフォークナーも、アメリカの新しい音楽教育界をリードする、新しい女性たちであった。

原著の巻頭を「学校音楽の父」ローウェル・メーソン Lowell Mason(一七九二~一八七二年)の写真が飾っている。メーソンは、アメリカの初代の公立学校の音楽教師であり、一八三八年にボストンで初めて学校制度が音楽の授業も含めて立ち上げられたときに、スイスの教育者ペスタロッチ Johann Heinrich Pestalozzi(一七四六~一八二七年)の教育法をもとに、合唱による音楽教育を立ち上げた人物である。[23]彼が音楽教育の普及を目指して一八三三年に設立したボストン音楽アカデミーの成果によって、ボストンの音楽教育はアメリカ合衆国全土のモデルとなった。その背景には、

(上左) 田辺旧蔵のアンヌ・ショー・フォークナー『音楽の聴き方』の第二版(1916年、民音音楽博物館蔵)。(上右) 初版 (1913年) の巻頭のローウェル・メーソンの肖像。(下左、中)「国民音楽」を学ぶ第十三課の解説と聞くべきレコード。(下右) 巻末レコードリスト。

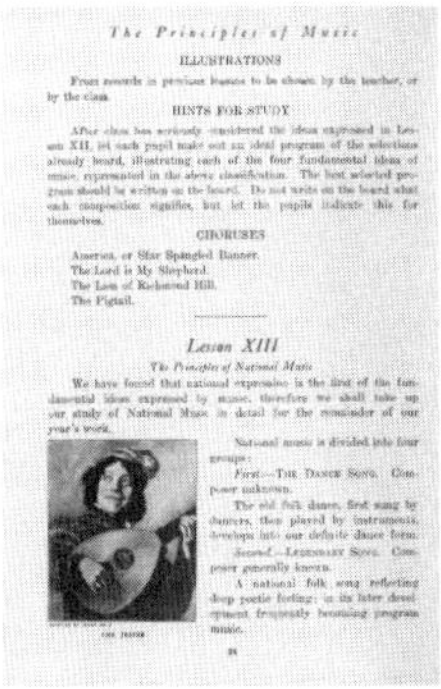
The Principles of Music

ILLUSTRATIONS

From records in previous lessons to be chosen by the teacher, or by the class.

HINTS FOR STUDY

After class has seriously considered the ideas expressed in Lesson XII, let each pupil make out an ideal program of the selections already heard, illustrating each of the four fundamental ideas of music, represented in the above classification. The best selected program should be written on the board. Do not write on the board what each composition signifies, but let the pupils indicate this for themselves.

CHORUSES

America, or Star Spangled Banner.
The Lord is My Shepherd.
The Lass of Richmond Hill.
The Pigtail.

Lesson XIII

The Principles of National Music

We have found that national expression is the first of the fundamental ideas expressed by music, therefore we shall take up our study of National Music in detail for the remainder of our year's work.

National music is divided into four groups:

First.—The Dance Song. Composer unknown.

The old folk dance, first sung by dancers, then played by instruments, develops into our definite dance form.

Second.—Legendary Song. Composer generally known.

A national folk song reflecting deep poetic feeling; in its later development frequently becoming program music.

THE JESTER

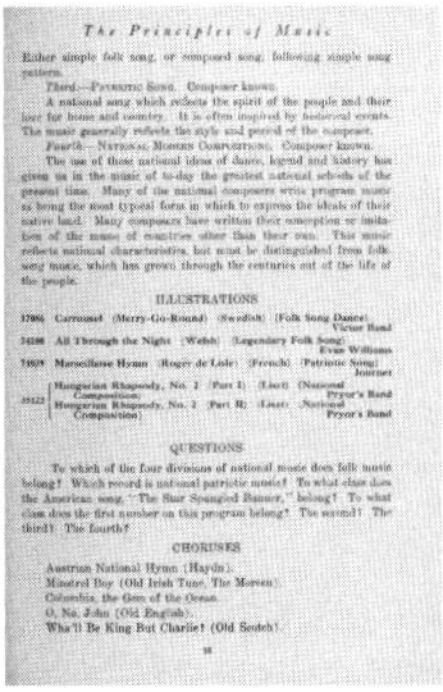
The Principles of Music

Either simple folk song, or composed song, following simple song pattern.

Third.—Patriotic Song. Composer known.

A national song which reflects the spirit of the people and their love for home and country. It is often inspired by historical events. The music generally reflects the style and period of the composer.

Fourth.—National Modern Compositions. Composer known.

The use of these national ideas of dance, legend and history has given us in the music of to-day the greatest national schools of the present time. Many of the national composers write program music as being the most typical form in which to express the ideals of their native land. Many composers have written their conception or imitation of the music of countries other than their own. This music reflects national characteristics, but must be distinguished from folk song music, which has grown through the centuries out of the life of the people.

ILLUSTRATIONS

Carrousel (Merry-Go-Round) (Swedish) (Folk Song Dance) Victor Band
All Through the Night (Welsh) (Legendary Folk Song) Evan Williams
Marseillaise Hymn (Roger de Lisle) (French) (Patriotic Song) Journet
Hungarian Rhapsody, No. 2 (Part I) (Liszt) (National Composition) Pryor's Band
Hungarian Rhapsody, No. 2 (Part II) (Liszt) (National Composition) Pryor's Band

QUESTIONS

To which of the four divisions of national music does folk music belong? Which record is national patriotic music? To what class does the American song, "The Star Spangled Banner," belong? To what class does the first number on this program belong? The second? The third? The fourth?

CHORUSES

Austrian National Hymn (Haydn).
Minstrel Boy (Old Irish Tune, The Moreen).
Columbia, the Gem of the Ocean.
O, No, John (Old English).
Wha'll Be King But Charlie? (Old Scotch).

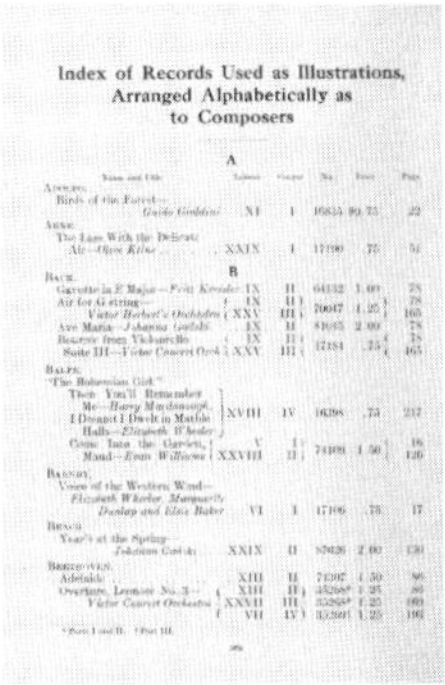
Index of Records Used as Illustrations, Arranged Alphabetically as to Composers

A

B

アメリカのレコード会社の教育書に影響を受けた田辺（写真中央）は、日本でレコードを音楽教育の場に取り入れた第一人者であり、1923年より文部省のレコード審査と推薦の委員を勤めることになる（田辺 1982）。

合衆国への移民が増えつつあり、英語を話さない子供に歌を歌うことを通して正統な言語や発音の教育を行うという目的があった（Howe 1992: 316, 326）。

メーソンと同じく、フォークナーの『音楽の聴き方』も、「すべての少年少女」が「正しい音楽」を鑑賞し解釈する能力をもつように教育することを目指している（Faulkner 1913: 3）。マーク・カッツは、二十世紀初頭のアメリカにおける、レコードによって「アメリカをもっと音楽的にする」運動についての分析のなかで、十九世紀のアメリカで行われていた合唱の訓練は、二十世紀初頭にはヨーロッパの「正しい音楽」すなわちクラシック音楽をレコードで聴いて解釈をする訓練に取って代わられたとしている（Katz 2005: 61）。こうした視点からいえばこの『音楽の聴き方』はその巻末に合唱すべき曲目を挙げつつレコード番号も併記していることから、みなが同時に声を合わせて歌うばかりではなく、さらにみながレコード鑑賞によって「国民音楽」と「正しい音楽」の知識を共有することができるという、合唱と鑑賞の両方を兼ね備えた作品なのである。

原理としての「国民音楽」

ところで、田辺は「講習会に於ける蓄音器使用に関して**は**」と、レコードに関することのみをフォークナーの書に依拠したかのように書いているのであるが、実は『西洋音楽講話』の大半はこの『音楽の聴き方』から訳されたものである。フォークナーの原著は、第一部「音楽の原理」、第二部「音楽の歴史」、第三部「オーケストラ：器楽音楽の発展」、第四部「オペラとオラトリオ」という構成である。田辺の『西洋音楽講話』も同じく四部構成であるが、フォークナーの書を縮小しながら順を入れ替え、ところどころに日本の事例を差し込み、また日本で入手しやすいレコードを紹介するなど、日本の一般読者を対象として啓蒙的に筆を加えている。フォークナーの書と田辺の書をおおむね対応させると次のようになる。

フォークナー『音楽の聴き方』	田辺『西洋音楽講話』
第一部「音楽の原理」（前半）・第三部「オーケストラ」（部分）	第壱編「音楽の要素」
第一部「音楽の原理」（後半）	第弐編「欧州俗楽の比較」
第二部「音楽の歴史」	第参編「西洋音楽の発達」
第四部「オペラとオラトリオ」	第四編「神劇及び歌劇」

このフォークナー（と田辺）の書が、それまでの「西洋音楽史」とは異なるのは、第一部「音楽の原理」前半（田辺の第壱編「音楽の要素」）の冒頭で「国民音楽」が「原理」として語られていることと、さらにその後半（田辺の第弐編「欧州俗楽の比較」）で西洋各国の俗楽とその特徴が紹介されていることである。もちろん、第二部「音楽の歴史」（田辺・第参編「西洋音楽の発達」）では、古代エジプトや古代アッシリアの音楽から始まりロマン派の音楽へと至る「芸術音楽」の発達史が語られ、第四部「オペラとオラトリオ」（田辺・第四編「神劇及び歌劇」）では、ヘンデル以降のヨーロッパ歌劇の歴史が語られている点では、従来の「西洋音楽史」を引き継いでいる。それゆえに、フォークナーと田辺が、「国民音楽」と「芸術音楽」をともに一つの書で扱って接続をこころみていることは、この時期がまさに「西洋音楽史」の書き方の変わり目にあったことを証明している。

ではこの二人は、「国民音楽」と「芸術音楽」をどのように接続したのだろうか。二人とも「国民音楽」として各国の民謡をとりあげて、それらの特異性と事例を解説している。その紹介の順番をみてみると、最初は「イタリア」に始まり、「スペイン」、「フランス」、「ドイツ及オーストリア」、「ボヘミア」、「ホンガリヤ（ハンガリー）」、「ロシア」、「ポーランド」、「ノルウェーとスウェーデン」、「イギリス」、「アメリカ」と並べられている。このことについて、フォークナーはこの章の冒頭で、

以下のレッスンの順序については、これらの国々をヨーロッパの文明化［civilization］の順序と一致するように論じた。　(Faulkner 1913: 28)

と断っている。いっぽう田辺は、その同じ箇所を次のように意訳している。

本篇に於て述べる国の順序の撰び方は南の方から始めて順に北の方に及ぼすことにした、之は立派な音楽が速く進歩をして行つた歴史的の順序と一致させたのである。（田辺 1915: 103）

フォークナーが「文明化 civilization」という言葉で留めているものを、田辺は「立派な音楽」や「進歩をして行つた歴史」という進化論的な視野からの意訳によって「芸術音楽」の価値を再確認して、よりフォークナーの意図を際立たせている。田辺は「国民音楽」を、進化をする「芸術音楽」の基盤にあって動かない「原理」（「要素」）のようなものとして、より明確に打ち出しているのだ。そしてこれらの背後には、永遠に変化をしない本質的な「国民性」や「民族性」が存在する、という考えがある。

フォークナーの書のもう一つの新しさは、言うまでもなく、本文中に聴くべきヴィクター社のレコードとその参照番号が記されていることである。田辺が注目したのもこの書のこうした実用性であったことは明らかだ。レコードを用いることによって、難しい音楽理論や五線譜を用いることなく、音楽とその歴史についての思想を共有することができるようになったのである。これまでまったく別のものとして分類されてきた「国民音楽」と「芸術音楽」が、このように同じ平地でつなげられるようになったのも、それらがいずれもレコードに録音され、同じ平面盤として物質的に並べて置かれることが可能になったからだ。

生み出されるや消え去るのが音の運命であった時代は、一八七七年のシャルル・クロ Charles Cros（一八四二〜一八八八）とエジソンによる録音技術の発明によって、すでに終わりを告げていた。これに続く「音楽の産業革命」（大崎 2002: 266）であるレコードの誕生と展開の歴史を、日本は同時代的に体験していく。すなわち、二十世紀初頭の日本においても、エジソンのシリンダー（蝋管）式フォノグラフ（一八七七年発明）とベルリナー Emile Berliner（一八五一〜一九二九）の平円盤式グラモフォン（一八八七年発明）が、蓄音機（レコードプレイヤー）と音盤（レコード）と共に輸入されて存在し、そして最終的には、収納に優れておりかつ録音内容を豊かにした平円盤式が成功を収めたのであった。

田辺自身も、こうした録音技術のハード（蓄音機）とソフト（音盤）の発達史とともに成長した。まず、養父の貴重なレコードコレクションを所有していた。そして自分でも積極的にレコード収集に努めた。レコードの国産プレスがようやく開始された一九〇七年ごろには、彼は蓄音機を利用した講演会で日本各地を回り、「蓄弁」と呼ばれるほどの活躍をしていた。[24] その翌年に出版した『音響と音楽』（一九〇八年）では楽器についての章で蓄音機の構造について解説しているように、彼にとって蓄音機は音楽を奏でる楽器と同等の存在であった。それゆえ、彼は日本初のレコード雑誌『蓄音器世界』に、レコード音楽についてよりも音楽史や音楽の在り方に関する多くの論考を寄せた。この雑誌の出版社である蓄音器世界社の主幹・横田昇一から大きな信頼を受けた田辺は、後継雑誌『音楽と蓄音器』（一九二〇年より。一九二二年に『音楽と蓄音機』と改題）では編集顧問を務める。[25] 当時横田は、レコードの海賊版から法的に身を守るすべのなかったレコード業界を代弁して、法改正を求める運動をしており、田辺のようなレコードに強い人物がまさしく「顧問」として必要であったと思われる。そして一九二三年、田辺はこの年から始まる文部省推薦レコードの審査員に任命されることになるのである。物理学者としての音響の知識、蓄音機に関するハードの知識、そしてレコードの情報を豊かにもっていた田辺は、ドイツやアメリカ経由の音楽の知識にも対応しうることによって、レコードに関する知の場の形成に大きく関わることができたのだ。田辺ほど、レコードが音楽史を語ってくれる「トーキング・マシーン」であることを確信していた人物は他にいなかったであろう。

『西洋音楽講話』は、半年を待たずに再版され、翌一六年、一九年、二〇年、二一年、二二年と再版された後、二五年に改訂第一版が出版され、その後も戦前に二度版を重ねるというロングセラーとなった。レコードという最新のメディアを介して、「国民音楽」を原理とする新しい「西洋音楽史」が、学校や家庭に入り込んでいったのである。

レコードによる「日本音楽史」の試み

このような田辺が、次に日本音楽の進化論を語るためにレコードを利用しようと試みることは当然だろう。だが、進化論的な「西洋音楽史」を「日本音楽史」へと適応しようとするならば、ただちに次のような大きな困難に直面する。すなわち、雅楽、能、義太夫、清元、小唄等の多岐に渡る諸音楽を、「日本音楽史」という一本の直線上にただ並べるだけでは、「進化論」にならないのである。要するに、日本初の「日本音楽史」である、国学者の小中村清矩《きよのり》（一八二二〜一八九五）の『歌舞音楽略史』（一八八八年）のように、歴史的文献から音楽に関する記述を抜き出してきて発生順に並べることはできても、それらによってパリーの『音楽芸術の発達』のように、音楽が古代から現在を頂点として進化するという姿を描くことは不可能なのだ。

それでも田辺はレコードによる日本音楽の進化論を試みていく。一九一七年五月の『明治聖徳記念学会紀要』には、田辺の「日本音楽の発達」という日本音楽史の講演の記録が残されている（田辺 1917a）。その冒頭に、「曾てアメリカのヴィクター会社で、日本の音楽を蓄音機に入れたもの」を使用しながら行われたとあり、田辺はこの講演では、二〇枚のレコードを使用しながら、日本音楽の発達について約三時間に渡って語ったという。田辺は、日本音楽史を（一）原始（二）中世［奈良・平安］（三）近世［鎌倉〜江戸］という三時代に区分し、それぞれの区分の音楽の特徴を概観してから、（一）と（二）の音楽がすべて（三）以降の謡曲等へと「発達」したと説明する。そのうえで、彼は時系列にレコードを聴かせつつ、これらの「発展」の様子を語っていく。

彼が用いたレコードとその解説の内容を見てみると、雅楽「陪臚《ばいろ》」を聞かせながら、雅楽のうちインド由来とされるものは「形式」的で不協和音に富み、ワーグナー以降の西洋近代音楽のように「進歩」していると紹介する。次に、それよりも「形式」が「進歩」しているものとして、中国系の雅楽「武徳楽《ぶとくらく》」とヴェトナム系の雅楽「胡飲酒《こんじゅ》」を聞かせている。そして、同時代の十二世紀イギリスのポリフォニー「Sumer is icumen in（夏は来たりぬ）」を聞かせて、これよりも先の三つの雅楽のほうが「進歩」していると説く。次には、日本人が雅楽をもとに作った催馬楽「更衣《ころもがえ》」を聞かせて、「内容」ではなく「形式」(節回し)の音楽であると説き、これに類似した西洋音楽として、グレゴリオ聖歌「ハレルヤ」を聞かせる、といった調子で、続いて狂言、謡曲、義太夫と江戸期の音楽までを聞かせて解説していくのである。

田辺のレコードの選曲と解説は、楽曲を時系列的に並べながら、それらの特徴を「形式」「内容」のいずれかに位置づけることで、「発達」の物語を語ろうとするものである。だが結局、「形式」と「内容」という用語自体が明確ではなく、またこれらが講演の冒頭で述べた三つの年代区分とどのように関わっているのかという点で説得力を欠いており、残念ながら「音楽進化論」の成果としては失敗に終わっているといわざるをえない。

このように進化論的な説得力に欠け、結局は小中村と同じ発生史になってしまっているにしても、「日本音楽史」をレコードによって奏でるという試みがここで始められたということは、はっきりと記録しておくべきであろう。これらのレコードに録音された日本の音楽は、実際には平安時代でも室町時代でも江戸時代の録音物ではなく、明治時代において演奏・録音された音楽である。それにもかかわらず、田辺の解説に導かれて、あたかもそれぞれが生じた時代において演奏・録音された音楽であるかのように、聴衆のいる「いま」「ここ」で体験されたにちがいない。田辺がレコードを使用する目的は、まさにその体験のためなのである。現在の教育の現場でしきりに叫ばれている「アクティブ・ラーニング」の走りであると解せるかもしれない。

この講演「日本音楽の発達」のレコードの内容でもっとも注目されるのは、日本音楽のなかで雅楽の「唐楽」のみが西洋音楽とレコードで比較されたことである。実は田辺は、この少し前から宮内省の薗兼明《かねきよ》（一八七五〜一九二六）のもとで笙を学び始めていた。当時の彼の日記（民音音楽博物館所蔵）をみると、ほぼ毎日欠かさず自宅で笙の稽古をし、雅楽の合奏の稽古にも出かけていることが記されている。十七本の竹管からなる笙という楽器は、一度に複数の異なる音を重ねて演奏する。ゆえにそれを日本独自の和声と捉えた田辺は、雅楽のうちでも笙を用いる「唐楽」を、「発達」した音楽と見なしていくようになる。同年の論考「音楽の話」（田辺 1917b, c）では、やはりレコードを用いながら日本音楽の発達史について語っているが、ときに田辺が雅楽の笙を実演したり、家庭での音楽には雅楽が適していると提言したりするなど、雅楽の実用に向けた新しい試みをしている。このような雅楽の実践への熱い思いは、次に見る兼常清佐との対話を通して固められていき、日本音楽の進化論を産み出す核となっていくのである。

兼常清佐との葛藤

一九一二年から一三年にかけて新聞と雑誌を賑わせたウェスタールとの論争において、田辺と兼常が、表向きは日本の音楽研究者側として共に陣を張りながらも、「和声」についての考え方において明らかな違いを見せていたことは、先に確認したとおりである。興味深いことに、この二人は、ウェスタールが日本を去った後も、ウェスタールへの反論の延長線上に議論を続けていく。

たとえば兼常が一九一四年に発表した「日本音曲の複音」（兼常 1914）という論考では、田辺が先の「食卓上の楽論」等で日本音楽に「和声」があると主張したことを明らかに揶揄しており、雅楽の筆にみられる複数の音の重なりは「和声」ではなく「複音」であるに過ぎないなどと断じている。[26]

兼常と田辺は、田辺の方が年上の二歳違いで、音階研究、心理学研究、東京音楽学校の邦楽調査掛での仕事、民謡研究など、同じ領域で日本音楽を研究対象にしていた。兼常はまだ京都帝国大学文科大学の大学院生であったときに、著書『日本の音楽』（兼常 1913）を出版する。[27] この書は、平曲、地唄、朝鮮の音楽、音階についての考察で、書中には『東洋学芸雑誌』に掲載された田辺の音階論からの引用もある。この出版と前後して、兼常は自分の論文を『東洋学術雑誌』の編集局に宛てて送っているが、これを編集局から転送された田辺は、どうやら掲載を許さなかったらしいことが、民音音楽博物館に所蔵されている書翰から分かる。とりわけ、兼常から田辺への返信（一九一三年十二月九日付、民音音楽博物館蔵、TCF/01/064）には、

> 東洋学藝雑誌への拙稿は、小生つい酔興にかいてみたもので、拙著の中にもその事はあり、また大した考へでも御座なく、勿論雑誌にのる事など問題にならず候。然し、それが許らずも、大兄の手に紹介さるゝことは、非常なる光栄に御座候。

といったように、自分の研究成果の掲載を断られた兼常が、むしろその存在を取り消さんばかりの言葉を並べざるを得なかった様子がうかがえ、田辺が反論の余地を与えない返事を書いたであろうことが推測されるのである。これは、のちに有名になる「ピアニスト無用論」（一九二七年）で、

「巨匠のピアニストが鍵盤を叩いても猫が鍵盤を歩いてもピアノは同じ音を出す」といったようなことを書いた兼常の、ある種の人を食ったような知的なふてぶてしさと比較すると、信じがたいようなへりくだり方である。

このように、兼常の東京進出の第一歩においてその出鼻をくじいたようにも見える田辺であるが、それでも、兼常の東京での実際の社交会デビューである、一九一七年の実業家クラブ「交詢社」での日本音楽についての講演会に兼常を推薦したのは彼だったようである（これも田辺側の資料を信じるとしての話であるが）（田辺 1935a, 1957a）。ところが、この一九一七年の交詢社で兼常が発表したやや好戦的な日本音楽論と、それに対する田辺の反論をきっかけとして、二人は新聞・雑誌・著作など公の場を通して論敵となっていく(28)。いったい、この一九一七年の時点での二人の思想の違いは、どのようなものであったのだろうか。

兼常「所謂日本音楽とは？」

兼常の交詢社での講演の概要は、「所謂日本音楽とは？」というタイトルで、一九一七年七月二十日から二十四日にかけて、『時事新報』の文芸欄に四回にわたって掲載された（兼常 1917a, b, c, d）。各回それぞれ、「一、原始状態外に伸びて居らぬ邦楽」、「二、物理学上美学上よりの邦楽の欠点」、「三、形式のみならず内容にも大に不満がある」、「四、娯楽的の邦楽に代る可き新芸術」といった副題がつけられている。これに対する反論として、田辺の「邦楽排斥論は成立せぬ」というタイトルの文章が、翌月十日から十二日にかけて三回にわたり同じく『時事新報』の文芸欄に、「一、兼常文学士と見解を異にする点」、「二、孔子が七絃琴の治国策も無効なりし」、「三、音楽上の崇外思想を放棄せよ」という副題とともに三回にわたって掲載されている（田辺 1917d, e, f）。田辺の記事は文末に「（談）」と記されていることから、『時事新報』の記者が田辺に意見を求めたものであると考えられる。のちに両者の論争は、それぞれ一つの論考としてまとめられて雑誌『邦楽』へ転載され（兼常 1917e, 田辺 1917g）、さらに周囲へも燃え広がった。

兼常はすでに講演の冒頭から、日本音楽は「貧弱な古物」であり、「アイヌ人の音楽よりは豊富な構造と内容があるやうに思へますが、朝鮮人の音楽よりも尚ほ遙かに進んだ点があるとは断じて思へません」「支那朝鮮の音楽と殆ど同じ程度の原始音楽の一種」「いづれも甚だ下らぬもの」であるといった、好戦的な発言を繰り広げている。

その兼常が音楽の優劣の基準として挙げるのは、ベートーヴェンの音楽である。兼常にとって、ベートーヴェンの音楽は、「思想や感情や、意志や信仰と云ふやうな、生活の最後の貴重を形づくるもの」「自分自身の生命その物」である。兼常にしたがえば、このようなベートーヴェンの作品に匹敵する音楽は日本にはなく、日本の謡曲や三味線音楽等は「お国自慢の通人社会や芸妓の社会」の「原始音楽」である。また次のようにも付け足している。

私共は日本の音楽が一般の人々の低調な娯楽として――健康な好い娯楽かどうかは知りません――大神楽や撞球等と共に存在する事にも大して不服はありません。そして芸妓や芸人はその娯楽を売るでせう或は謡曲等が腹ごなしの為にデイアスタアゼの代りに家庭に使はれたとてそれにも別に異存はありません。

（兼常 1917e: 17）

「デイアスタアゼ」（ジアスターゼ）は、一九〇三年に化学者の高峰譲吉が発見した消化酵素で、当時世界で最もよく知られた家庭常備薬の服用胃腸薬である。兼常は日本の音楽に「不服はありません」「異存はありません」としながらも、「娯楽」や「デイアスタアゼ」のような用語を、実生活と結びついた音楽を低く価値づけるための比喩として用いている。このことは、兼常の音楽思想が、音楽とは「物を本当に考へる真面目なる人々の団体の裡にだけ存在し得るもの」というロマン主義的な価値観に基づいていることを物語っているだろう。

田辺「邦楽排斥論は成立せぬ」

兼常の論考から二十日ほど後に『時事新報』に掲載された「邦楽排斥論は成立せぬ」の冒頭で、田辺は次のように反論を始めている。

従来の日本音楽を以て今日の西洋音楽に比して、其組織とか芸術上の価値などの点に於て到底匹敵し得るものではないといふことはおそらく誰れでも知つて居る事であつて、今更反対して見た所で時代遅れの寝言としか考へられないのである。

（田辺 1917g: 28）

「寝言」として兼常を批判しながらも、実は田辺もまた西洋のロマン主義的・芸術至上主義の価値観を共有しているということが分かる一文である。では、どのような点で彼は兼常と意見を異にするのであろうか。これは田辺自身によって次のように説明されている。

> 学問や芸術の目的とする所は小にしては国家の利益となり大にしては人類全体の幸福を図るにあるのである。［…］今日国家の中堅をなして居る実際社会の人々を全然眼中に置かず、勝手な熱を吹いて居る高等遊民達の議論は国家の上から言へば無用の長物である。議論の別るゝ所の第一歩は先づ其所にある。
>
> （田辺 1917g: 29）

田辺にとって、「実際社会の人々」を無視する兼常の考えは、「勝手な熱を吹いて居る高等遊民達の議論」なのである。まさに田辺の言う通り、この点が二人の「議論の別るゝ所の第一歩」である。これは、ベートーヴェンの音楽に関する次のような見解にも如実に現れている。

> 眞にベートーフエンの大人格をその音楽の中から味はひ得る人は世界人口の何億分の一にしか当らないであらう。［…］遊戯的音楽の存在を許さないなどといふ事は余りに自己的であつて、世を指導し音楽を発達せしめる責任を有する者の果して為すべき所であるか。
>
> （田辺 1917g: 30–31）

まず田辺も兼常同様にベートーヴェンの音楽に無条件の価値を置いていることは理解できるだろう。だが、ここからが兼常には見られなかった意見であるが、ベートーヴェンとは異なる「遊戯的音楽」を否定することは、「世を指導し音楽を発達せしめる責任を有する者」、つまり彼らのような知識人がしてはならないことだと、田辺は主張するのである。

ところでこの田辺の談話は、次のような雅楽に関する意見で閉じられている。

今日欧州楽が盛んに輸入されて居るが、それは中々理性的な、又組織的の大きいものである。それと同時に奈良朝の盛時から、平安朝の初期にかけて遣唐使によつて盛んに輸入された随唐の雅楽は、頗る理性的な、又組織の整然としたものであつた。［…］斯様に雅楽は理性的なものであるから、教育ある高等な家庭に行はれたのである。（田辺 1917g: 33）

田辺は「随唐の雅楽」を、「理性的」等という点で近代西洋音楽と同等の価値を持つものとしている。そしてその評価を基に、雅楽がかつて「教育ある高等な家庭」で行われたということによって、現在の国民が家庭で実践すべき音楽であるという結論へと暗に導いているのである。この議論の最後が、家庭における雅楽の演奏という話で終わっているのは重要である。なぜなら、田辺の出世作となる次の著作『日本音楽講話』は、まさに〈家庭音楽としての雅楽〉が主題だからである。この書こそ、次章でじっくりと観察する田辺の「日本音楽史」のベストセラーである。

二人のややゆがんだ形の交友関係は、第二次世界大戦の終戦時まで長期に及び、両者の論争は、つねに歩み寄りがなく平行線をたどり続ける。だが実際のところ、あのように挑発的な表現を好んだ兼常に対して、田辺ほど筆と時間を費やして対応した人物は他にいないのだ。兼常の音楽論を読んだ副島八十六（一八七五〜一九五〇）などは、「兼常氏に日本人をやめろと伝へて呉れ」、とまで言ったという(29)。田辺自身は認めたくないかもしれないが、田辺にとって兼常の存在は、結果的に仮想敵として活動のエネルギーを与えてくれるものであり、研究の構想をも左右するものとして働いていたように思われる。

コンバリゥの音楽社会学――未開人とベートーヴェンにおける魔術

これまで観察してきた田辺の進化論における日本音楽史の探求は、次章で観察する『日本音楽講話』（一九一九年）において実を結ぶことになるのであるが、この田辺の代表作となる著作がこの世に生まれるためには、最後にもう一つだけ必要とした著作があった。それが、フランスの音楽学者ジュール・コンバリゥ Jules Combarieu（一八五九〜一九一六）の『音楽、その法則と進化 *La musique, ses lois, son évolution*』（Combarieu 1907）である。田辺が用いたのは一九一〇年に出たその英訳版（Combarieu 1910）である。田辺はコンバリゥのこの書の一部を抄訳し、興亡史論刊行会編の『史論叢録』に「音楽の発達と其民族の特性」（田辺 1918）という作品の前半部分として発表している。その後半部分はといえば、先に見たアンヌ・フォークナーの『音楽の聴き方』からの抄訳である。否、抄訳というよりも原作からの大幅な取捨選択による意訳と加筆と言うほうが正確だろう。コンバリゥの『音楽、その法則と進化』の一部分を「(上) 音楽と社会生活の関係」とし、フォークナーの『音楽の聴き方』の一部分を「(下) 近世の国民音楽と其国民性及歴史との関係」として合わせ、田辺は「音楽の発達と其民族の特性」という一つの異なる作品に結晶させたのである。

田辺の「音楽の発達と其民族の特性」は、『史論叢録』(上下巻) という世界の歴史書の短編集に収められた一篇であり、『史論叢録』は世界の著名な歴史書の翻訳全集『興亡史論』(興亡史論刊行会編) の最終の二巻にあたる。[30] この短編集に課せられた主題は、「国家興亡の史実と理義とを尋究」(上巻「凡例」) することであり、田辺の「音楽の発達と其民族の特性」というタイトルに見られる問題提起も、こうした主題に寄り添うものである。ただし田辺は、この問題には以前から取り組もうとしていたとして、「音楽の如き抽象的芸術の徹底的な研究は必ず斯様な根抵から出立して行かなければならぬと私は平素考えて居る。」(田辺 1918: 75) と述べている。

「音楽の発達と其民族の特性」という問題が、彼の音楽研究にとって重要な課題であったということは、この時期の田辺の音楽史が何を必要とし、何を乗り越えようとしていたかを教えてくれるだろう。この問題には、変化を前提とする発達史観とともに、不変である民族性という対極にあるものが同時に求められているからである。この矛盾をどのように解決すればよいのか、これが「日本音楽史」を書こうとしていた田辺に最後に残された課題であったのである。

原著者のジュール・コンバリゥは、普仏戦争の時代から第一次世界大戦にいたる第三共和政期(一八七一〜一九四〇) という、フランスの政治的混乱を生きた音楽学者である。[31] その著作の輝かしい受賞歴や、また文学者のロマン・ロラン Romain Rolland (一八六六〜一九四四) との先駆的な

『音楽史・音楽批評雑誌』（一九〇一年創刊、一九〇四年に『音楽雑誌』に改称）の創刊、コレージュ・ド・フランス初の「音楽史」の講義を担当といった業績に比較して、その死後は本国フランスでもほとんど注目されずにきた。(32) 地元カオールの高校などで哲学教師を務めていたコンバリゥは、一八八七年、二八歳のとき、奨学金で一年間ベルリン大学の音楽学者シュピッタ Philipp Spitta（一八四一〜一八九四）のもとで学んだのち、フランスの音楽学の遅れを痛感しながら帰国した。一八九三年に提出した博士論文『音楽と詩の関係 *Les rapports de la musique et de la poésie*』は、フランスで初めての音楽に関する博士論文である。そして、一九〇四年から一九一〇年までコレージュ・ド・フランスで初めての「音楽史」の講義をしている時期に書かれたのが、『音楽、その法則と発達』である。コレージュ・ド・フランスでの講義も、『音楽史——原始から二十世紀初頭まで *Histoire de la musique des origines au début du* XXe *siècle*』（一九一三年）として出版されて、二十世紀前半に広く欧米で参照されることになる。

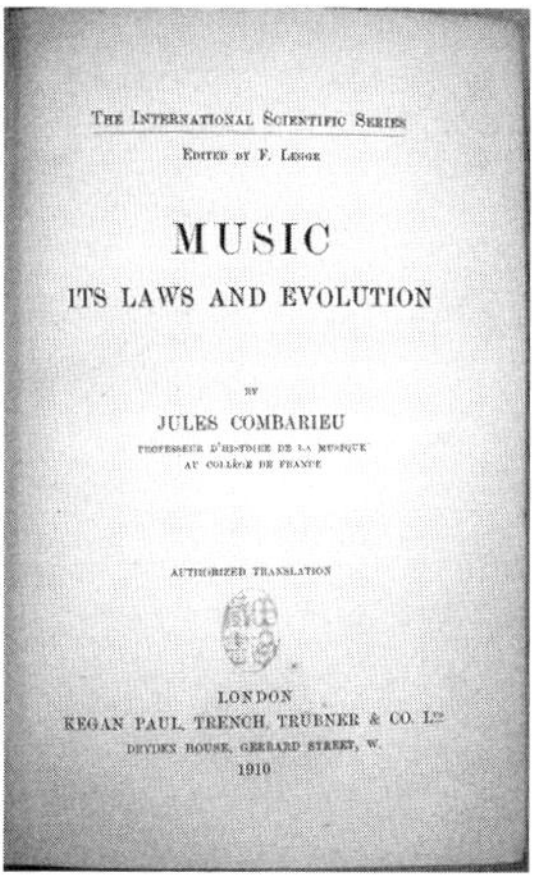

田辺旧蔵のコンバリゥ『音楽、その法則と進化』（民音音楽博物館蔵）

『音楽、その法則と発達』は、第一部「音楽的思考と心理学」、第二部「音楽と社会生活」、第三部「音楽的思考と生理学」、第四部「音楽的思考と自然の法則」という構成であり、それぞれが心理学・社会学・生理学・物理学という学問分野で分けられていることが分かる。この書の新しさは、第二部の社会学にある。社会学は、一八八七年にフランスのボルドー大学でエミール・デュルケーム Emile Durkheim（一八五八〜一九一七）によって開かれた講義と『社会学年報』の刊行（一八九八年創刊）によって誕生したばかりの学問であった。ゆえに田辺が抄訳を行ったのがこの社会学のみであるということは注目に値するだろう。

コンバリゥはこの「音楽の社会学」の部分で、「史的文書は少しもない」原始社会ならびに「今日の未開人」において「魔術」に使用される音楽を論じている。「魔術」という用語を使用するにあたり、コンバリゥは、宗教学者アンリ・ユベール Henri Hubert（一八七二〜一九二七）と民族学者マルセル・モース Marcel Mauss（一八七二〜一九五〇）の「魔術に関する一般理論概説」«Esquisse d'une théorie générale de la magie»（*L'année sociologique*, 1904）から引用したと注に記している（Combarieu 1907: 184, 1910: 177）。ユベールとモースは親しい間柄で、ともに『社会学年報』へ寄稿していた。田辺は英訳版にも示されているこのコンバリゥの注を省いているから、ユベールやモースを知らなかったと考えられる。

コンバリゥによれば、「未開人」は、魔術を行う時に儀式として歌を用いる。これは、普段の言語とは異なるリズムや音程などを用いることで、呪文が特別な値打ちを持つからである。このような魔術や呪文などの見えない世界への信念が成立するということは、その成立以前にすでに目の前に見える社会が共有されているということであって、つまり「未開人」にも我々と同等の社会が成立していることを示している。そしてこの「魔術」は西洋音楽の源にも存在し、それが社会的変容によって最終的に現在の形而上的なベートーヴェンの交響曲となったのである。

このコンバリゥの音楽の社会学が新しいのは、「未開」の魔術的音楽と、ベートーヴェンの交響曲とを、いずれも社会に規定された完成品であると見做したことである。これは、和声の進歩のみを音楽史の進歩と見ていた当時の音楽学においては見られることのない考え方であった。

フランスでは非西洋の音楽が科学の場において意識されるのは遅かった。一九〇〇年のパリ万国博覧会における民族音楽の録音コレクションをはじめ、一九一一年に言語学者フェルディナン・ブルノ Ferdinand Brunot（一八六〇〜一九三八）がソルボンヌ大学内に設置した「音声アーカイブス Les Archives de la Parole」の方言コレクション、その後身である「音声博物館 Musée de la Parole」による一九三一年五月のパリ植民地博覧会での民族音楽の録音コレクションなど、音声アーカイブの発達はドイツ・オーストリアにも劣っていない（Cordereix 2006）。それにもかかわらず、非西洋音楽が科学的な音楽研究の場において扱われるのは、音楽学者アンドレ・シェフネル André Schaeffner（一八九五〜一九八〇）が一九三二年にトロカデロ民族誌博物館にフォノテックを創設して、ドイツ・オーストリアの「比較音楽学」を導入するのを待たなくてはならなかった[33]。

このようなことから、コンバリゥが未開人の音楽を科学において語ろうとしたときに、フランスには明確なその学問の枠組みがまだ現れていなかったということが言える。ゆえに彼は手探りで社会学（民族学）を音楽学に適応したのだ。確かにコンバリゥも、同時代の植民地の人々を進歩の初期段階の「未開人」と配置する点においては、当時の民族学者と同じく西洋中心の進化論思想をもっていた。しかしそうした当時の西洋音楽中心の音楽学の場にあって、他者の音楽に自己と同等の社会的価値を認めたことは、十分に評価されてよいものと思われる。

西洋からは（半）未開のものと思われていた日本音楽を、どのように進化論的な歴史のうちに描くことができるかを模索していた田辺は、コンバリゥの「未開人」とベートーヴェンを等しく扱う社会学・民族学と、フォークナーの国民音楽を芸術音楽の基礎として捉える思想とを見いだした。その二つを合わせることによって、田辺の「音楽の発達と其民族の特性」は、音楽は進化しながらもその民族性を保持する芸術であるといった、これまでの西洋音楽学にはないひとつの新しい「民族音楽学」の姿を提示したのである。そしてそれは新しい「日本音楽史」のための理論的支柱として機能することになる。

第四章　新しい「日本音楽史」の誕生

「音楽科学」と雅楽の進化論

東儀鉄笛の雅楽史と雅楽音階

本章では、明治期に改められた二分類の「雅楽」を、さらに田辺が乗り越えていくプロセスを追っていく。だがその前に、田辺がその創出において多大な影響を受けた、宮内省式部職雅楽部（一八八九年に改称）の元楽師・東儀鉄笛《とうぎてってき》（季治、一八六九〜一九二五）の雅楽史について観察しておく必要がある。鉄笛の雅楽史なくしては、田辺の日本音楽史の再構築は、また違う形をとっていたと考えられるからだ。

鉄笛は天王寺（大阪）方の楽家出身の楽人で、一八七九年に式部寮雅楽課へ入ったが、一八九七年十一月に宮内省式部職雅楽部を辞職する（北見 1978）。一九〇二年より坪内逍遥の朗読法研究会に参加したことから、文芸協会の立ち上げに尽力して俳優として活躍し、また一九〇五年には大隈重信の斡旋により早稲田大学の講師となっていた。

一八九二年六月の『音楽雑誌』（第二十一号）には、鉄笛の初の音楽史の試みである「本邦楽変遷論」が掲載されている。これはまだ鉄笛が宮内省の楽師であったときの論考で、その冒頭は次のように始まっている。

〈神楽沿革〉

神楽《かぐら》ハ本邦上古ノ歌舞ニシテ、天ノ岩窟ノ神事ニ濫觴《らんしょう》ス。即チ、紀元前ノ遺音ニシテ、古昔《こせき》之ヲ神遊《かみあそび》ト名ケ、神楽ト称スルハ中古以下ノ称ナリ　（東儀 1892）

中古の神楽を、記紀の「天ノ岩窟ノ神事」の「遺音」「神遊」であるとして、上古の神楽と中古以降の神楽を結びつけている。このような歴史観は、神楽を重んじた国学者たちや明治前期の楽家たちの延長線上に位置づけることができるだろう。そして鉄笛はこうした神話を含む歴史を最後まで変えることはない。

だが次の「音楽小史」（東儀 1908）には、小中村の『歌舞音楽略史』とは一線を画す視点を見ることができる。「音楽小史」が所収された副島八十六編の『開国五十年史』は、日米通商条約から五十年を経て近代国家の土台を建設した日本の進歩を振り返るという視点を持つ日本の歴史論集である（日本科学史学会編 1968: 255）。巻頭の大隈重信の日露戦争の勝利を寿ぐ緒言は、「世界人口の過半を占むる東洋の諸民族は、沈淪して殆ど国家的滅亡に瀕せるに、日本帝国が独り勃然として興隆せるより茲《ここ》に僅《わずか》に五十年、早くも欧羅巴洲《ヨーロッパ》に覇視せる一強国と砲火を交へ、名誉の勝利…」といったものだ。ゆえに「音楽小史」もまたそうした進歩史観を反映した日本音楽の通史であることに不思議はない。

「音楽小史」の内容の特徴は、「国楽の起源」「上代の歌舞」「外邦楽の渡来」「奈良朝の音楽」「平安朝の雅楽」「劇的音楽の発達」「雅楽の復興と能の復活」「近代楽の趨勢」「現代の音楽」「教育唱歌の新作と国歌」「欧米楽の伝来」「教育的音楽の普及」「音楽勃興期」「日清戦役と楽界」「最近の趨勢」というように、近代に比重が大きく置かれていることだろう。確かに、依然として上古の神楽と後世の神楽の連続性が語られているのではあるが、近代にいたるまでの各時代の雅楽をそれぞれ描こうとしている新しい試みがある。これを、鉄笛は雅楽を日本音楽史のすべての時代に浸透させようとした、と言い換えることもできよう。当時、中世以降の雅楽を描くという視点は画期的なもので、例えば日本音楽を発生した順番に並べた小中村『歌舞音楽略史』は、平安時代ののちに雅楽に関する音楽を登場させることは一切なかった。

さらに興味深いのは、「国楽」という言葉が用いられていることである。冒頭の「国楽の起源」で、鉄笛は次のように語る。

> 太古の歌舞は是等の伝説のみにして暗黒なるがゆえに備論し難けれど、只此神代の遺響が、雅楽に、俗曲に、特殊なる音階を備へしめて、国楽の特色となれるは、争ふべからざる事実なり。
>
> （東儀 1908: 295）

鉄笛は、証明はむずかしいが「神代の遺響」が雅楽・俗楽に「特殊なる音階」を与えていることによって、雅楽・俗楽が「国楽」としての特色を持っているのは「事実」だという。古代の神楽の

「遺響」が日本音楽に特色を与えているという考え方は、雅楽音階がすべての日本音楽の源泉であるかのように描いてきた明治初期以来の考え方と異なる点で面白い。

なぜ鉄笛が古代の神楽の「遺響」にこだわったのか。それは、鉄笛が、平安時代後期に外来音楽を制度化した改革があり、それによってさまざまな古い音楽が変更されて失われた(ゆえに「遺響」というのである)と考えていたからである。この改革こそ、鉄笛がライフワークとなる次の著作「日本音楽史考」で、「楽制改革」と名付けて明確化していくものである。

鉄笛の「楽制改革」――「我邦最初の国楽制定」

一九一〇年一月、鉄笛は「日本音楽史考」(一九一〇~一九二三)の連載を『音楽界』に始める。一九二一年、連載は鎌倉時代の雅楽史に入ったところから『音楽と蓄音器』に移行したが、一九二三年で絶筆し、そののち単行本として出版されることはなかった(34)。

その冒頭を、鉄笛は「雅楽」という言葉の歴史を次のように明確にすることから始めている。

> 而《しこう》してこゝで殊更に雅楽の文字を使用したのは、吾邦の歌舞は勿論、外邦楽各種をも含み、すべてこの時代にあらはれたる内外の歌舞音楽を総称せんがためである。素より雅楽などいふ文字は、余程後世、否、むしろ近代の使用語であるけれども、かゝる場合には至極簡単にして且つ明瞭であるから用ゐたのである。(東儀 1915: 11)

このように鉄笛が、「雅楽」という言葉が彼の時代に作られたものだということに自覚をもっていたことは、以下にみていく「楽制改革」という言葉の創出を考えるときに重要である。鉄笛自身が、「楽制改革といふのは、吾人が主唱であつて、先人未発の言である。」（東儀 1915: 11）と述べるように、鉄笛はこの論考で「楽制改革」という用語を発明するのである。

現在、「楽制改革」は、平安時代にあった雅楽改革として、辞書や研究書に鉄笛の名を記すことなく、しばしば見られる用語である。たとえば次のようなものである。

古代の日本に伝来したアジア諸国の楽舞は、9世紀半ばごろには徐々に日本化が進み、中国系統の左舞と朝鮮系統の右舞に二分割再編成されて、宮廷社会になじむ制度となった。一般には仁明朝の〈楽制改革〉と称されているが、この左右両部制の成立によって、今日に至る舞楽伝承の基礎が完成された。（『世界大百科事典』、第二版、平凡社、二〇〇九年）

この「一般には仁明朝の〈楽制改革〉と称されている」という書き方からは、執筆者が記述内容から少し距離を置いていることは伝わるが、鉄笛の名はなく、この説を誤りだと論じているわけでもない。また日本音楽の専門辞書『日本音楽大事典』には、「雅楽」の下位の小項目として次のようにある。

［楽制改革］

このころまでの外来系音楽は多くの系統に分かれ、楽器の種類も多く、繁雑であったが、仁明天皇（在位八三三―八五〇）のころから約半世紀にわたって全体に整理され、雅楽の日本化へ一歩を踏み出した。これを近年「楽制改革」と称するが、おもな内容を挙げると次のようになる。［…］

（平野健次・上参郷祐康・蒲生郷昭編『日本音楽大事典』、平凡社、一九八九年、四〇八頁）

ここでも「楽制改革」が近年に作られた言葉であることが明記されているが、鉄笛の名は記されていない。

福島和夫と滝沢知子に従えば、鉄笛による「楽制改革」という用語の発明について初めて指摘したのは、『雅楽――古楽譜の解説』の蒲生郷昭と蒲生美津子による「解説」（東洋音楽学会編『東洋音楽選書』第十巻、一九六九年）である(35)（福島 1999: 128-139、滝沢 2006: 193）。そして滝沢は、「楽制改革」という概念が「史実」ではないにもかかわらず、現在に至るまで「史実」のように扱われていることが問題であるとしている。

確かに、「楽制改革」が「史実」かどうかという問題は重要である。しかし、本書が興味を持っているのは、田辺と田辺に学んだ人々とがこの用語を広めたということのほうである。なぜ田辺はこの言葉を用いたのか。それは田辺が、鉄笛の用語が新しく音楽進化論の啓蒙に役立つことを十分に理解していたからだ。このようなことから、鉄笛の「楽制改革」の役割を検討することで、田辺がこの用語に惹きつけられた背景をより深く知ることができるのではないかと思われる。

　鉄笛の「日本音楽史考」の大きな構成は、第一期：上古期の音楽、第二期：奈良朝の音楽、第三期：平安朝の音楽、第四期：鎌倉時代の音楽、というものである。このような時系列による構成の作品において、第三期「平安朝の音楽」に「五、楽制改革」という小見出しが見られることから、当然そこで初めて「楽制改革」の話が扱われるように思われる。ところが奇妙なことに、「楽制改革」という用語が初めて論じられるのは、第二期「奈良朝の音楽」なのである。そして実は、この奇妙なことが、鉄笛の「楽制改革」の誕生の理由を解き明かしてくれるポイントになる。

　この第二期「奈良朝の音楽」で鉄笛が力を注いで述べるのは、「高麗楽《こまがく》」についてである。鉄笛は、「高麗楽」とは「高麗百済《こうらいくだら》、新羅《しらぎ》の諸外邦楽」すなわち「三韓楽」のことであると、「四、奈良朝前期の外邦楽」をまるまる用いて周到な説明をしている。というのは、近現代の雅楽の伝承において「高麗楽」というとき、平安時代に右大臣・左大臣といった左右を対とする制度をもとに、左方＝唐楽／右方＝高麗楽、と対に整理された「高麗楽」を指すものだからである。鉄笛は、このように制度化される以前の「高麗楽」を問題としようとしている。そして「六、高麗楽の組織と其楽譜」の冒頭で、奈良時代の「高麗楽」を研究するために取り組むべき問題を提示する（東儀 1911: 9）。こうした鉄笛の「高麗楽」への問いのなかに、「楽制改革」という用語は忽然と姿を現す。そこで鉄笛は「抑も平安朝の楽制改革とは何ぞや」と問い、次のように答えている。

　これ即ち外邦楽の刺激によつて起つた、吾が古代楽壇の一大転機であつた、所謂我邦最初の国楽制定実施の事跡である。いふまでもなく奈良朝は外邦楽模倣時代であつたが、平安朝に至つて、吾が楽壇は一大進境に入り、吾が古声楽の改作、器楽の新製及び外邦楽改修をなしたのであつた。これを平安朝の楽制改革と称するのである。

（東儀 1911: 9）

なにより目を引くのは、平安朝の楽制改革を、「我邦最初の国楽制定実施」であると述べていることである。つまり、「楽制改革」は「国楽制定」であったと鉄笛はいうのである。これが、鉄笛が自らの明治時代の「国楽制定」の運動を、平安時代の「国楽制定」に続く第二の出来事とたとえているものであることはすぐ分かる。ゆえに鉄笛の「日本音楽史考」の目的は、平安時代の「楽制改革」を語ることによって、実際には、鉄笛の時代の「国楽制定」についての見解を述べることだといえる。

鉄笛の「高麗楽」に関する問題というのを眺めていると、彼の関心が、「高麗楽」が奈良時代以前に大陸から輸入されたままの形で現在まで保存されているかどうか、それが平安時代の「楽制改革」で変化を受けたかどうか、に集約されるものであることが分かる。鉄笛がこの問題に答えを与えていくやり方は、一見したところ「考証」のようでありながら、その実は豪快な背負い投げ的なものである。たとえば、高麗楽特有の高麗笛《こまぶえ》(36)が残っているのであるから、古来の高麗楽の内容が現在にも残っているのは当然である、といった調子である。続くところでは、高麗笛のほかに奈良朝の楽器が存在しないことから、「楽制改革」による楽器の変更があった、などと述べている。

しかしこの「考証」で興味深い点は、鉄笛が高麗笛というひとつの楽器を証拠品としていることである。この節の結論では、「吾人はこの高麗笛を以て古代高麗楽の唯一の生命として、千古不易な楽器であると信ずる」と述べるほど、並々ならぬ高麗笛への入れ込みを表している。もっとも、ここで「信ずる」という言葉を正直にも漏らしていることで、この問題を歴史的・科学的に解き明かすことは不可能であるということを彼自身が告白してしまっているのだが。

このように彼が楽器というものに「千古不易」という無条件の信頼を置く理由は、正倉院に収蔵される楽器群の歴史的価値に由来するものと考えられる。正倉院には天平時代の朝廷に縁のある、「シルクロード」を通って日本へ渡来した楽器が収蔵されている。ラクダの上で琵琶をひく人物が美しい螺鈿でほどこされた五絃琵琶などは、歴史の教科書でもおなじみだ。この節の最後で、鉄笛は奈良天平時代の楽器への思いを次のように語る。

> 此の朝に於ける外邦楽器の考証に関しては最も確実なる材料がある。史籍以上伝説以上に頗る実物の資材がある。それは即ち南都正倉院の御物である。正倉院は畏くも　聖武天皇の御遺物を納められた千古の宝蔵であつて御武具や、御丁度や、御衣服や、其他金石宝玉等一として最高の史料たらぬものはない事はいふまでもないが、特にこの御楽器はこの朝の音楽を説明し得て余蘊《ようん》ないといつて宜い、実に不易得の絶好資料であると思ふ。これに拠つて平安朝の楽制改革の事跡が確かめ得らるゝほど、有力なる且大切なる証拠物件である。
> （東儀 1912: 12）

正倉院に残された奈良時代の楽器は、平安時代後期の雅楽には見られないものである。このことが、鉄笛にとって、奈良時代の音楽と平安時代後期の「雅楽」との間に起こった「楽制改革」の存在を証明するものとなる。

では、「楽制改革」が起こったとされる第三期「平安朝の音楽」のほうでは、それは具体的にどのような出来事として語られるのだろうか。その冒頭にある鉄笛の説明を引用しよう。

> 而して嵯峨、仁明両天皇は深く唐楽を好ませ、音律に通暁し給ふたので、其曲趣の選択に精研せられたる結果、こゝに端《は》しなく内外楽の融和時代を現出したのである。即ち輸入文物の真味が、漸《よう》やく邦人に咀嚼《そしゃく》され、又一方には帰化人も自から我に同化するといふ有様に立至り、輸入楽其儘の音節では、到底永久に人心を繋ぐ事の出来ないのを、不知不識の間にさとるに迨《およ》んで、外邦楽は遂に奈良朝に於けるが如く各々分離して紛然雑奏される事を許されぬ様になつて仕舞つたのである。此際だに我が古への音楽の泰斗たる尾張連浜主《おわりのむらじはまぬし》や大戸首清上《おおえのおびときよかみ》、和邇部《わにべの》大田麿《おおたまろ》、藤原貞敏等が相続いで輩出し、専ら力を唐楽の改修と新楽の制作とに致して、吾が音楽は瓶めてこゝに一大紀元を開いたのである。これが吾人の所謂る楽制改革なるものである。
>
> （東儀 1915: 11）

鉄笛は、「輸入」→「融和」→「制作」、という外来音楽の土着化のプロセスを描いたうえで、それを「楽制改革」と名付けている。これが、鉄笛の当時に目の前で起こっていた、西洋音楽が日本に土着化する過程の鏡として描かれたことは明らかであろう。つまり、現在進行中の国家的な音楽の変革を当事者としてあまりに心配する鉄笛が、平安時代に「楽制改革」という成功した国家的な雅楽の改革が確固たる前例としてあったかのように、後付け的に作り上げているのである。熱砂に水を求めてさまよう旅人が、オアシスの幻影を見るに似ているのかもしれない。

もっとも、過去の音楽史が現在の音楽史の鏡となるという発想は、とくに鉄笛に限ったものではない。田辺と交流のあった、箏曲の京極流の創始者である鈴木鼓村《こそん》（一八七五〜一九三一）は、一九一三年の著作『日本音楽の話』で次のように述べている。

> 吾輩は、大化の改新と、明治維新とを、相比較して見る史家のやうに、初度の外邦楽輸入、即ち新羅楽伝来と、再度の外邦楽輸入、即ち欧州楽伝来とを、同じやうな意味に見ない譯にはゆかぬ。（鈴木鼓 1913: 1–2）

鼓村は著作の中で典拠などを記していないため、彼がどのような歴史資料をもとに書いたのかは明らかではない。ほとんど同時期といえる鼓村と鉄笛の著作は、いずれきちんと比較研究されなくてはならないものだ。いっぽうの田辺は、鼓村の『日本音楽の話』の時代区分に大きく影響を受けたことを告白している（田辺 1940: 19: 註（一））。ただし鼓村は、鉄笛や田辺にみられる「楽制改革」にあたるものがあったとは語っていない。ゆえに「楽制改革」の創出は、やはり鉄笛のユニークな音楽史研究の改革として注目されるのである。

田辺と「楽制改革」

鉄笛の「楽制改革」についての考察を閉じるにあたって、この用語と田辺とのつながりを少し述べておこう。

現在、国立劇場資料室田辺コレクションに所蔵される、田辺が生前に所有していた雑誌『音楽界』には、掲載中の鉄笛の「日本音楽史考」に、赤鉛筆で線を入れた箇所や、誤字を訂正した箇所を確認することができる。また、同コレクションには、「日本音楽史考」の連載を和紙にすべて田辺自身がその美しい毛筆で筆写して、全十二巻からなる和綴じ本に製本したものが残されており、その書中にも田辺の書き込みが見られる。ただし「楽制改革」に関する箇所への書き込みは見当たらない。

いっぽう、田辺の作品において「楽制改革」の用語が初めて用いられるのは、一九二八年に『日本風俗史講座』(雄山閣)の第二十号の中の一編として収録される「日本音楽史」である。[37] これは、鉄笛の死(一九二五年)から約三年後のことである。その箇所に鉄笛の名は出ていない。ただし田辺は、同社から二年後に出版した『東洋音楽史』の本文中では、鉄笛の「日本音楽史考」を参考とすべき第一の資料と記している(田辺 1930: 23)。その後、田辺が「楽制改革」を用いているのは、「東洋音楽概説」(『大思想エンチクロペヂア』、春秋社、一九二九年)、『雅楽と伎楽』(岩波書店、一九三一年)、「日本音楽の本質」(『日本精神講座』、新潮社、一九三三年)、「日本音楽史」(『日本評論』一月号、別冊付録『総合二千六百年史』、一九四〇年)などであるが、彼が同時期の著作でこの用語をつねに使っているかといえばそういうわけではない。たとえば、『日本音楽概説』（河出書房、一九四〇年）は、内容的には「楽制改革」が用いられていてしかるべき作品であるのだがその姿は見られず、その戦後の改訂版（『日本音楽概論』と改題、音楽之友社、一九五一年）にも、用いられることはなかった。興味深いのは、敗戦から十年後、平凡社から出版された記念碑的な『音楽事典』の第二巻では、田辺が「雅楽」の項の多くを執筆しているにもかかわらず、そこでも「楽制改革」の語がまったく見られないことである（田辺・吉川 1955）。

このようにしばらく存在を消したこの言葉が再び姿を現すのは、一九六三年の『日本音楽史』（東京電機大学出版部）が最初であると思われる。そこに鉄笛の名は記されていない。そしてこのすぐ後に、田辺の弟子である吉川英士《きっかわえいし》（英史、一九〇九〜二〇〇六）がその代表作『日本音楽の歴史』（創元社、一九六五年）において、「楽制改革」の見出しのもとにそれを大きく論じている。吉川も鉄笛の名を記していないし、田辺の書からの引用であるとも書いていないが、田辺の一九六三年の『日本音楽史』を参照していることはこの書の他の箇所からも明らかである。このようなことから、現在この用語が作者を離れて「一人歩き」（滝沢 2006）している原因は、戦後から一九六〇年代にかけての日本音楽研究の歴史にあると考えられる。

以下で観察していく田辺の代表作『日本音楽講話』（一九一九年）では、彼はまだ「楽制改革」という用語を用いていない。だが重要なのは、外来楽舞の土着化が国レベルで行われたという「楽制改革」の物語の内容自体は、『日本音楽講話』ではっきりと語られているということである。むしろ、田辺は「日本化」という鉄笛が用いなかった言葉を使って、鉄笛が「楽制改革」によって実は言いたかったことをそれ以上に明確に言い表している。つまり、鉄笛の「楽制改革」は、田辺によって外来音楽が「日本化」するための装置として、よりよく機能するように洗練されている。このことは、用語の借用の事実以上に、田辺の音楽思想における鉄笛の影響の深さを理解させてくれるのである。

「平安朝音楽」の「音楽科学」——『日本音楽講話』

一九一九年一〇月、田辺は『日本音楽講話』(田辺 1919a) を、『西洋音楽講話』(一九一五年) の姉妹版として同じく岩波書店から出版した。この書はたちまち版を重ね、田辺を日本音楽研究の第一人者として世に知らしめることになる。『日本音楽講話』が当時の人々にとってたいへんな魅力を持っていたということは、念頭に置いておきたい。

『日本音楽講話』の「序文」には、日本に「音楽科学」(田辺 1919a:「序文」4) を立ち上げようという、若く情熱にあふれた田辺の意気込みが記されている。この「音楽科学」という言葉は、注目に値する。というのは、これがMusikwissenschaft (Musik 音楽+Wissenschaft 学問・科学。現在の日本語訳では「音楽学」) という、同時期にドイツ・オーストリアに誕生したばかりの学問を意識しているのが明らかだからである (例えばリーマンの『音楽学大綱 *Grundriß der Musikwissenschaft*』は一九〇八年の出版)。述べたように、田辺は、日本音楽の研究に「音楽科学」という用語を使用した初めての人物であった。すでに「音楽学」という訳語もあったので、田辺が「科学」という訳語を選

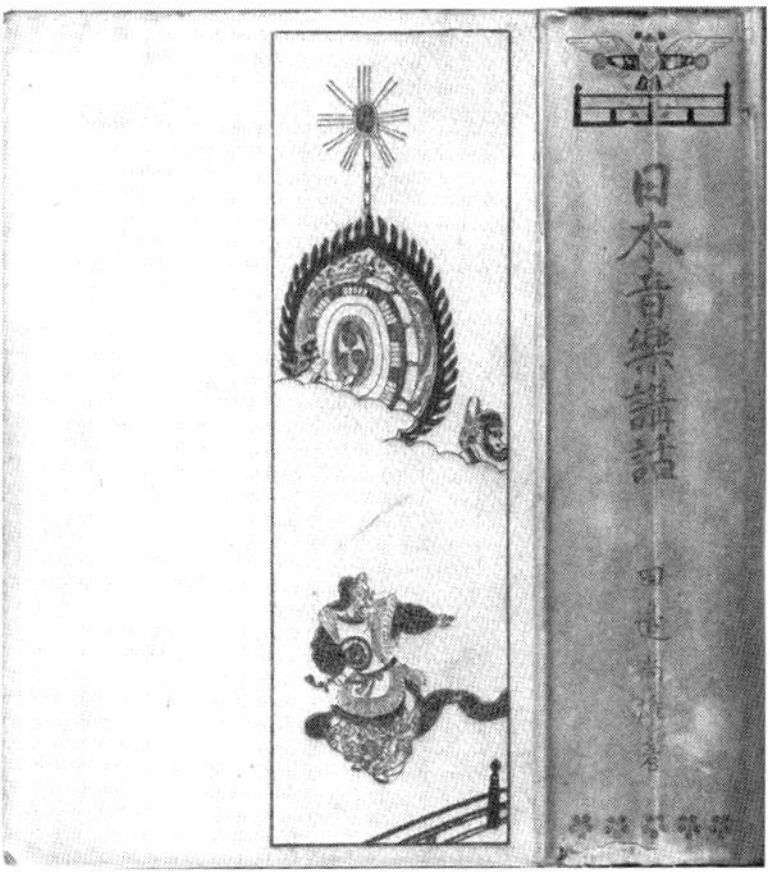

『日本音楽講話』の表紙と背表紙。書名と著者名に金の箔押し、雅楽の楽人（火焔太鼓と笙）・舞人（陵王と胡蝶）に朱と金の箔押し、また、本の天の部分にも金箔が押されている（天金）。

んだことの背景には、物理学の徒である自らを反映させたということもあるだろうし、また、モダニズム的な響きをもった「科学」（今でいえば「サイエンス」だろうか）によって最新の学問であることを主張したということもあるだろう。いずれにしても、日本音楽について論じた人々のなかで、田辺ほどそれを学問として打ち立てようとした人物はいなかったのは確かである。

この書は、前編「総論」と後編「日本音楽の黄金時代」の二部構成である。『日本音楽講話』と題しながら、後編がほぼ「中世楽」＝「平安朝音楽」についてしか語られていないことについて、田辺は「凡例」で、当初の予定より資料が多くなりすぎて一冊に収まらなくなったためであると断っている。だが、以下に見て行くように、実際には、後編のみならず前編も平安朝音楽に価値を与えるための作業のみに捧げられており、このことからは、平安朝音楽で終わってしまったことは予期せぬことであったというよりは、この時期の田辺の関心が平安朝音楽のみに集中していたために資料も増え、それ以降の音楽に気が回らなかったというほうが正しいだろう。なお、田辺の本文中の時代区分の名称であるが、この書では上古＝上世、中古＝中世と呼び変えているところが見られ、また平安時代を中古・中世としているが、上古と中古のあいだ、中世と近世のあいだの時代区分は曖昧で、本文と巻頭の「日本音楽発達表」（後述）との記載にもずれがある。

「家庭音楽」の構想

前編の第一章「音楽の概論」では、第一節「日本音楽の性質を説明する為めに必要な準備知識」として、西洋音楽における「形式」と「内容」の観点から、西洋音楽と日本音楽について解説されている。彼によれば、「形式」とは、「どういう形・構造を以て作られて居るかといふようなこと」であり、「内容」とは、「どういふ意味を表はして居るかといふこと」である。そして第一章はこれらのうち「形式」に関することでほとんど頁が費やされているのであるが、なぜここで「形式」が「内容」よりも重視されるのかという疑問は、同じ章の最終節「家庭音楽の性質」において明らかになる。

この「家庭音楽」という言葉は、唐突に最終節のタイトルに現れる。田辺は、それが「極めて大切な問題」であると重々しく語り始めて、次のように続ける。

欧米諸国を見るにどこの家庭でも家庭音楽といふものを持つて居ない家庭はないといつて宜しい。今から数千年以前のエヂプトから既に家庭音楽といふものが発達して居る。一家の面々がそれ〳〵一日中の日課仕事を終つて夕方の食卓に一同が相会すると先づ楽しく食事を終りそれで身体の栄養上の要求が満たされると次に家内中一同に楽しく歌を唱ひ楽器を奏しダンスを踊つてそれで精神の疲労が一掃され、斯くして肉体上にも精神上にも充分なる慰安満足が與《あた》へられるから翌日に至つて再び新らしいエネルギーを以て活動することが出来るのである。

（田辺 1919a: 32-33）

田辺が、近代西洋の中上流階級の家庭における「家庭音楽 Hausmusik（独）」の実践をモデルとしていることは明らかだ。第一章で観察したように、音楽を家庭に導入しようとするこころみは、師である田中正平とともに邦楽研究所で取り組んでいた。だが、田中が近世の三味線音楽を日本の家庭に取り込もうとしていたのに対して、いま田辺はその師に背くかたちで、三味線音楽は家庭には不都合であるとするのである。

例へば浄瑠璃の「お染久松《そめひさまつ》」に就《つい》ていへば主人はそんな行為は實《じつ》に道徳上不都合であつて聞くに堪えぬといふし、妻君は誠に可愛想だといつて、それに同情をするし、子供には何のことだか譯《わけ》が判らぬといつたやうに、一つの音曲に就てゞも一家中の人が夫々《それぞれ》解釈が異なり、従《したがっ》てその興味が著しく違ひ、甚しきは一方で喜ぶものを一方で嫌ふといふやうなことが起る。斯かる性質のものは到底家庭には入れられない。即ち人情主義の音楽は家庭音楽となることは出来ぬ。此意味から所謂浄瑠璃に属する近世俗楽は家庭には容れられぬものである。　（田辺 1919a: 37）

家庭音楽は「人情主義」すなわち「内容的」であってはならず、「形式的のもの」である必要があると田辺は言う。続くところでは田辺は、そうでないと趣味が分かれて家庭内が不和になり、果ては主人が芸者遊びに走る、とまで述べている。ここまで「形式」について論じられてきた理由はここにある。

田辺は「形式」と「内容」のあいだに直接には優劣をつけていないのだが、この書の至るところに、「内容」への教育的な面での軽視を見て取ることができる。西洋音楽の特徴がより「形式」的であり、そして日本の近世音楽の特徴がより「内容」的であるというのが彼の立場である。例えば、長唄や哥沢《うたざわ》（歌沢）などの三味線音楽は、「内容」よりも「形式」に重きを置いていると断りながらも、次のように論じている。

然し従来の長唄や哥沢は今日の文明とは一致しない。あれは常識よりも何等の教育のない江戸時代の下流社会に根柢を置いて出来た芸術であつて、今日の新しい教育を受けた中流以上の人が味ふとして適当したものではない。［…］女子供と申しては婦人に対しては済まぬが、比較的教育のない女や子供には江戸時代と同様に長唄や哥沢でも済んで居る。然し大正の今日国家の中堅をなして活動しつゝある知識階級の人の音楽としては余りに貧弱ではあるまいか。

（田辺 1919a: 38-39）

また同じように、義太夫の「内容」の一要素として「喜怒哀楽の情」について述べたところでも、

「教育の低い人は音楽のすべての要素の中でこの点に最も重きを置く」（田辺 1919a: 342）などと論じているのがみえる。

こうした価値づけの後で、田辺が家庭音楽に最も適したものは「勿論西洋音楽であると言ふに躊躇しない。」（田辺 1919a: 40、傍点原文）、というのは驚くにあたらない。面白いのは、彼が即座に、「然し之は理窟である理想である」と言を覆して、次のような「実際上の問題」を続けて論じていることである。

> 私は各地に於て各種の人と会して西洋音楽の談話を交換したが、大多数に於て其の知識の皆無なのを見て大に悟つた。以前は西洋音楽が日本に普及するのはアト十年か二十年で出来るやうに考えて居たが、それは實に世の中を見ない書生的考へであることを知つた。第一西洋音楽が日本に普及するのにはそれが日本化して我が国民性と融合しなければならぬ。恰かも基督教や仏教が今日の隆盛を見るに至つたのはそれが我が国民性と融合させた結果である。奈良朝から平安朝に支那朝鮮から音楽が入つて来て之れが我が国上流の音楽となつて現はれたのは平安朝に於て多少その形が変つて我が国民性に融合した結果である。（田辺 1919a: 41–42）

ここで主題が、家庭音楽として西洋音楽を普及させる必要があるということから、普及のためには西洋音楽が「日本化」「国民性と融合」する必要があるということへと移行していく経過が見える。そして、西洋音楽が「日本化」「国民性と融合」することの前例として、平安朝の音楽がそのモデルとして論じられるのだ。ここには、先の東儀鉄笛と共通の思想を見ることができる。だが田辺は現状を少しポジティブにも次のように語る。

然し今日と雖も西洋音楽が我が国民性に融合しつゝあるといふことは争はれない。カチューシアの唄が到る所で聞かれ、大阪宝塚の少女歌劇が関西に於て大なる勢力を持つて居る所を見ても明らかである。之等が永い間に積り積つて遂には西洋音楽が日本化して普及される黄金時代が到達するには相違ない。（田辺 1919a: 42–43）

田辺が歌謡曲や宝塚を西洋音楽の土着化として捉えていることは興味深い。ここで「西洋音楽が日本化して普及される黄金時代」としているのが、後編を「日本音楽の黄金時代」と題して「平安朝音楽」に捧げているこの書の特徴とパラレルになっており、西洋音楽が「平安朝音楽」のように「日本化」されることを待ち望む田辺の希望が表れている。そして続くところでは、この書のもう一つの特徴が述べられている。

所がボンヤリと斯様な黄金時代を待つていることは出来ない。救ふべき世の中は焦眉の急にあるのである。今目の前に河の中に陥ちて溺れやうとする人がある時、将来此の河に陥ちないやうに川端に柵を造るよりも先づその人を救はなければならない。今差し当つて我邦の家庭音楽を今日から何うしたらばよいか、それを心配して居るのである。（田辺 1919a: 43）

このような激しい啓蒙精神は、一九一七年の兼常の「邦楽排斥論」を批判した田辺が、国民の音楽生活を導かんとした姿をただちに思い起こさせてくれる。この章の最後でも、田辺は「平安朝音楽」を日本の家庭音楽として推薦するのだが、やはりそこでも家庭音楽に最も適しているのは本来は西洋音楽であると繰り返して、「西洋音楽が日本の国民性に同化するのには百年以上を要するから、私はそれ迄の世の人の苦しみを救ひたい為めに苦心して居るのである。」（田辺 1919a: 57–59）と述べている。

田辺が家庭音楽として、どのような「平安朝音楽」のありかたをイメージしていたのかが分かるのが、次の箇所である。

実際平安時代の物語文や日記などを見ると上流の家庭には如何にも楽しげな家庭音楽が隆盛であつたことは今日から見て実に羨ましい限りである。今日西洋の家庭に立派な家庭音楽が行はれて居るのに比較して藤原時代の家庭音楽は決して劣つて居ない。一寸お客が見えると直きに主人は笙をとり、お客は琵琶をとり、細君は箏をとつて合奏が始まる、感に堪へ兼ねてお客は朗詠を唄ひ主人は之に和するといつたような楽しい光景が古い物語を読む中にどれ程沢山見られるであらうか。

（田辺 1919a: 54–55）

笙・琵琶・箏の合奏や朗詠などが「平安時代の物語文や日記」に見られるとして挙げられているが、それを「家庭音楽」として「羨ましい限り」だと関連づけたのは、おそらく、この時期に雅楽愛好のピークにあった田辺の、自身の笙や雅楽の合奏稽古の経験から生み出された夢であろう。実践的な家庭音楽の思想から生じたこのような「平安朝音楽」のイメージこそが、「日本音楽の黄金時代」と題する後編で「平安朝音楽」を扱う真の原動力となっていると思われる。

「平安朝音楽」≠「雅楽」

では『日本音楽講話』において、「平安朝音楽」は具体的にどのような音楽とされているのだろうか。冒頭には次のような説明がある。

平安朝音楽には雅楽即ち管絃の合奏のように楽器許りで合奏する音楽即ち器楽もある、又郢《えい》曲《きょく》（催馬楽や朗詠、今様など）の如く唄ふ音楽即ち声楽もある。（田辺 1919a: 53）

「平安朝音楽」の一部として「器楽」である「雅楽」があり、同じく平安朝音楽の一部として「声楽」である「郢曲（催馬楽や朗詠、今様など）」がある。この書の後編には、「神楽」も「声楽」として、平安朝音楽の一部とされている。つまり、「平安朝音楽」は「雅楽」と同義語ではないのである。

このように、『日本音楽講話』における田辺の「雅楽」は「器楽」のみであり、「声楽」を含んでいない。これは意外なことに思われる。というのは、先に観察したように、当時の宮内省の楽師たちや鉄笛の「雅楽」には「声楽」が含まれているからである。田辺は勤務先の東洋音楽学校の夏期講習で一九一五年から宮内省の楽師に雅楽を習い始めて以来、楽師たちと親しく交流を持っており、また一九一九年四月からは宮内省式部職楽部（官制改革により一九〇七年に改称）に講師として雇われて、楽生たちに「音楽理論」と「西洋音楽史」を教えていた（田辺 1982: 84）。このようなことからも、田辺が楽師たちの「雅楽」に触れたことがなかったとは考えられないのである。なぜ、『日本音楽講話』の「雅楽」は、楽師たちの「雅楽」と異なるのだろうか。

「平安朝音楽」の進化論

『日本音楽講話』の巻頭にある「日本音楽発達概観表」（次頁）をみると、その「上古（原始的）」に、「宗教楽（神楽）」「軍歌（久米舞・吉志舞等）」「情歌（歌謡）」がある。注目したいのは、「宗教楽（神楽）」と「情歌（歌謡）」から、「中古」の第一期「外邦楽輸入時代（奈良朝・平安朝前期）」を通りぬけて、「中古」の第二期「内外楽調和時代（平安朝後期）」の「神楽」と「郢曲（催馬楽・朗詠・今様）」へ線が引かれていることだ。これは、「日本音楽発達概観表」というタイトルの理論上、上古の「宗教楽（神楽）」と「情歌（歌謡）」が、中古第二期の平安朝後期の「神楽」と「郢曲」へ発達したことを意味している。さらにここでは、上古の「（神楽）」「（歌謡）」が発達することで、丸括弧を外されて、中古第二期の平安朝後期の「神楽」「郢曲」となるという、記号の視覚的な効果が使われている。丸括弧の形態が、あたかも孵化する前のタマゴのようである。

次に注目したいのは、この丸括弧が消滅する発達途上に、中古第一期の奈良朝・平安朝前期があることだ。ここには、「朝鮮楽（高麗楽）」「印度楽（林邑楽）」「支那楽（唐楽）」の輸入から発達した集合体としての「雅楽」が描かれている。そしてここから、先に見た中古第二期の平安朝後期の「郢曲」「神楽」へと、発達を意味する線が引かれている。

以上のことから理解できるのは、この田辺の表において、中古第一期に輸入された外来の「雅楽」は、上古から中古第二期のあいだで、「神楽」「郢曲」の発達に関わる、あくまでも外的な要因として存在しているということである。ゆえに、「雅楽」のなかにこれらの「歌物」を入れることができないのである。

本文（第二章「日本音楽発達の概観」）のほうでは、これと同じことが異なる手法で書かれている。まず、「原始的、未開的」な上古の「宗教楽（神楽）」と、「進歩した」中古第二期の平安朝後期の「神楽」は、まったく異なるものであると、田辺は自らの進化論にのっとって強調する。そして、前者から後者への発達には、「支那の形式」と「日本の精神」という二つの原因があるという。一つ目の「支那の形式」とは、上古の「原始的、未開的」な「和笛」を、後世の神楽に使用される音階の明確な「神楽笛」に発達させるよう描かれていることから、音階に関わる「形式」のことだと考えられる。もう一つの「日本の精神」については、田辺はなぜ上古の日本において器楽が発達しなかったかという問いを立てて、次のように答える。

原始状態に於て主として声楽が発達するか又は器楽が多く行はれるかといふことはその民族の

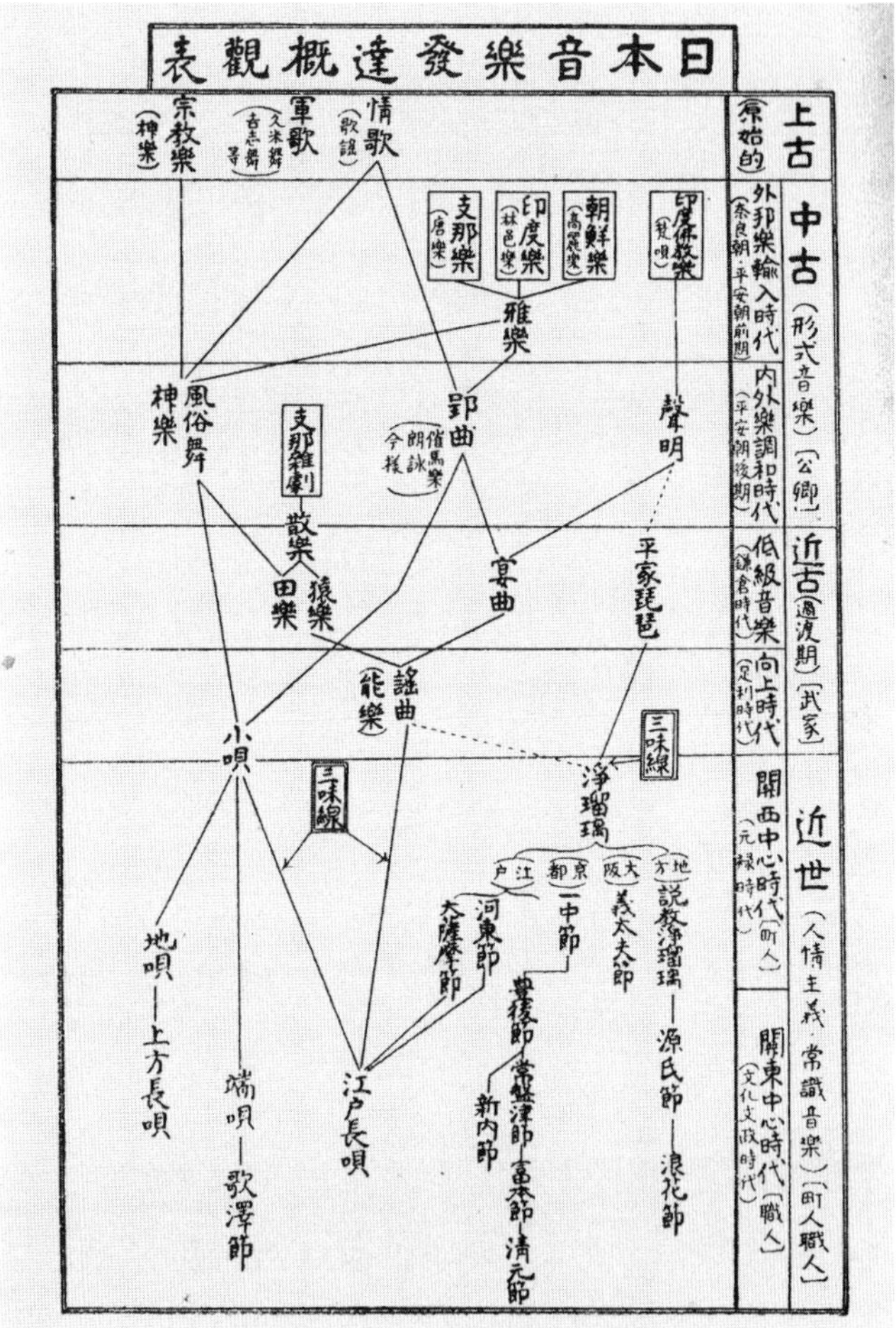

「日本音楽発達概観表」（田辺 1919a）

特性に依ることと予は考へる。日本民族は実にその原始状態に於て声楽的民族であつたのである。

（田辺 1919a: 76, 傍点原文）

器楽が発達しなかったのは、「民族の特性」（「国民性」）が「声楽的」であるからだというのだ。続く箇所では、平安時代中期から「支那の雅楽」が「日本化」することで催馬楽などの「声楽」になったとする。つまり、「日本の精神」とは、「声楽的」であることだけではなく、「声楽的」になることをも指している。

これらのことを「日本音楽発達概観表」とともに再びまとめると、①「日本の精神」である上古の声楽が、②中古・前期に「支那の形式」による発達を経て、③中古・後期に「日本の精神」によって「郢曲（催馬楽・朗詠・今様）」「神楽」という声楽に発達するという、三段階による進化の姿が浮かび上がってくる。田辺は鉄笛による「輸入」→「融和」→「制作」という外来音楽の土着化のための「楽制改革」の物語を、進化論に当てはめて「日本化」のプロセスとした。ゆえに「進歩」した「平安朝音楽」を、進化論的な「日本音楽史」の核とすることができたのである。

SP集『平安朝音楽レコード』

一九二〇年六月、『日本音楽講話』(38)の出版から約八か月後、田辺はSPレコード集『平安朝音楽レコード』の制作に取り掛かった。これは、邦楽研究者の町田博三（佳声、一八八八〜一九八一）からの依頼で、町田が設立したばかりの「古曲保存会」（古典音楽のレコードと解説書を制作して会員に頒布する組織）のための作品である。町田自身、同年三月に最初の三味線ＳＰレコード集『江戸時代音楽』を出版したところであった。

田辺は、宮内省楽部の楽師らに演奏の依頼をした。当時の田辺は、宮内省楽部の講師（「音楽理論」と「西洋音楽史」）として楽長の上眞行と交流があり、直接依頼したという（田辺 1982: 84）。田辺の日記には、録音は六月二十七日（日曜日・全日）、七月四日（日曜日・全日）、七月十五日（木曜日・夕方五時から八時まで）の三日間にわたって「根岸の帝国蓄音機吹込み部」で行われたことが記録されている[39]（民音音楽博物館蔵、TCG/01/06）。一九二〇年の夏は「格別の猛暑」であったのに加えて、笙を演奏するために暖める火鉢で室内が熱せられて、吹込み室は「恐らく室内は百度に近かりしならん」という状況であったという。だが、この三日を終えたのちも、さらに数曲の追加が行われた。

かくして三日間（毎日曜）無事に録音を終わったが、催馬楽や朗詠のほかに私はぜひ神楽歌の一節を録音してもらいたいと頼んだが、賢所のみかぐらは神聖なもので、宮城外不出のものだからいけないと言って、なかなか承知しない。私は約一時間もねばってとにかく各人に十円（当時の十円は現在の一万円以上の貨幣価値）奮発して『庭燎』の曲を入れてもらった（昭和に入ると多少緩やかになり神楽歌の一部もレコード化されたが、大正時代には非常にやかましかった）。

（田辺 1975: 124）

「神楽」の録音を渋る大正時代の宮内省の楽師たちと、それを時間と金銭を費やして熱心に説得する田辺の姿からは、当時の両者の「神楽」の位置を観察することができる。宮内省の楽師たちにとって「神楽」は録音するにはあまりにも神聖であり、田辺にとって「神楽」が録音されることによってこそ平安朝音楽のレコードは完成するのである。実際、この田辺の説得のおかげで、「神楽」が歴史上初めて、一般の人々の耳に聞かれうるものとなったことは貴重である。

解説書『雅楽通解』

翌一九二一年一月、『平安朝音楽レコード』(40)(一四枚二八面)は、田辺自身による解説書『雅楽通解』を付けられて完成した。一六八頁に及ぶ解説書は、会員以外の人も購入できるように別に出版された。その序には、田辺自身のレコード作成の動機が次のように述べられている。

私は嘗てから、之等の大芸術を宮廷楽師の名流大家を網羅して演奏せしめたものを蓄音器に入れて之を世に伝へたいと希望して其方法を考へ、縷々《るる》之を宮廷楽師に相談したが常に斥けられて居た。かれ等は之を以て宮中の占有物と誤解して居られるらしい。然るに本年初に至つて私の師匠の一人たる笙の大家豊喜秋《ぶんのよしあき》氏が高齢を以て歿せられたときに、斯の如き老大家が世を去られると益々以て雅楽の将来は漸次衰へ行くことを憂ひ、今尚ほ健在なる老大家達の此の世に居らるゝ間に真に立派な合奏を模範として後世に残すことは最も緊要のことであるといふこ

（左）「神楽歌　庭燎」（SP アルバム『平安朝音楽レコード』、京都市芸術大学日本伝統音楽研究センター蔵）
（右）平安朝音楽レコード吹込み風景（田辺 1982: 89）

とを切に説いた所が、遂に楽長上眞行氏の容るゝ所となり、漸くにして蓄音器吹込を承諾せられた。

（田辺 1921:「序」3）

ここには、「大芸術」である雅楽を「名流大家」によって演奏させたものを「世に伝へたい」「後世に残す」という啓蒙の精神と並んで、雅楽を「宮中の占有物」にしておいてはならないという田辺の音楽における民主的な考えが見られる。音楽の録音という行為を、ひとつの解放運動として捉えるのは、蓄音機を科学の利器として使いこなすことのできた田辺ならではの思想である。

だが、そのいっぽうで、解説書『雅楽通解』では、田辺の「雅楽」の概念が宮内省の「雅楽」と重なっていく。それは、この書のタイトルにある「雅楽」という用語にも明らかに見て取ることができる。かつて町田が出した『江戸時代音楽レコード』の解説書のタイトルは、『江戸時代音楽通解』とそのままレコードの名称を受けているのに対して、なぜこの『平安朝音楽レコード』の解説書のタイトルは、『雅楽通解』とされたのだろうか。ここで「なぜ」と問うのは、前作の『日本音楽講話』では「平安朝音楽」＝「雅楽」ではなく、「雅楽」は外来楽舞のみを指していたからである。『雅楽通解』の第一章「雅楽の種類」は、次のように始められている。

> 今日雅楽と呼んで居る所の音楽は、主として昔〔ママ〕平安朝時代に我が宮中及び公卿に依つて取扱はれた音楽を総称するのである。昔し平安朝時代に宮中の官省の中に雅楽寮といふものがあつて、此の種の音楽を取扱つて居た。〔…〕然し今日ではもはや雅楽は広くは世に行はれて居らぬ。その中心は唯宮内省式部職の中に楽部といふのがあつて、その中に雅楽を研究して居る丈けである。
> （田辺 1921: 1）

田辺は、まず「雅楽」を「平安朝時代に我が宮中及び公卿に依つて取扱はれた音楽を総称する」とすることで、「平安朝音楽」を「雅楽」という用語へと内容を変えることなく横滑りさせる。次に、それを現在の宮内省楽部で行われているものと述べることによって、現在の宮内省楽部の「雅楽」の定義に重ね合わせている。また、奈良時代からあった雅楽寮を、平安朝時代と結びつけて語った上で田辺の当時の宮内省楽部へと関係づけて話しているのも見逃せない。こうして田辺の「平安朝音楽」は「雅楽」となり、宮内省楽部の「雅楽」と同様、「神楽」「郢曲」を含む、宮内省楽部が演奏するすべての日本音楽ということになったのである。

これ以降、いたるところで『平安朝音楽レコード』を『雅楽レコード』と並べて書きはじめる田辺からは、このズレを訂正しようとする意図が感じられる。田辺の前作『日本音楽講話』の「雅楽」（器楽のみ）が、ここにきて宮内省楽部の「雅楽」（器楽＋声楽）と等しくなった理由を考えてみると、この録音が宮内省楽部による演奏・吹き込みによって実現されたこと、そしてなにより神楽が録音されたことにあるのではないかと思われる。

三分類の「雅楽」の誕生

田辺は、前作で作り上げた「平安朝音楽」の三段階の進化論をも、「雅楽」の名のもとに移行させていく。『雅楽通解』の第一章「雅楽の種類」には、「音楽の性質の上から」の雅楽の種類として、従来の二分類による「雅楽」が表で紹介されている。この表では、雅楽が「歌のあるもの（声楽）」と「楽器丈けのもの（器楽）」とに二分されている。田辺自身は、この二分類を次のように紹介する。

前者即ち歌のあるものは凡て我が日本で出来たものである。之に反して後者即ち楽器丈けのものは大部分は支那朝鮮印度等の外国で出来たものである。（田辺 1921: 7）

これまでにも見てきたように、二分類という方法は、雅楽の中に「外来」という要素を際立たせてしまう。これが鉄笛のように雅楽史を書くのが主な目的であれば、あまり問題は引き起こさない。だが、田辺のように、「日本音楽史」というひとつの国の音楽の進化史を描こうとするときに、外国の音楽がそのまま留まっているということは不適当だとされるだろう。

ゆえに田辺は、「雅楽」を「発達の上から区別」するとして、三段階の歴史を次のように語りはじめる。

> そこで此の雅楽を発達の上から区別して見ると大体に三つに分けることが出来る。第一は上古即ち主として推古天皇以前に行はれた音楽で、之れは日本民族が古来から持つて居た音楽的才能に依つて作り出された所の音楽である。即ち日本民族固有の音楽である。[…]
>
> それから第二は推古天皇から奈良朝を通じ平安朝の初頃迄の音楽であつて、此間には主としてその朝鮮支那印度地方の音楽が輸入され、之れを我国で模倣してやつて居たのである。即ちその主要音楽は外国音楽で、亜細亜大陸の音楽である。[…]
>
> それから第三には主として平安朝中期以後に出来た音楽で、我邦でもつて前に輸入された之等の外国音楽を消化し之を基礎として新しく作りだしたものである。（田辺1921: 15-17）

この解説の次頁には、「年代の上より見た雅楽の区別」と題する「雅楽」の表が掲げられている。この表を見ると、「一、古代より推古天皇頃迄（日本固有の音楽）」から、「二、推古天皇頃より平安朝の初期迄（外邦楽の輸入）」へ、そして「三、平安中期より末期に至る（内外楽の調和）」へ、一↓

二→三というように数字によって右から左へと時系列に並べられているのが分かる。田辺が『日本音楽講話』で描いた、上古から中世へかけての音楽の三段階の進化論が、ここでひとつの表に視覚化されることで、ひとつの「雅楽」なるものを形作っている。これが、三分類の「雅楽」の誕生の瞬間である。

この三分類は、「雅楽」が一から三までの順に時間軸に沿って進化したことを説明すると同時に、「雅楽」を定義するという、二重の機能を持っている。こうした極めて優れた機能性が、この三分類の「雅楽」が現在に至るまで使われ続けている理由のひとつだろう。

田辺はこの三分類の「雅楽」の説明の直後に、「本会作成の雅楽レコードを以上の区別に従ひ分

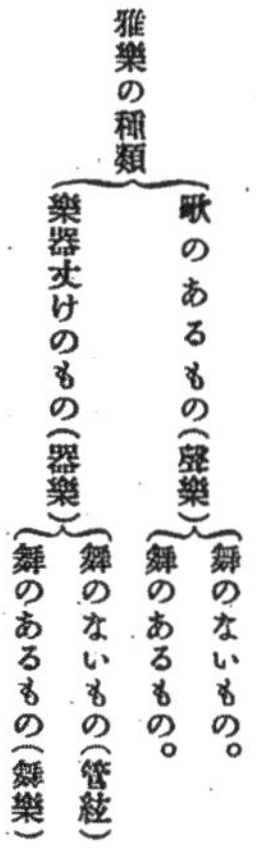

二分類による「雅楽」（田辺 1921: 7）

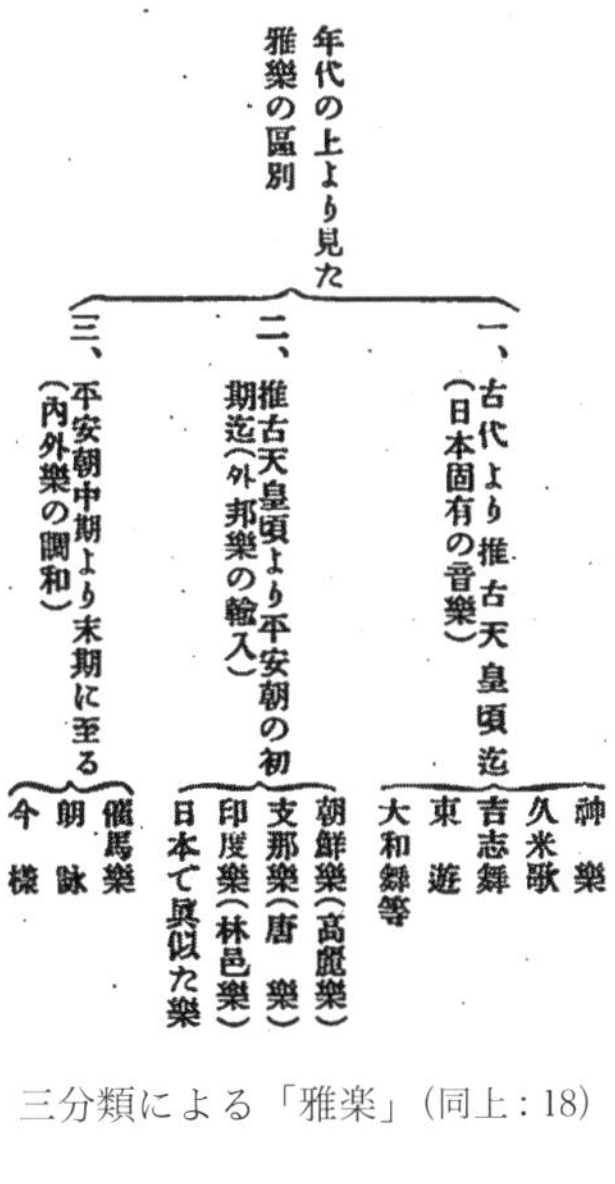

三分類による「雅楽」（同上 : 18）

類すると次のようになる。」として、『平安朝音楽レコード』の録音内容を次のように並べている。

第一、日本古代の音楽――『東遊《あずまあそび》』中の駿河歌。『久米歌《くめうた》』中の参入音声《まいりおんじょう》。

第二、外邦輸入の音楽（及び日本で之を真似て作った音楽）――『胡飲酒《こんじゅ》』の破《は》。『賀殿《かてん》』の急《きゅう》。『蘭陵王《らんりょうおう》』。『迦陵頻《かりょうびん》』の破及び急。『越天楽《えてんらく》』、『合歓塩《がっかえん》』（太平楽《たいへいらく》の急）。『朝小子《ちょうこし》』（太平楽の道行《みちゆき》）。『抜頭《ばとう》』、『陪臚《ばいろ》』、『還城楽《げんじょうらく》』、『青海波《せいがいは》』、『白浜《ほうひん》』、『納蘇利《なそり》』、其の他、音《おん》頭《どう》、調子、意調子。

第三、外邦楽を応用して我邦で作った声楽――催馬楽中の『安名尊《あなとう》』、及び『更衣《ころもがえ》』、朗詠中の『東岸《とうがん》』。

（田辺 1921: 19）

そして、第七章の「レコード楽曲解説」においても、「之れより今回本会に於て作成したる平安朝音楽のレコードに就きその楽曲の簡単なる解説を試みようと思ふ。」として、（第一）日本固有の上古音楽、（第二）高麗楽、（第三）支那の音楽、（第四）支那西部中曲、（第五）印度及中央アジアの音楽、（第六）日本で大部分改作した楽曲、（第七）催馬楽、（第八）朗詠、というように、三分類の「雅楽」と同じ進化論的時系列に沿って、レコード解説を行っている。

このような三分類の「雅楽」の誕生が、レコードの解説書という形態において実現されたことは偶然ではないだろう。一九二〇年夏に吹込みが行われた時点では、音盤の盤面の番号にも統一性がなかったにも関わらず、一九二一年二月の解説書『雅楽通解』では、ひとつの序列がつけられているのである。レコードという、聴くために「時間」を要求する物理的な形態のうえに「平安朝音楽」を刻み込んだことが、田辺にそれらをなんらかの時系列に配置することを促したのだろう。田辺は、レコードのもつ「時間」という要素を、過去の「歴史」に読み替えることが可能であると十分に知っていたことから、解説書『雅楽通解』によって、「雅楽」を古代から中世へと進化したかのように操作して、「いま」「ここで」鳴り響かせることに成功したのだ。

以上で、田辺が日本の古代から中世までの雅楽発達史を構築した経緯を見てきたわけであるが、本章の最後に、これから始まる田辺の雅楽の起源探しの旅が、すでに予告されているところに触れておきたい。

『雅楽通解』の最後には、「雅楽の歴史上の価値」という小見出しがある。そこで彼は次のように語っている。

> 即ち我が雅楽は世界の文明史の上に如何なる位置を占めて居るのであるかといふに、古代に於ける東洋西洋両文明の音楽が打つて一丸となつて茲に現はれたものである。言ひ換へれば古代の全世界の文明圏の音楽が悉く一丸となつて我が邦の雅楽となつたのである。
>
> （田辺 1921: 53）（傍点原文）

田辺がこのように雅楽を世界へとたどるのは、これが初めてである。続く箇所で、この「古代の全世界の文明圏」のより具体的な範囲が、次のように示されている。

実に我が雅楽は、エヂプト、ユダヤ、ギリシア、バビロン、アッシリア、ペルシア、印度、ビルマ、シャム、アンナン、支那、蒙古、満州、朝鮮、日本の各国の古代音楽が打つて一丸となつて茲に完成されたものである。之れ古代に於ける全世界の文明人の全体である。世界中の古代文明人の全体の音楽が一つに融和されたものが我が雅楽であると申してよろしい。

（田辺 1921: 55–56）

彼がこのように古代に遡って世界の文明を持ち出すことになった直接の原因は、一九二〇年十一月三日から八日まで、田辺が参加した正倉院収蔵楽器の調査があると思われる。この正倉院の調査は、『平安朝音楽レコード』の雅楽の録音を行った一九二〇年七月と、その解説書『雅楽通解』を脱稿した一九二〇年十二月一日との間に行われていることが、田辺の同年十二月一日の日記から読み取れる（民音音楽博物館蔵、TCG/01/06）。この正倉院での調査が、解説書『雅楽通解』を執筆している最中であった田辺に影響を与え、彼の雅楽概念に「世界中の古代文明人の全体の音楽が一つに融和されたもの」というイメージを与えたと考えられる。次章では、この正倉院収蔵楽器調査をもとに、時間的にも地理的にも雅楽の世界を広げていく田辺の音楽の旅を観察しよう。

第三部　大東亜音楽科学奇譚

雅楽を日本音楽史の冒頭に核として置いた田辺が次に目を向けたのは、日本へ入ってくる以前の雅楽の源流である。一九二〇年代、この雅楽の起源探求のために東アジアの各地で行ったフィールドワークを、田辺は「東洋音楽理論ノ科学的研究」と呼んだ。ゆえに、田辺の「東洋音楽」は日本と関わりがある限りでの「東洋音楽」であるし、そこに当時の大日本帝国による植民地主義という背景があるのは確かである。だがいっぽうで、この時代に田辺のように東アジア諸地域のさまざまな音楽に興味を持ち、実際の土地へ旅をし、時には命がけで現地をさまよい、情熱的に音楽のフィールドワークを行った人物は他にいなかった。植民する側の国の立場にある個人のこうした知的な情熱は、音楽研究においてどのような可能性と限界をもっているのだろうか。

そして、一九三三年から敗戦にいたるまでの田辺は、全体主義を強めていく日本に寄り添って最後には神懸ったような文章を多く残しているが、それらを「あの当時はみんなそう言っていた」など十把一からげにしてしまうのではなく、田辺一個人の思想としてたどりながら根気強く読んでみるならば、大日本帝国が描く地図を支えながらも、異なる目的でそこからはいびつにはみ出している田辺の「音楽科学」を見ることができる。彼の雅楽の起源の夢は、「大東亜共栄圏」の構想が叫ばれる一九四〇年代より以前に、「大東亜共栄圏」の範囲よりも遥かに大きい歴史的・地理的な広がりを持っていたのである。このような共犯関係からのズレとでもいうべき域にこそ、時代と個人の関係を見いだすことができると思われる。

以下では、雅楽の起源を訪ねる田辺の軌跡を追いながら、国家による植民地主義という背景にあって、個人の夢を反映した「雅楽」というひとつの音楽のイメージが、どのように結晶化していくのかを探っていきたい。

第五章　箜篌《くご》の楽器学　雅楽の起源を古代メソポタミア文明にたどる

物語を語る楽器

録音技術がなかった時代には、音楽を現実に聴こうと思えば音楽が演奏される機会へ参加するしかなかった。だが、そうした物理的な音を聴覚でとらえるばかりが音楽体験ではないはずだ。このようなことを考えさせてくれるのが、仏教美術の中で古代の楽器を演奏している仏の姿をした演奏家たちである。もしかしたら、実際に鳴り響く音楽がもたらされる以前に、彼らの方が先に日本に音楽を伝えた存在であったかもしれない。たとえば、敦煌の壁画の浄土で雅楽を演奏している菩薩たちである。

日本では、浄土思想が貴族の間で花開いた平安時代後期から、平等院鳳凰堂の堂内などに雲に乗っていにしえの雅楽を演奏する「雲中供養菩薩」の姿が見られる。日本の浄土教画である奏楽来迎図には、死の間際になると、菩薩らが雅楽の楽器を吹き鳴らしつつ舞い降りてきて、西方浄土へと連れて行ってくれる様子が描かれている（東京国立博物館ほか監修 1969）。実際の耳では捉えることのできないこれらの音楽ほどに美しい音楽はこの世にないだろう。

また仏教美術のなかのみならず、楽器は個性豊かな物語を有するものでもあった。平安時代の書物には、奇瑞などの説話をまとう雅楽器がしばしば見られる。たとえば、平安時代の公卿で雅楽に優れた源博雅《みなもとのひろまさ》（九一八〜九八〇）は、朱雀門の鬼から取り返した琵琶の名器「玄象《げんじょう》」（『今昔物語』）や、羅生門の鬼から授かった龍笛「葉二《はふたつ》」（『十訓抄』『続教訓抄』『体源抄』）などの楽器の物語を持っている（磯 2016）。これらの名器はなんらかの銘をもち、逸話とともに語り継がれて、後世の人々の聴覚に〈集合的記憶〉の響きをもたらしてきた。

近代に入ると、古器旧物保存方の布告（一八七一年）によって、これらの楽器は「古器旧物」となり、あるいは博覧会の開催などでは「楽器之部」において展示対象となった。一八七二年の湯島博覧会の展示会場を描いた錦絵『古今珍物集覧』（一曜斎国輝筆）に、雅楽の楽器を含む楽器群が展示されていることを確認できるが、そこには「西山の飛王《せいざんのびわ》」というキャプションをつけられた楽器がみえる。「西山」（または「青山」）とは『源平衰勢記』に出てくる琵琶としてよく知られ、先の「玄象《げんじょう》」と並ぶ名器とされる。注目したいのは、この錦絵の中で指示されている「西山の飛王《せいざんのびわ》」の絵は琵琶の姿をしておらず、幕末から日清戦争頃まで流行していた明清楽《みんしんがく》で使用した月琴のような形をしていることである。このことは、これらの楽器が過去の物語を背負っており、実際の楽器の視覚的表現などは正確ではなくとも、観客にその物語の中の響きを追体験させることができたことを理解させてくれる。

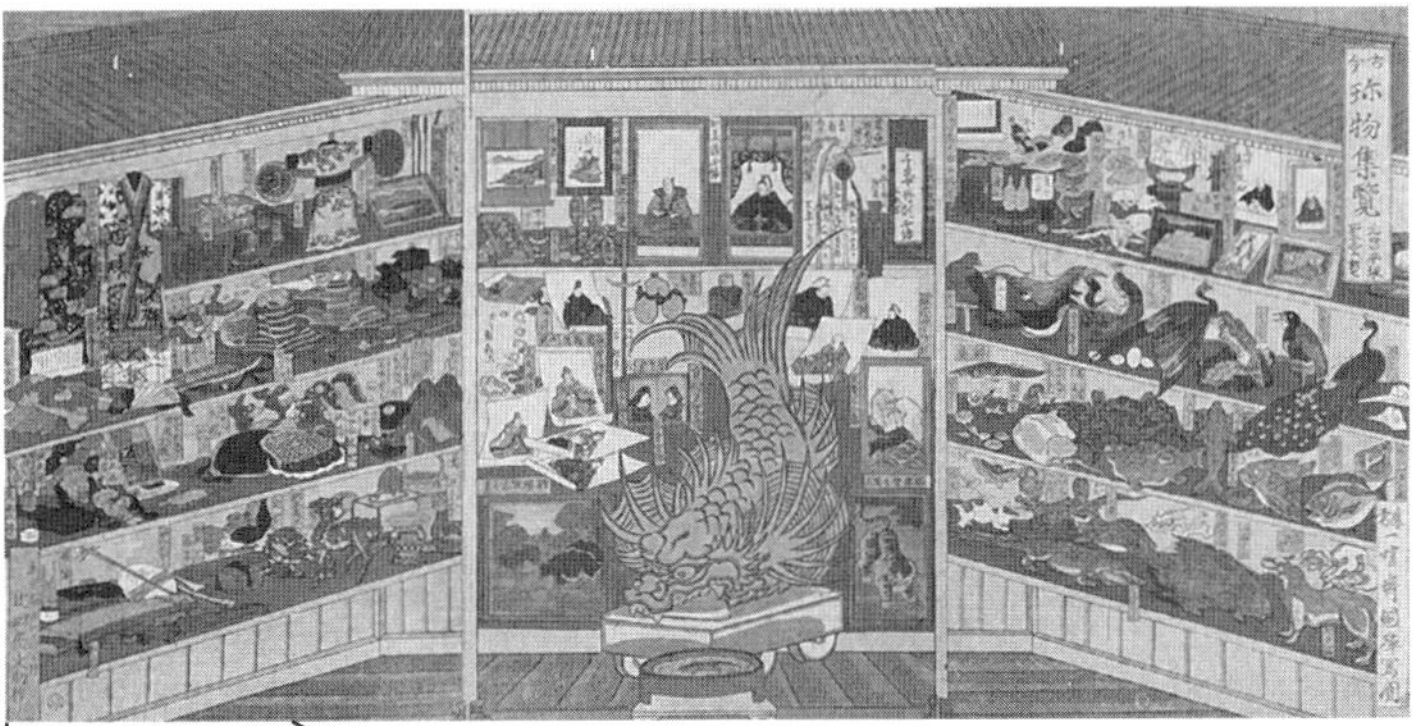

「古今珍集覧　元昌平坂聖堂ニ於テ」
(国輝画、辻岡屋版、1872年)

同・部分「西山の飛王《びわ》」

正倉院収蔵楽器の近代

このような視点からすると、正倉院に収蔵されている楽器もまた、物語を現在に運んでいるものといえる。正倉院収蔵の楽器とは、七五六（天平勝宝八）年五月二日の聖武天皇の四十九日に、光明皇后がその遺品を東大寺盧遮那仏に献納したものの一覧『東大寺献物帳《けんもつちょう》』にあるものを指している（文化庁ほか監修 1976: 21）。そこには、琴、七絃楽器、瑟、箏、新羅琴、和琴、箜篌《くご》、四絃琵琶、五絃琵琶、阮咸《げんかん》、尺八、簫《しょう》、横笛、笙、竽《う》、鳴鏑、腰鼓《ようこ》、細腰鼓、方響、磬、鈴、鐸、錫杖といった楽器がみられる。この時代の楽器がこのように残されていることは世界的に見ても稀であり、奇跡の名に値するコレクションである。

いっぽうこれらの楽器のうち、現在の雅楽で使用されている楽器とほぼ同じといってよいものは、和琴と四絃琵琶と笙を除き存在しない。それにも関わらず、正倉院の楽器には、しばしば現在の雅楽との関連性が期待されるのである。たとえば、一九八二年の岸辺成雄『古代シルクロードの音楽　正倉院・敦煌・高麗をたどって』の記述をみてみよう。

正倉院に、天平楽器のすべてが保存されているわけではない。現在の雅楽器のことをご存じの方は、

狛笛《こまぶえ》　神楽笛《かぐらぶえ》　篳篥《ひちりき》　鞨鼓《かっこ》　三ノ鼓　鉦鼓《しょうこ》　楽太鼓《がくだいこ》　大太鼓《だだいこ》

がないことに気付かれよう。正倉院の横笛が、竜笛《りゅうてき》（左方）、狛笛（右方）、神楽笛のどれにあたるかもわからない。しかし、重要な篳篥がないのは残念である。鞨鼓も大切であるのに、それに似たものもない。三ノ鼓、二ノ鼓の存在で、使われていたであろうことは推測できる。鉦鼓は奈良朝文献の鉦盤《しょうばん》の後身かとも思われるが、仏教楽器から移ってきたとも解される。楽太鼓（管弦用）、大太鼓（舞楽用）といった、大型の太鼓が使われなかったはずがない。

（岸辺 1982: 66–67）

ここで「天平楽器」という言葉が使われているように、正倉院の楽器は「シルクロード」の夢に溢れた「天平時代」という物語を語り、想像上の音楽をもたらすのである。

開国後、一八七二年に正倉院が開封されたとき、楽器の担当にあたったのは、蜷川式胤《のりたね》（一八三五〜一八八二）や町田久成（一八三八〜一八九七）といった文部官僚たちであった（林 1964／米崎 2005）。この正倉院開封は、前年に布告された古器旧物保存方に伴う壬申宝物調査によるもので、ウィーン万国博覧会への出品の準備も兼ねており、蜷川と町田によって多くの楽器の写真撮影が行われた。さらに模写、拓本、修理のほか、当時の一流の職人たちによって模造楽器の制作も行われた（木村 2000／米崎 2005: 59）。ゆえにそこでは演奏のための機能よりも、調度品としての美しさが求められた。この時期に作られた模造楽器のうち、天平の美の証拠品として教科書などで紹介されることの多いのが「螺鈿紫檀五絃琵琶《らでんしたんのごげんびわ》」と「箜篌《くご》」であろう。とくに「箜篌」は、槽の部分の他はほとんど断片として発見されたものであったが、当時の職人による美術工芸品としての見事な復元のおかげで人々を悠久の昔へ誘うことになった。これ以降、これらの模造楽器は、あたかも天平時代から届けられた楽器であるかのように展示されることになる。筆者も教科書に載っているこれらの楽器を好んで見た記憶があり、当時は一度たりとも模造だと思ったことはなかった。また、たとえ模造だと断り書きがあっても、幻想の記憶のほうが優先するものである。

いっぽう、これらの正倉院に見られる楽器の一部は、楽書『体源抄』『教訓抄』『楽家録』などにおいても語り継がれてきた。ゆえに、これらの楽書をもとに再編成された明治初期の雅楽課の知が、正倉院にある古楽器を彼らの演奏する雅楽器の上に接続していくのは当然のことであったろう。一八七八年二月十二日附の雅楽課「一等伶人」東儀季熙《すえなが》（一八三二～一九一四）から式部寮宛の文書には、楽人によって修理を終えられた「南都東大寺正倉院寶庫之御琵琶四面」を返納する前に、天聴のある「金曜日管絃ノ節」に演奏したいので、一週間ほど雅楽稽古所で試弾することを許可して欲しいという願いが書かれている（『雅楽録』、明治十一年第九号）。このような経緯を経ることで、雅楽課は周囲からも正倉院収蔵楽器のエキスパートとして見なされるようになっていったと考えられる。

正倉院の収蔵品は、一八七七年の天皇の大和地方行幸によって「御物」として認識されると、一八八〇年を最後に博覧会などへの出品が差し止められ、一八八四年には、宮内大臣伊藤博文が正倉院御物を宮内省の管轄とした（高木 2001: 67）。こうして正倉院の楽器は、選ばれたごく一部の人々の目にしか触れられないものとなっていった。

ちょうどこの頃、藤島武二（一八六七～一九四三）の『天平の面影』（一九〇二年）に描かれた樹

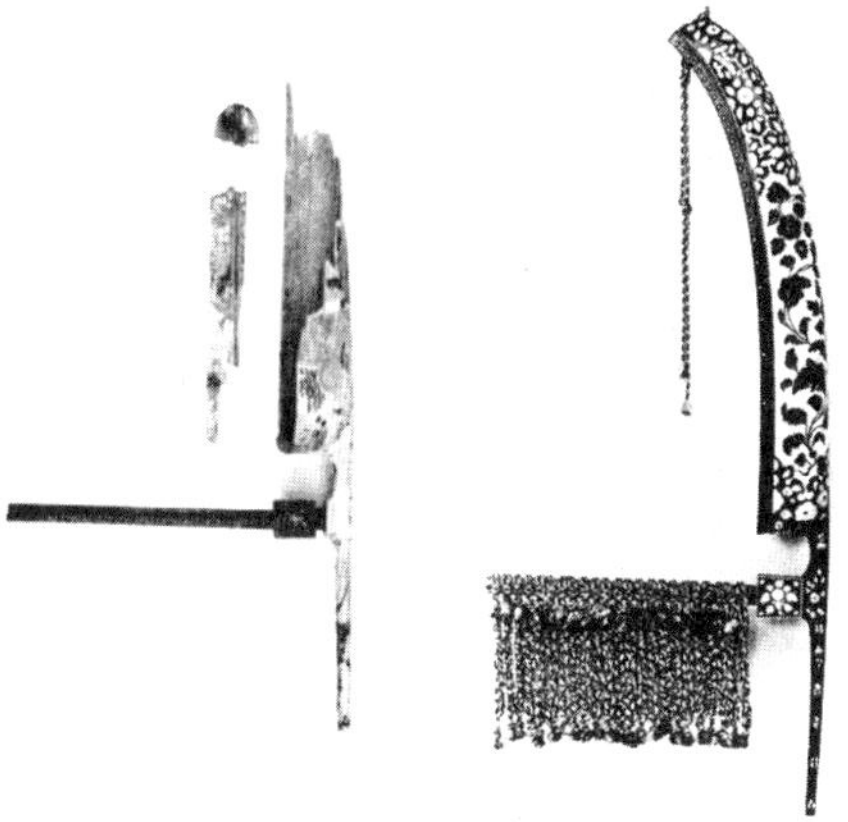

螺鈿槽箜篌　（左）残欠（右）復元

藤島武二『天平の面影』

下美人は、正倉院の（模造品の）「箜篌」を手にしている。この作品は、日本美術史の文脈においては、記紀神話に題材をとる日本画壇ロマン主義の代表的作品とされている。制作に先立って奈良へ遊んだ藤島は、「箜篌」以外にもさまざまな正倉院収蔵楽器のスケッチを残している。[41] 明治三〇年代という『天平の面影』が描かれた時期は、美術史においては帝国博物館総長九鬼隆一と岡倉天心による「大文字」の美術史『稿本日本帝国美術略史』が編纂されたことで、「寧楽《なら》ノ正倉院」などが「美術上ノ好模範」と意識された時代でもあった（高木 1997: 292, 372–373）。

このように、明治期の楽器は過去の物語を背負ったまま近代的な「見られる」対象となったのであるが、なかでも正倉院収蔵楽器は「御物」として、皇室との新しい物語において眼差しを注がれるようになったということができるだろう。

一九二〇年の正倉院収蔵楽器調査

一九二〇年十一月三日から八日まで、曝涼《ばくりょう》の期間中であった正倉院において、宮内省式部職楽部楽部楽長の上眞行、楽部楽師の多忠基、楽部雅楽練習所の講師（音響学・西洋音楽史）である田辺尚雄の三人によって、収蔵楽器の調査が行われた。当時、一般の研究者は正倉院の収蔵品に手を触れることは許されなかったので、田辺が楽器調査に参加できた背景には、楽部楽長である上との交友や、帝国博物館総長森鷗外の配慮が働いていると、田辺自らが述べている（田辺 1982: 93–102）。

翌年出版された三人の連名による『正倉院楽器の調査報告』（以下『調査報告』）によれば、この調査の主な目的は、「各楽器の精細なる尺度及び其の音律を測定し、其の特殊なる形態を研究し破損あるものは其の程度を検するにあり。」（上・多・田辺 1921: 2）というものであった。楽器の測量・音律の振動数測定に田辺があたり、楽器の演奏に多忠基、その指導に上眞行があたった。調査スケジュールと調査対象となった楽器は次の通りである。

十一月三日午前十時より午後三時まで（上・多・田辺）

　　北倉階上の笛・尺八四本、北倉階下の笛・尺八二本、南倉階下の笛・尺八六本
十一月四日午前十時より午後三時まで（上・多・田辺）
　　南倉階下の方磬、簫、笙、竽、五絃琵琶、阮咸、和琴、箜篌
十一月六日　（上・多・森鷗外）
　　北倉および仮倉庫内の楽器の破片等、和琴、琵琶
十一月八日（上・多・田辺）
　　北倉・中倉・南倉の楽器の再検証
帰京後（田辺）
　　測定結果に基づき、音律を算定

音律測定の方法については、『続田辺尚雄自叙伝』によれば、調査前日（二日）に奈良の町に出て楽器屋で一絃琴を購入し、当日はこれを三四五・三ヘルツのFの音叉に合わせて、この音を基準に三人の聴覚で音律を比較したという。笛・尺八については正倉院収蔵のもの全八十二本が調査の対象となり、これらの楽器の測量と音律の測定結果が表にまとめられた。その一例として、北倉階下の彫石製横笛の音律の測定結果の表を見てみよう（次頁図）。

縦の行には、上から順番に「孔音」「振動数」「参考数」「音律」とある。これをそれぞれ見ていくと、「孔音」の横の列には、「六」「中」「夕」「上」「五」「干」「次《シ》」というように、雅楽の龍笛の孔名（指孔の名称）が与えられている。次に、今回測定した「振動数」があり、そして「参考数」

孔音	振動數	參考數	音律
六	1046,7	1034,6(神仙)+12,1	神仙に殆んど近し
中	900,4	920,0(鸞鏡)+19,6	鸞鏡より僅か高し
夕	775,3	783,0(雙調)− 7,7	雙調に殆んど合す
丄	689,2	686,2(勝絶)+ 3,0	勝絶に合す
五	639,2	652,4(平調)−13,2	平調より少し低し
亍	604,6	611,2(斷金)− 6,6	斷金より極めて僅か低し
次	571,6	585,4(壹越)−13,8	壹越より少し低し

「北倉階下　彫石製横笛」（『正倉院楽器の調査報告』「第二章 調査の結果」、一九二二年、一八頁）

として、測定した振動数にもっとも近いところの雅楽の音律が示され（例では「六」の孔音に近いものとして「神仙」）、さらにその音律との差を示す数値（表例では「＋12,1」）が示されている。そして一番下の「音律」には、現行の雅楽の音律との関係がどうであるかという解釈が付されており、「殆んど近し」「僅か高し」「殆ど合す」などの言葉による表現が用いられている。

この音律調査は、正倉院収蔵の楽器調査というよりも、天平時代の音楽と現在の雅楽の音律との関係を調査した、いわば日本国内の比較音楽学といえるだろう（比較音楽学は元来、西洋で西洋音楽と非西洋音楽が比較された）。このようなことからは、第四章で触れた東儀鉄笛が、正倉院に現在の高麗笛が存在しないことから、奈良朝と平安朝のあいだに「楽制改革」があったと論じたことを思いだすことができる。鉄笛が高麗笛の不在を証拠として、奈良朝の音楽から平安朝の雅楽のあいだに「国風化」を見たのを発展させて、田辺はそこに「発達」「進化」を見たのであった。ゆえに正倉院の楽器は、現在の楽器と全く同じものでなくてもよいのである。この『調査報告』の最後の上眞行による調査全体の結果には、笛・尺八は、約千二百年ものあいだ演奏されておらず、楽器の内部が乾燥しているばかりか、吹き口の奥に詰めてある蝋がなくなっているものもあり、ガーゼに水を浸したものを仮に詰めるなどをして測量を行ったと書かれている。このような条件にもかかわらず調査して結果を出しているというのは、正倉院の楽器と現在の雅楽器が似ていることは必要であっても、全く同じものである必要はなかったと考えられていたからだと推測される。

箜篌の楽器学

この『調査報告』の白眉ともいえるのは、なんといっても附録の田辺の論考「南倉階上にある箜篌について」（上・多・田辺 1921: 47–49）である。実際、これは『調査報告』のなかにあって、非常に奇妙な印象を与えている。わずか二頁強の論考の後に、八頁にもわたるコロタイプ印刷による楽器の図版が挿まれているが、それらは「箜篌」を除いては、どれも正倉院とは全く関係のない楽器なのである。しかも、この「箜篌」の写真は明治期に復元された模造品の箜篌であるし、他に調査した正倉院の収蔵楽器については一枚も写真がないのである。

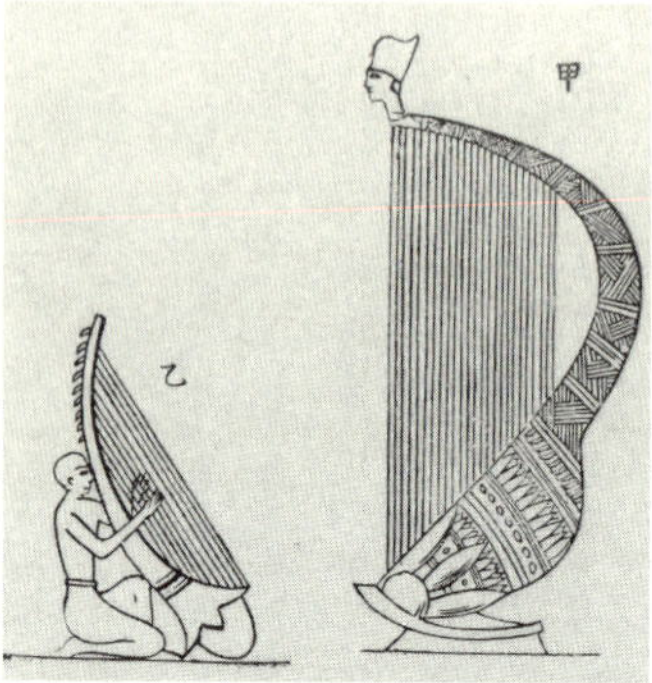

「エジプトのハープ」

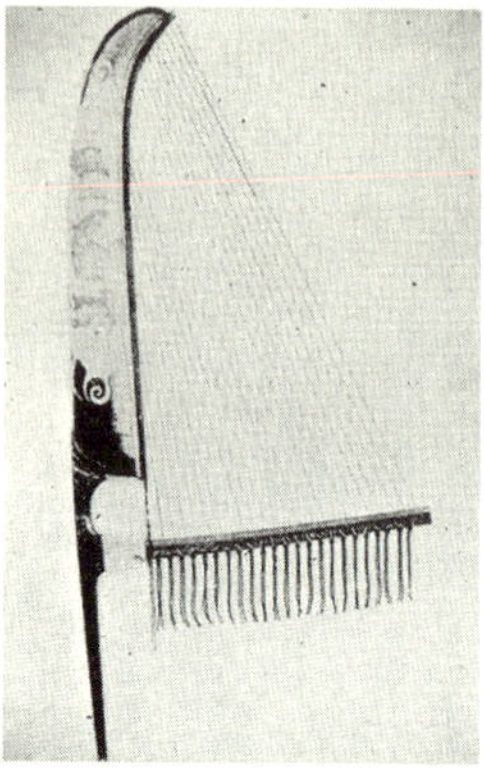

「正倉院の箜篌」

「ギリシア古瓶の画」

『正倉院楽器の調査報告』(上・多・田辺 1921) に収録された図版。キャプションと下線は田辺による。

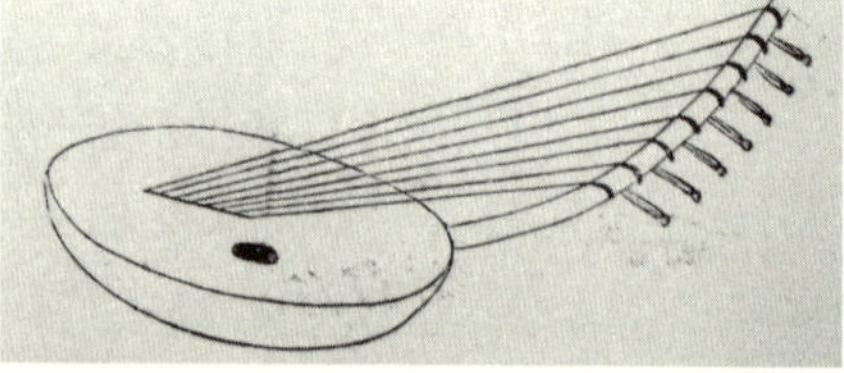

「ウガンダ地方のハープ　古インドにも同様の型あり」

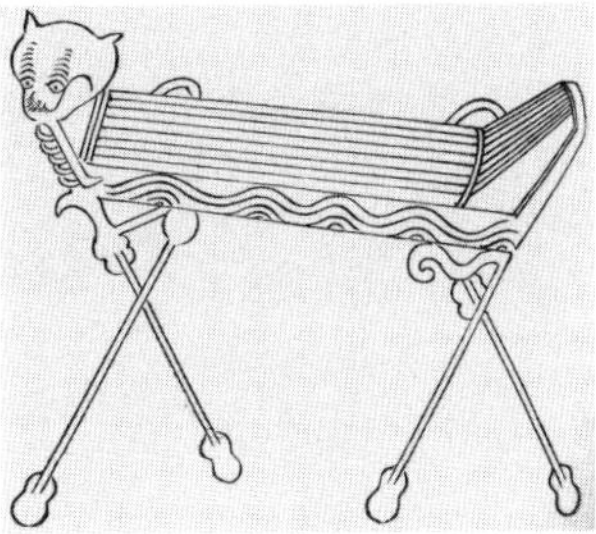

「支那の箜篌」

「信西入道舞楽図中の箜篌」

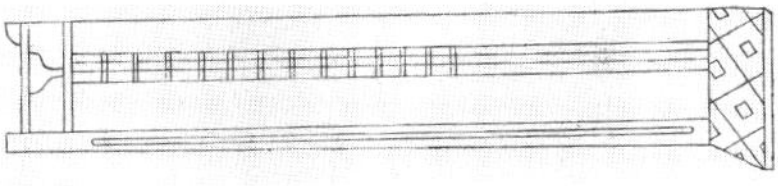

「支那の臥箜篌」

「アッシリアの箜篌」

田辺の附録の主張は次のようなものである。まず、正倉院の南倉にある「箜篌」は「ハープ」の一種である。そして「箜篌」が「他種のハープ」と異なる点として、

（一）下部に脚柱あること

（二）上部の木匡を空洞にして共鳴装置をなせること

（上・多・田辺 1921: 47）

の二点を挙げることができる。この二点を満たすハープを古代楽器に求めると、「アッシリア、バビロン」のハープしかない。なぜなら、「古代エジプト、ユダヤ、ギリシア、ペルシア、インド等」のハープは、いずれも下部に脚柱がなく、共鳴装置が下部にあるからである。また、古代ギリシャのハープは上部に共鳴装置があるが、「此れは正倉院のものとは其形全く異な」るものである。そして、平安時代後期の雅楽楽器を描いたものとして著名な「信西入道舞楽図」には「箜篌」があるが、これは下部に脚柱もなく上部の共鳴装置もないことから「インド系」である。中国のハープには「竪箜篌」と「臥箜篌」があり、「臥箜篌」は、正倉院の「箜篌」と形態上異なるもので、いっぽうの「竪箜篌」のほうは『杜氏通典』に「竪箜篌胡楽也」とあること、また『隋音楽志』に「立箜篌出自西域」とあることから、西域すなわちアッシリアから中央アジアを経て中国へ入ったものだが、すでに失われてしまったので形が分からない。田辺は以上のような「論証」を経て、正倉院の「箜篌」は、このアッシリアのハープが中国或いは朝鮮で制作されたものであると結論する。

この「論証」が面白いのは、「箜篌」の特徴として「下部に脚柱あること」「上部の木匡を空洞に

して共鳴装置をなせること」を前提とすることによって、あらかじめアッシリアのハープに当てはまるように設定していることである。田辺の「アッシリア、バビロン」のハープの図版には、アッシリアの首都ニネヴェの浮彫（紀元前五、六世紀頃）の写真が使用されている。だが実際のところこの図版からは、このアッシリアのハープが脚柱を有しているかどうかは判断できない。また、楽器としての機能から考察して、上部に共鳴装置があることはこの図版から推定できるとしてもよいが、ならば、例えば図版のギリシャのハープや「信西入道舞楽図」の箜篌の上部に共鳴装置がないと判断しているのは理にあっていない。このようなことから、この附録の目的が、正倉院の「箜篌」の起源をアッシリアに置くことであったことが分かるのである。

調査以前に準備された「アッシリアの箜篌」

実はこのニネヴェの浮彫の図版は、『日本音楽講話』（一九一九年）にも使われている。そこではこの図版は、「伝来後直ちに滅びた楽器」というカテゴリーにおいて、七絃琴（引用元不詳）、箜篌（『信西古楽図』）、簫（同）の図版の次に挟まれており、「アッシリアの箜篌」というキャプションがつけられている。このコロタイプ印刷の厚手の頁をめくると、ちょうど次頁の本文中に「西方亜細亜の楽器――**箜篌**《くうご》（アッシリアの楽器か）」とあり、「か」という推定の形が目に飛び込んでくるのだが、続くところで彼は次のように断定している。

箜篌の如きも今尚ほ奈良の正倉院に国宝として保存されて居るから名高いものであるがその用法等に就ては全く知る人が無くなつてしまつた。予頃日支那の音楽家に逢つた所箜篌の話が出たが支那では今やその名丈けあつて形の如何をも知る人がなく恰度予の手元にあつた正倉院所蔵の箜篌の図を見て初めて箜篌なるものゝ形を知つたといつて喜んで居た位である。

（田辺 1919a: 99）

ただし「正倉院所蔵の箜篌の図」は、この『日本音楽講話』には載せられていない。田辺は翌年の正倉院での調査で箜篌と初対面することによって、この時空をつなぐ想像を肉付けしていく作業に入っていったと考えられる。

「箜篌」の起源をアッシリアに求めるというアイディアは、田辺の頭の中にどのように生まれたのだろうか。その軌跡を追うためには、田辺が『調査報告』で使用した図版のいくつかが、フォークナーの『音楽の聴き方』のほか、音楽学者のカール・エンゲル Carl Engel（一八一八～一八八二）の『世界最古の民族の音楽　アッシリア、エジプト、ヘブライを中心に *The Music of the Most Ancient Nations, Particularly of Assyrians, Egyptians, and Hebrews*』（Engel 1864）と『楽器 *Musical Instruments*』（Engel 1875）に見られるものであることがヒントを与えてくれるように思われる。エンゲルの『楽器』は、エンゲルが顧問を務めていたサウスケンジントン博物館（現アルバート博物館）の『サウスケンジントン博物館所蔵楽器の解説付きカタログ *A Descriptive Catalogue of the Musical Instruments in the South Kensington*』（一八七〇年）の改訂・増補版（一八七四年）から、カタログ部分を除いて出版されたもので、現在の楽器分類学において使用されている「ホルンボステル＝ザックス分類／HS法」（一九一四年）[42]に先立って存在する楽器分類書である。

田辺は正倉院の調査や『日本音楽講話』より以前にこれらの書を知っており、たとえば一九一五年の田辺の『西洋音楽講話』の「第三篇　西洋音楽の発達」「第一章　古代の音楽」に登場する「アッシリアの楽器」の部分を見てみると、四枚のアッシリアの楽器（演奏者）の図版が挿入されているが、これらはすべてフォークナーから写したものであると推測される（次頁）。そして、本文の内容には、エンゲル『音楽』から次のような文章が使われている。

古代のアッシリアに行はれて居た楽器の種類を検するのにはチグリス河畔にあるニムロッド及びコルサバト等の丘から掘り出された浮彫をとつて之を検べるより外にない。[…]立琴（ハープ）の種類はエヂプトのものよりも其形が小さくて、大なるものも高さ四尺位を出でない。それで装飾は中々立派なものであるけれども、重量は軽く出来て居る。之を奏者は手に持つて踊りながら演奏する。

（田辺 1915: 161／Engel 1875: 16）

ここでエンゲルはアッシリアに他の音楽や楽器以下の価値しか与えておらず、田辺もそれに忠実に訳している。ゆえに、田辺がフォークナーとエンゲルの著作に見出して『西洋音楽講話』で無断引用した「アッシリアの楽器」は、『日本音楽講話』に至る過程で初めて「アッシリアの箜篌」となり、『正倉院楽器の調査報告』において「正倉院所蔵の箜篌」へと結びつけられたということに

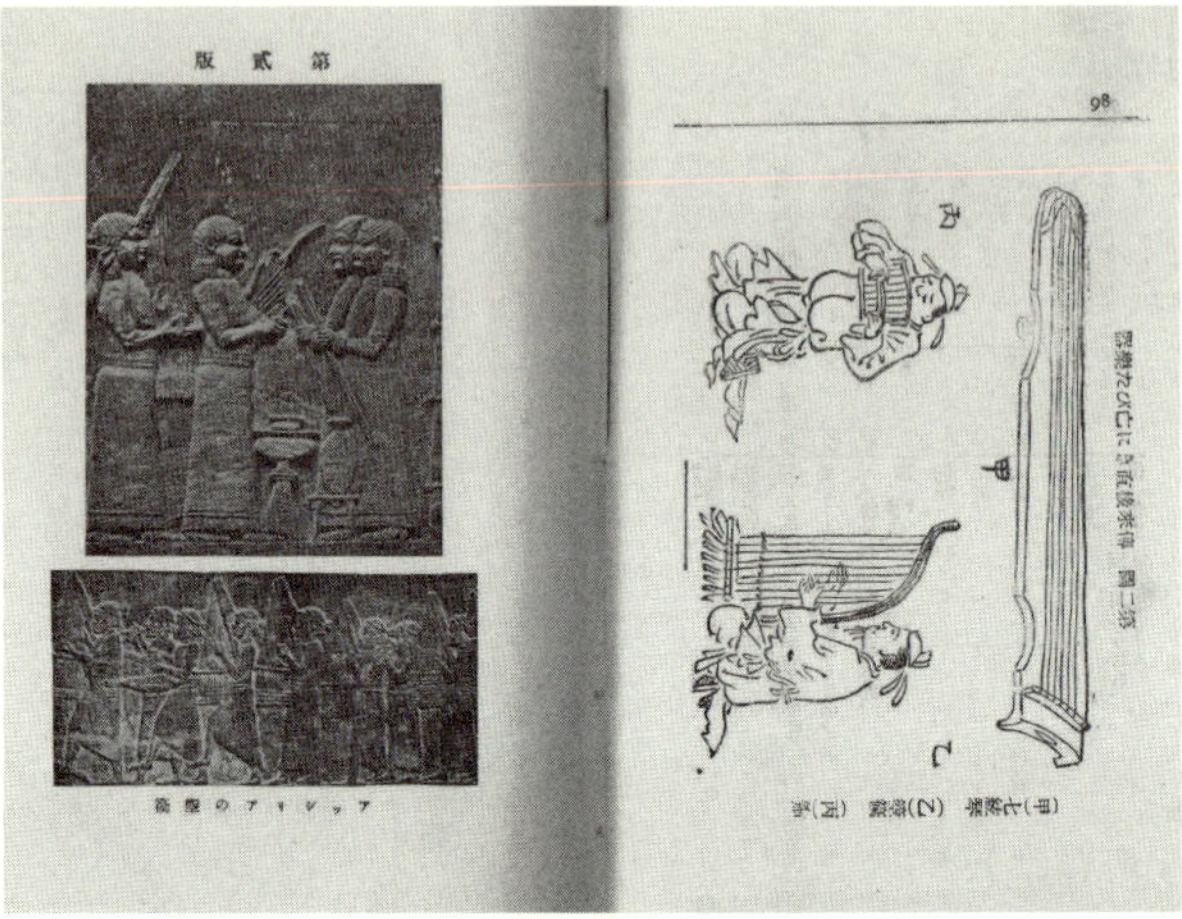

田辺の最初の箜篌へのまなざし（田辺 1919a: 98）

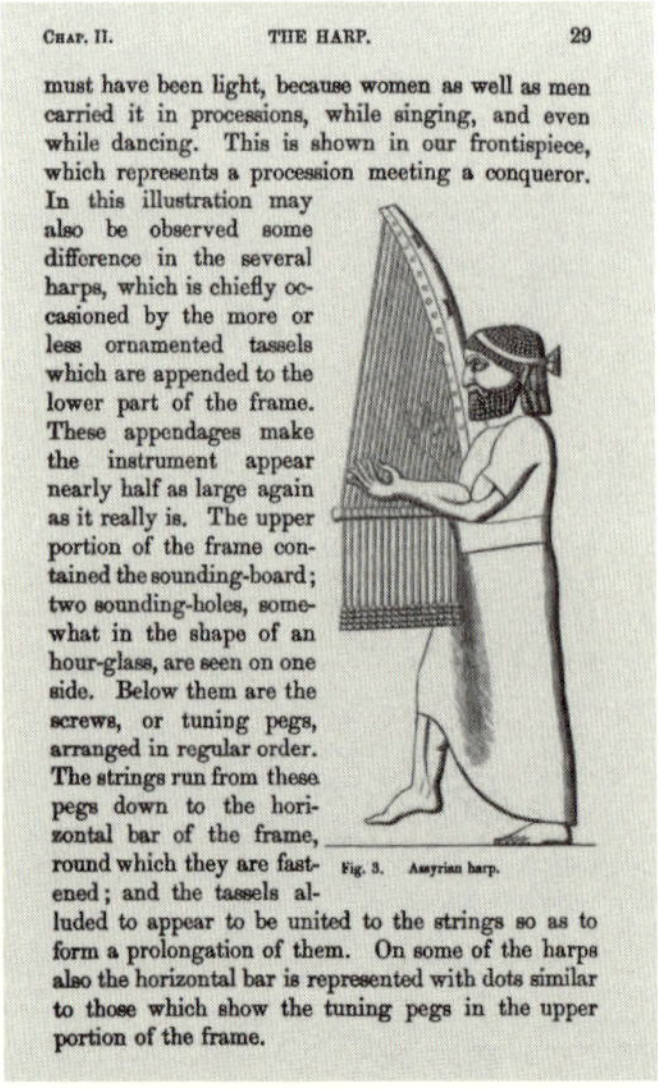
CHAP. II. THE HARP. 29

must have been light, because women as well as men carried it in processions, while singing, and even while dancing. This is shown in our frontispiece, which represents a procession meeting a conqueror. In this illustration may also be observed some difference in the several harps, which is chiefly occasioned by the more or less ornamented tassels which are appended to the lower part of the frame. These appendages make the instrument appear nearly half as large again as it really is. The upper portion of the frame contained the sounding-board; two sounding-holes, somewhat in the shape of an hour-glass, are seen on one side. Below them are the screws, or tuning pegs, arranged in regular order. The strings run from these pegs down to the horizontal bar of the frame, round which they are fastened; and the tassels alluded to appear to be united to the strings so as to form a prolongation of them. On some of the harps also the horizontal bar is represented with dots similar to those which show the tuning pegs in the upper portion of the frame.

Fig. 3. Assyrian harp.

エンゲル『世界最古の民族の音楽　アッシリア、エジプト、ヘブライを中心に』の「アッシリアのハープ」(Engel 1864: 29)。田辺はこれを模写して『正倉院楽器の調査報告』のアッシリアのハープの図版（本書199頁「アッシリアの箜篌」左上）に使用したと推測される。

田辺の「アッシリア国の楽器」(田辺 1915: 162)

(左) フォークナーの「1　5弦のシタール」「2　10弦のシタール」(『音楽の聴き方』Faulkner 1913: 61)。(右) エンゲル「Fig. 5. アッシリアのハープ」「Fig. 6. アッシリアのハープ」(Engel 1864: 38)。同じ人物像がエンゲルだけでなくフォークナーにも見られる。方向や細部が異なるため、田辺はフォークナーの書から写したことが推測される。

なる。

一九二一年八月から一九二三年五月まで、田辺はエンゲルの『楽器』の翻訳「エンゲル氏『世界の楽器』」を、雑誌『音楽と蓄音器』（一九二二年八月より『音楽と蓄音機』）に連載している。(43)『音楽と蓄音器』に「エンゲル氏『世界の楽器』」が掲載されていた二年間、次章で観察する田辺の植民地での音楽調査旅行のレポートや日記もまた並行して同誌に掲載されていた。このことは、ヨーロッパにおける楽器の収集・楽器学の形成と同様、日本における箜篌の楽器学も植民地主義の拡大を背景として誕生したことを理解させてくれるのである。

第六章　植民地の音楽フィールドワークと雅楽の起源

「東洋音楽理論ノ科学的研究」の目的

一九一九年十二月以降、田辺は啓明会から資金補助を受けて、「東洋音楽理論ノ科学的研究」に取り組んだ。[44]田辺の研究に対しては、三年間六千円に追加として二年間四千年で、計一万円（現在の一千万円程度という）が支給されている。この採用には、田辺の指導教官であり啓明会で理事を務めていた長岡半太郎の助力があったという（田辺 1982: 91）。

「東洋音楽理論ノ科学的研究」の当初の研究の目的は、日本の雅楽の起源としての中国の古代音楽に関するものであったと、田辺は語っている（田辺 1970: 220-225）。これは、田辺が一九〇七年に大学院に進学して日本音楽の音律の研究を始めてから、師の中村清二による古代中国の音律についての論文に触発されて取り組んできた「東洋楽律」の研究のことであろう。だが、一九二〇年の正倉院での調査をきっかけとして、田辺の「東洋音楽」は中国の古典音楽より時空を広げていくことになったのである。それが日本の植民地の広がりをひとつの背景として、日本を中心とした視線で行われた研究であることはいうまでもない。そしてそれは、現地でのフィールドワークという形をとった。

フィールドワークが始まるのは、一九二一年四月、日本統治下の朝鮮李王職の雅楽調査からである。この後もフィールドワークは精力的に続けられ、一九二〇年代に調査として赴いた土地には、台湾（一九二二年四月）、沖縄・八重山（一九二二年七月）、中国（一九二三年四月五月）、樺太（一九二三年八月）がある。一連の調査の模様については、田辺は『東京日日新聞』や『音楽と蓄音器』などに膨大な紀行文を逐一載せており、それをもとにして『東洋学芸雑誌』『學藝』（『東洋学芸雑誌』の後身）に多数の論文を発表したり、『第一音楽紀行』（田辺 1923e）といった読み物にしたりしている。[45] これらの調査を雅楽との関係から言うならば、朝鮮・中国では日本の「雅楽」のうち「外来」とされる楽舞の起源が求められ、その他の地域では「雅楽」のうちの「日本固有」とされる楽舞の起源が求められた。

のち、田辺が一九二〇年代に『音楽と蓄音器』に発表した紀行文は東洋音楽学会編によって編纂されて、『南洋・台湾・沖縄音楽旅行』（一九六八年）と『中国・朝鮮音楽調査紀行』（一九七〇年）という二冊の本になって出版された。その解説で田辺の弟子たちの手によって田辺の「民族音楽学の父」としての功績が初めて論じられた。一九九〇年代には、植民地主義批判の視点から考察した細川周平の研究（Hosokawa 1998）を嚆矢として、各国の音楽の専門家たちによる研究が深められており（植村 1997, 2003／劉 2006／山本 2011など）、現在の田辺に関する研究の中でもっとも国際的に問題意識を共有できる部分となっている。

田辺のフィールドワークを理解するためには、これらの先行研究に学ぶほかにも、田辺自身の紀行文を読みながら彼の行動を地図にたどり、現在とは比較にならない当時の交通機関での旅を追体験することを勧めたい。以下では、彼が海を渡って雅楽の起源を探した調査旅行記を繙きながら、日本の「雅楽」がさまざまに肉付けされていくプロセスを追っていく。

朝鮮の雅楽――起源としての俗楽論争

朝鮮での田辺のフィールドワークの公的な目的は、日本の統治下にあった朝鮮李王職の雅楽部と雅楽を保存するために調査することであった。田辺によれば、李王職が財政困難のために動物園か雅楽部かのいずれかを廃止せざるを得ず、それを相談された朝鮮統治府は動物園を選び、雅楽のほうは記録だけでも保存したいと日本の宮内省式部寮楽部へ依頼をしてきたという（田辺 1921f: 3-6）。これについて植村幸生は、朝鮮の雅楽を保存するという総督府の提案を、一九一九年の三・一独立運動ののちに武断統治に限界を感じた日本政府による人心懐柔策のひとつとして捉えている（植村 1997: 134-138）。

植民する側からの被植民国の文化の保存という出来事は、同時期に朝鮮に渡って李朝の美術を保護する必要性を説いた民藝運動の柳宗悦《やなぎそうえつ》（一八八九～一九六一）を思い起こさせるが、田辺も同じような記述を残している。

日本が斯うして朝鮮の世話をし保護して居る間に之を滅す事があつては日本の責任だと考へた。

いずれも田辺による朝鮮李王職の雅楽調査時の写真。田辺は朝鮮李王職の雅楽を、「宗廟登歌楽」（『中国・朝鮮音楽調査紀行』、図版頁）のような宗教儀式ための「雅楽」（上左）と、「春鶯囀」（『続自叙伝』199頁）のような女性の舞を伴うこともある宴会のための「俗楽」（上右）に分類した。そしてこの「俗楽」こそが日本に渡ってきた「雅楽」であるとした理由のひとつには、この「春鶯囀」と同名の曲が日本の雅楽にもあることにもあるだろう。右は「春鶯囀」の映画撮影風景（左に撮影機の三脚が見える）。下の2枚は、こうした宮廷の宴会音楽に携わる妓生《キーセン》の養成学校を訪れた際に撮影したもの。

詰り世界の文明に非常な大きな損失をする、此責任を日本が負はなければならぬ。

（田辺 1921f: 4）

田辺は後にこの調査のおかげで李王職の雅楽は保存されたように述べており、現地の人々の間でもそのように言い続けられてきたが、近年の研究では田辺の調査以前から調査保存が行われていた経緯が明らかにされている（植村 1997: 118／山本 2011: 291–296）。

そのいっぽうで田辺には個人的な研究上の使命感があった。総督府からの依頼を受けた楽部楽長の上眞行が田辺に話をしたとき、田辺が自ら啓明会の研究費によって調査へ行くことを申し出たのはそのためであった。それについて田辺は「朝鮮音楽研究日記」のなかで次のように述べている。

此の古楽器の振動数測定といふことが、私自身の研究の最大目的であつたのである。昨年秋に奈良の正倉院の古楽器の音律振動数を測定した頃から、之に関聯して是非共朝鮮の李王家の古楽器の振動数を測定する必要があるといふことを大いに感じて、それが今回の研究旅行の最大の動機をなしたものである。

（田辺 1921c: 73–74, 1921f: 2–3, 1970: 45–46）

このように、田辺にとっての李王職の雅楽は、奈良時代の正倉院収蔵の楽器の時代の音楽を解明するものとして期待されていたのである。そしてこの雅楽において日本と朝鮮につながりを見出そうとする田辺の考えは、当時の「日鮮融和」という考えに容易に結びついた。同じ号の『音楽と蓄音器』の冒頭に載せられた「日鮮融和と音楽」と題する論考には次のようにある。

音楽が日鮮融合に如何なる力を持つて居るかに就いて少し考へ度いと思ふ。一体日本語と朝鮮語とは表面上は大変異つて居るが其の根本には非常に類似して居る所がある。之と同様に日本音楽と朝鮮音楽とは、俗謡に於てこそ大変異つて居るが、其の系統は同一のものである。[…]其の実密接な関係を持つて居り、又之を作らなければ世界文明にとつて非常な損失であらう。要するに両者の音楽の間に非常な類似のある事は結局両国民の思想を結ぶ訳である。

(田辺 1921b: 3–4)

ここで日本の雅楽と李王職の雅楽が、「其の系統は同一」「密接な関係」「非常な類似」といった言葉で結ばれて、日鮮融合の象徴として機能しているのをみることができる。

一九二一年三月二十七日、彼自身の日記には、『正倉院楽器の調査報告』の原稿を森鷗外へ宛てて投函し、それから東京駅へ向かったことが記されている。車中では兼常の『日本の音楽』にある朝鮮音楽についての論考を読み、途中、吉備楽の調査のため岡山に寄りながら、下関へ到着する。三十一日に関釜連絡船で出航、玄界灘を越えて四月一日に釜山港に上陸し、そこで新聞記者の質問攻めにあいながら、急行列車で京城(現ソウル)に到着した。それから約二週間にわたって、田辺は楽器の音律調査をし、音楽・舞踊を鑑賞し、写真をとり、映像におさめ、レコード・楽書・楽器を購入した。映画を撮影することを提案したのは師の中村清二であった(田辺 1921f: 6)。李王職雅楽部の唯一の映像記録としても、音楽・芸能の研究のために撮影された初期の事例としても貴重であるこのフィルムは、しかし戦後になってから半分は田辺によって焼却され、残りの半分は失われた（田辺 1970: 58–59）。

世界の音楽のフィールドワーカーと比較して田辺が特徴的だと思われるのは、現地でたくさんの講演会を行っていることである。「朝鮮音楽研究日記」には、二週間のあいだに計六回の講演会――京城（現ソウル）で五回、平壌で一回――が行われている。そのうち京城で行った三回は、日本の雅楽と朝鮮李王職の雅楽の関係についての講演であったことが記されている。詳しい内容については分からないが、それらに関する日記の箇所を拾ってみよう。

> （四月六日）四時から六時迄南山の高等女学校の講堂で京城日報社主催で私の講演会が開催された。演題は、「音楽上より見たる日鮮の関係」といふので、所持の古楽蓄音機レコードを用ひて我が奈良朝時代の音楽と朝鮮の李王家の音楽とを比較しつつ講演した。（田辺 1921c: 76）
>
> （四月六日）六時から政務総監の官邸で私の為めに晩餐会が開かれるので急いで官邸へ参つた。此の晩餐会には総督府と李王職との高官達を網羅したものであつた。朝鮮の旧親王方も見えて居た。私を正客として晩餐会が終り、別室で二時間半に渉つて私は日本古楽と朝鮮音楽との関係について例の古楽レコードを用いて講演をやつた。（同）

（四月十一日）午後三時半に名高い伯爵宋秉畯氏別邸（三清洞にある）に招待された。私の為めに極めて美しい宴会が開かれるのであつた。［…］此所に多数の官妓を集め、李王家の楽人を集めて音楽会が開かれた。［…］宴会が終つたのは十時であつた。それから一同が別席へ集まつて私が日本の古楽と朝鮮の音楽とについて講演をした。所持の古楽レコードが頗る一同の注意を引いたようであつた。私の講演は一々通訳が付いて鮮語に訳されるので思ひの外に時間を費やして、夜の十二時半頃に茲を辞した。

（田辺 1921c: 81–82）

いずれも二時間半から三時間にも及ぶ講演をおこなっており、聴衆は日本人でもあり朝鮮人でもあった。注目したいのは、田辺が「古楽レコード」を使ったと書いていることである。これは一九二〇年の夏に楽部楽師たちの演奏で吹き込んだ『平安朝音楽レコード』（『雅楽レコード』）のことであろう。ここで「古楽」と言いなおしているのは、これが日本の「古楽」でもあり、朝鮮の「古楽」でもあるということを主張したかったからであろう。これ以降の田辺は『平安朝音楽レコード』に対して必ず「古楽レコード」という呼び名を使うようになっていることからも、この呼び名の変更は意図的なものであると考えられる。田辺は日本の唐楽や高麗楽を現地に持ち込み、朝鮮李王職の雅楽と並べてみせることで、日本と朝鮮が雅楽の起源を共有していることを語ったのである。

田辺の目的が日本と朝鮮李王朝の雅楽の繋がりを見つけることであったということは、帰国後の田辺の調査報告の講演会「朝鮮李王家の古楽舞——我が宮中の舞楽との関係」というタイトルにも明白に表れている。この講演が興味深いのは、この時に田辺が行った日本の雅楽についての説明が、後に大きな波紋を引き起こしたばかりではなく、その波紋が田辺の雅楽概念にさらに影響を与えたからである。

講演では、田辺はまず李王職の雅楽の内容を、「雅楽」と「俗楽」に分けるというところから始めている。この「俗楽」は民間の俗楽とは異なる高尚なもので、民間のものは「民楽」と呼ぶべきであるという。このような彼独自の李王職の雅楽の定義によれば、李王職の雅楽の一部である「雅楽」は次のようなものである。

今日の雅楽といふものはいつ［の］時代のものであるといふに之は李朝の第四代の世宗の時に朴堧《ぼくせん》といふ人が周代の古楽を復活したのであります。［…］其人の復活は何に依つたかといふと、南北朝時代に魏の国の大武帝といふ王が昔の三代の音楽復活を致した。其時の物差と合つて居りますから、多分南北朝時代に復活された所の、周時代のものであらうと思ひます。

（田辺 1921f: 10）

「物差」というのは、当時の音律を定めた管の長さのことである。続くところで田辺はこの雅楽は残念ながら日本へは伝わらなかったと述べている。そして李王職の雅楽のなかのもう一部である「俗楽」については次のように述べている。

宮中の宴禮楽といふものが李王家の俗楽でありまして、支那の南北朝から隋唐時代の俗楽であります。日本の宮中にあるのと大体に於て同じであります。

（田辺 1921f: 11）

このように、田辺は朝鮮での調査を終えて、李王職の雅楽の中に「雅楽」と「俗楽」があると独自の分類を行い、そのうちの「支那の南北朝から隋唐時代の俗楽」が日本へ伝わったと主張したのである。

ところで、田辺は「日本の雅楽は朝鮮（中国）の俗楽である」という調査結果を、宮内省楽部の関係者も聞きにきている啓明会の講演会で報告するために、おそらく彼なりに気を遣ったと思われることは、次のような発言からも想像される。

日本では支那でいふ雅楽といふものは一つもありませぬ。尤も神楽は日本の雅楽とも称すべきもので極めて神聖なものでございますが、其他の舞楽は支那あたりの俗楽であります。それですから決して日本の宮中で行はれます雅楽（神楽を除く）を神聖視することは出来ませぬ。［…］詰り日本の宮中の雅楽（神楽を除く）は俗楽（最も高尚なる俗楽）でありまして、何卒宮中が万民と共に之を楽しまれるといふ様に至られんことを希望します。

（田辺 1921f: 8）（傍点原書）

ここで田辺は、日本の雅楽は中国の俗楽であると主張しながらも、神聖な「神楽」は間違いなく「雅楽」にあたるものであること、その他は確かに「俗楽」であるとしても「最も高尚」なものであることを強調しているのである。

朝鮮半島から日本に伝わった雅楽は俗楽であるということは、田辺はこの講演以前に書いた「朝鮮の音楽　その日本音楽との関係について」においてすでに述べている。そこでは、李王職の宮廷音楽には、古代中国から伝わった祭儀のための「雅楽」と、美しい官妓の舞の付くものもある「俗楽」とがあり、その俗楽にある「處容舞」が日本の高麗楽の「納曽利」と似ていることを挙げている（田辺 1921d: 15）。また、宮廷の音楽に官妓である妓生《キーセン》の「俗楽」があり、それが娼妓《カルポー》のものとは違っているということは、田辺は事前に車中で読んだ兼常の著作で知っていた（田辺 1921c: 71）。これは、実際の旅行の際に最も興味を引いたことのひとつで、平壌までわざわざ足を延ばしたのもそうした官妓を育成する学校を見学するためであった。田辺は日本には伝わらなかった崇高な儀式音楽である「雅楽」と、美しい女性の舞を含む饗宴音楽である「俗楽」という、日本とは異なる二つからなる宮廷音楽の在り方に大きく感銘を受けて、それを日本の「雅楽」のいわば民主化に向けて応用しようとしたように考えられる。

だが田辺が日本の雅楽を「俗楽」だと述べた背景には、李王職の雅楽に触れて得た感動ばかりではなく、マスコミが報じるほどには李王職の雅楽の保存調査に援助をしなかった宮内省楽部に対しての義憤もあるように感じ取ることができる。たとえば、講演の冒頭では、「何か宮内省から特別な保護が委任を受けて参れば、もう少し働けたかも知れませぬが」といった発言や、また、「例へば帝劇でやつたからといつて、やり方さへ正しければ憤慨する理由は今日の時世に決してありません。徒らに神聖視して之を宮中の雲の上にのみ葬るのは私は不賛成でございます。」（田辺 1921f: 9）

といった発言である。

そしてこれらの田辺の発言がひとつの「事件」となったことは、講演から約一か月後、田辺が「宮中音楽の民衆化に対する誤解」（上・下）という『東京日日新聞』（一九二一年八月十八日・十九日）に掲載された記事にうかがい知ることができる。


私が去る七月九日に工業倶楽部に於て朝鮮李王家の雅楽と我が宮中の音楽との関係を述べた時に、宮中の雅楽の大部は俗楽であつて、必らずしも神聖視すべき性質のものではなく、之を今少し民衆化して、例へば平和博覧会で公開して見せるとか、或は場合によつては帝劇などであつて見せても差支ない、寧ろ斯くあらんことを望むといふ様な主意のことを申したに就て、宮内省一部の保守派の物議を招いたといふことである。私は此際誤解のないように、殊に私が民間に於ける最大の宮中音楽愛好者であるといふ立場から、宮中音楽に災を及ぼさない為めに一言弁解して置きたいと思ふ。

（田辺 1921e）


そして続くところで田辺はふたたび、日本の雅楽には神楽などの「雅楽」と、俗楽である「雅楽」の二つがあることを力説している。これを契機として田辺は、日本の雅楽には〈日本固有の音楽である神聖な雅楽〉と〈中国朝鮮由来の俗楽である高尚な雅楽〉という二種類があることを、ことあるごとに強調するようになるのである。

この出来事からのち、田辺の日本の雅楽の起源への関心も、こうした「宮内省一部の保守派」の雅楽への「誤解」を解こうとするかのように、神聖な「日本固有の音楽」の起源を遡ることに重きを置くようになっていく。朝鮮の雅楽調査の翌年、田辺は古代の「日本固有の音楽」の起源を求めて、台湾の音楽調査に向かった。

台湾「生蕃《せいばん》」の音楽――日本固有の楽舞の起源

田辺の台湾音楽の調査旅行は、台湾の山地に住む原住民族の音楽の調査が目的である。その原住民族のことを彼が「蛮人」「生蕃」（漢化されていない原住民族）と呼んでいることからも分かるように、この調査は植民者としての日本による「保護」の視線から行われたばかりではなく、「文明」と「未開」という進化論的な視線から行われたのである。台湾へ出発する直前の田辺がインタビューに答えた記事には、次のような発言が見られる。

台湾が帝国の新領土となつてから極歳は浅いが、台湾にしても朝鮮にしても新領土を統治する上に於て為政者の最も必要な事は其の民族の音楽を研究する事である。今迄は兎角新附の民に向つては威圧的に統治するといふ傾向があつたので台湾人も朝鮮人も心から総督政治に服する者は割合に尠く、縷々不祥事が新領土に惹起するに至つた。その結果当局も余程統治の方針を改善した様で甚だ結構な次第である。然し統治の上に於て最も肝要な事は民族的感情を善く了解する事である。それを了解するには其歌や踊を調べて見るのが最もよいと思ふ。そして其中には文明人の想像以上に彼らの優しい感情が含まれてゐるのである。一体未開人が音楽に対する関係は極端に密接で彼等に於ける音楽は彼等の宗教ともいふべき者であるから、此の音楽を彼等に適当に施す事が出来て初て完全に彼等を統御し得るのである。（田辺 1922b: 56）

ただし今回も田辺の研究者としての使命として、日本の「雅楽」のうちの神聖な古代の「日本固有の音楽」の起源を探求するという目的があった。これに関しては、すでに出発の数か月前の「日本上古の音楽と奈良朝の音楽」と題する講演会で次のように述べている。

馬来《マレー》系の音楽を調べるに、生蕃などに付て歌の謡ひ方を調べますと、古事記などに出て居るやり方と同じやり方であります。（田辺 1922: 209）

ここには、大正時代の民族学者である鳥居龍蔵（一八七〇〜一九五三）の、日本民族の起源にマレー系の先住民族と朝鮮半島からの征服民族をたどる視線が反映されていると考えられる（小熊 1995、坂野 2011）。田辺においてこの古事記の歌こそ、『日本音楽講話』（一九一九年）の「日本音楽発達表」で冒頭に設置したものであり、雅楽の「日本固有の音楽」の起源に値すると考えられているものであった。

ところで、鳥居は日本で初めてフィールドワークにおいて録音機器と写真機を使用した民族学者として知られるが、田辺もこのときから携帯用の蓄音機「写声蓄音器」を自分で改造したものを携

台湾行の船上の田辺

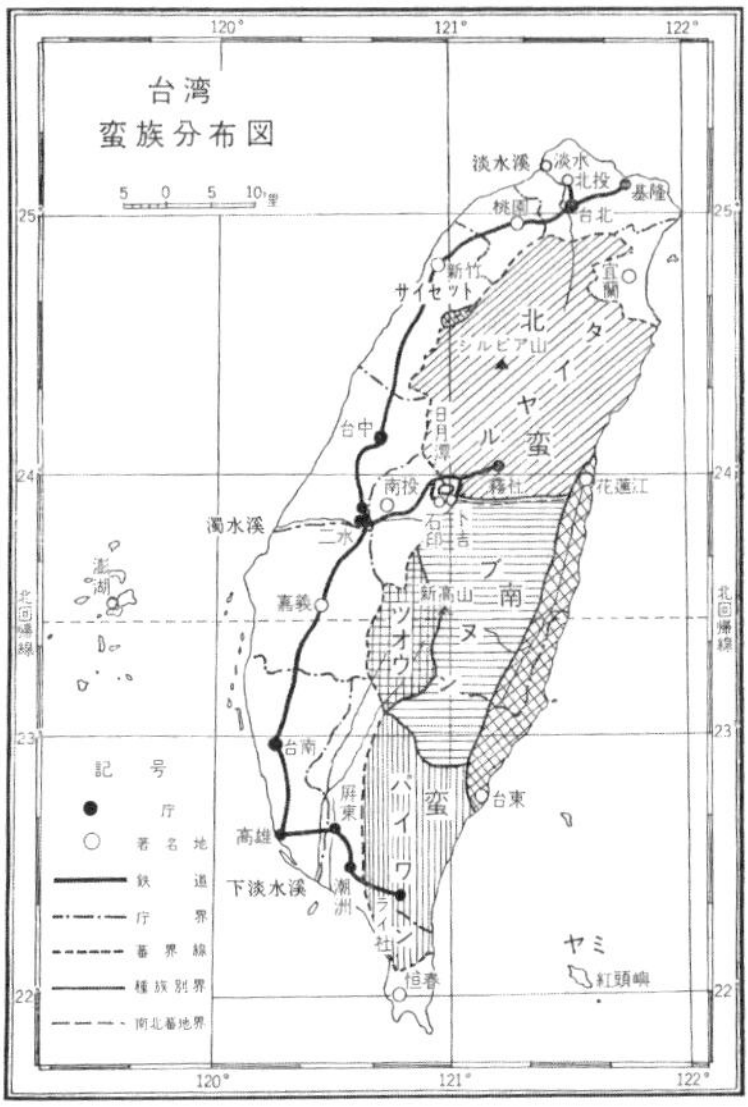

田辺による地図

田辺が目的地までの道のりの「冒険」を描いて撮った写真
(田辺 1968: 図版頁)

「写声蓄音器」(『南洋・台湾・樺太諸民族の音楽』、東芝EMI)田辺が大正時代に使用したものと考えられる。

「日の本ホン写音器」(『南洋・台湾・樺太諸民族の音楽』、東芝EMI)。

田辺尚雄は『続自叙伝』で、台湾・沖縄・樺太に「普通の手さげポータブルを改造して、そのサウンドボックスに録音針を付けた簡易なもの」(田辺 1982: 283-284)を持っていったと述べ、それを「写声蓄音器」と呼んでいたという。いっぽう田辺秀雄氏は、尚雄は1936年に南洋へ行ったときに「日の本ホン写音器」を持っていったと述べており、実際パラオで撮影された吹込みの写真にはこの「日の本ホン写音器」が映っている。また尚雄は「写声蓄音器」を「私の友人の工藤豊三郎君(簡易な手廻し蓄音器を発明して特許を得た技術者)の設計で製作したもの」と述べ、秀雄氏は「発明者は沢柳猛雄氏」と述べるなど、食い違いが見られる。

えている。そのいっぽうで、音律を計る振動数測定器械を持参していないことからは、今回は音律の概念を有した「外来の雅楽」の起源探求ではないということが理解できる。

一九二二年三月二十八日、田辺は東京を出発し神戸から出航、門司経由で四月一日に基隆に到着し、出迎えの記者からインタビューを受けている。ここから田辺は驚くほどのエネルギーをもって移動をする。詳しい経路について、田辺自身によって描かれた当時の地図の上で是非たどってほしい。翌二日の午後に台北へ到着すると「音楽の文化的使命」という講演をして、その翌日には台湾中部の二水へ列車で向かい、そこから山道をトロッコですすみ、霧社パーラン社のタイヤル族の音楽を録音、写真を撮影している。山を降りて、日月潭《にちげったん》の石印に住むサオ族の音楽を録音する。四月八日には列車で台南へ向かい、高尾経由で潮州に到着、そこから人力車で草原を走り、熱帯のライ社へ到着し、パイワン族の踊りの音楽を録音、写真を撮影する（田辺 1968: 174–238）。十一日には列車で高尾から台南へ着き、孔子廟の古楽器を見てその保存状態に失望している。十三日には台北へ戻り、その三日後には中国の厦門《アモイ》へ渡る。再び台北を経由して帰路につき、二十六日にひと月ぶりに東京に戻った。

田辺は帰国後の啓明会での報告講演会で、出発前に目的として述べたようなことを繰り返しながら、それを次のように発展させている。

大体私の立場は馬来《マレー》人と日本民族の音楽的の関係を調べる為めに参ったのが、此生蕃の音楽を調べる目的でありました。此生蕃人と云ふものは総てが同じ馬来人でないにしました所で、大体に於て南方の民族であると言ふことは外の研究をされた方々の御意見であります。そこで南方の民族と日本人との間にどう云ふ関係があるかと云ふことを見ますには、生蕃を色々な方面から調べて見ると非常に面白からうと思ひます。［…］生蕃のことを調べて見ますと、日本の上世の歌の歌い方が分るだらうと云ふので生蕃の方に参りました。（田辺 1923a: 5–6）

現在の「生蕃」の音楽を調べることで、過去の「日本の上世の歌の歌い方が分る」といった過去の創出は、当時の西洋の比較音楽学でもしばしば見られた思想である。

そしてこうした目的を叶えるために、この旅行でもっとも田辺を喜ばせた収穫は、「即興の歌」である。それは、シルビヤ山麓のハック族のマシトバオン社の酋長の娘とその友人の男女たちの歌で、謝礼としてガラス玉の首飾りなどをあげたときに歌ってもらったものであるという。講演会では、その時の様子を次のように話している。

其ハック族の娘が遊びに来ました時に、歌はした御礼にガラス玉をやるとすぐに之を誉める歌を歌ふ、又次の人もそれに応えて頻にやつて居る。それを見て古事記当りに書いてある即興的の贈答歌が此の通りだらうと思ひました。主として即興的の歌です。（田辺 1923a: 16–17）

「古事記当りに書いてある即興的の贈答歌」は、講演会の翌月に出版した『第一音楽紀行』（田辺 1923e）や、『島国の唄と踊』（田辺 1927）でも次のように変奏されている。

ツォウ族タッパン社の人々
（左から）口琴、鼻笛、竹笛、弓琴
（『南洋・台湾・沖縄音楽紀行』図版頁）

タイヤル族マレッパ社の人々　「首切笛」
（『南洋・台湾・沖縄音楽紀行』図版頁）

互ひに喜んで、一人が嬉しいといふことを歌に唄ふと、他の人が又歌で答へ、互ひに歌謡を交換して居た。実に古事記を読むの感がある。我国上代の有様は全然此の通りであると感心した。

（田辺 1923e: 43）

彼等は之れを見て喜びの余り、その嬉しい心持ちを直ちに即興的に唄ひ出し、その唄に和して嬉しいといふ表情をして見せる。それを又た他の女が受けて、唄を以て之に答へるといふやうな様子が、恰か［ママ］も古事記や日本書紀の如き古典を読んでゐると恰も同じ様に感ぜられた。

（田辺 1927: 249–250）

こうして台湾の音楽の中に記紀にみられる歌をみつけたことを繰り返し語ることで、田辺はそれを、日本の雅楽のなかの「日本固有の音楽」の起源として位置づけていくのである。同様のことが、同年七月から八月にかけて行われた八重山（沖縄）の音楽調査旅行でも繰り返されるのは、田辺が台湾と八重山の人々の起源を同じであると考えたからである。(46)

中国・隋唐時代の雅楽の返還

一九二三年四月十六日、台湾旅行からちょうど一年後、東京を出発した田辺は、長崎を経由して十九日に上海へ到着した。先に述べたように、田辺の東洋音楽のフィールドワークの最初の動機は中国の古典音楽理論の研究であったから、ここへきてようやくその夢が叶ったというわけである。ただその割に、これまでの外地の音楽調査と比較して、やや行動がコンパクトである感が否めない。四月二十九日に南京へ、五月五日に北京へ、そして一九日には帰路に着くという旅程である。その間、古典音楽に関する調査と書籍購入、雅楽の楽器の調査、写真撮影を行った。だが朝鮮や台湾のときと異なり、観光と劇場に通うツーリストのような日々を送っており、また帰国後に啓明会での調査報告講演会も行われていないのである。その理由は、中国は政治的に「保護」しなければならない対象ではないことにもあろうが、それにも増して中国では田辺の個人的な雅楽の起源探しへの情熱が完全に欠落していたことにあると考えられる。彼自身がその目的を述べているところには次のようにある。

決して支那の土地に於てその古代音楽を拾ひ集めようとしたのではない。此事は全く不可能なことで、徒労に属するものであることはよく承知して居る。支那に於てはその古代音楽は既に絶滅して居るのである。［…］却って隋唐時代の音楽は小規模ながら日本や朝鮮に伝来して今日まで保存されて居る。それ故単にその性質を研究するのならば日本に居てやつた方が支那に行くよりもよく出来るのである。

（田辺 1923d: 26–27）

続くところで田辺は、それにもかかわらず中国へ来た理由を、まず研究者との人脈づくりを期待していると述べてから、次のように説明している。

私が今迄に研究した支那古代音楽に関する学説を、支那人の知識階級の人に発表して彼等をして此方面の研究に興味を持たしめ、従つて再び支那に隋唐代音楽の復活を試みて見たい

（田辺 1923d: 27）

こうした考えは朝鮮で行った講演が好評を得たことから思いついたのであろう。そして実際、田辺は上海専科師範学校と北京大学において日本語で通訳付きで講演会を行い、これらの目的が達成されるのである。田辺の中国での音楽調査は、むしろこの講演のほうが興味深い現代的な問題を含んでいる。

四月二十三日に上海専科師範学校で二時間に渡って行われた講演には、学生を主として約百名が聴衆として参加した。田辺は自分の著作がこの学校で中国語訳されて教科書として用いられている

ため、その原著者として学生に歓迎されたと述べている。講演の内容は『京津日日新聞』に、二日後の二十五日から「支那の音楽」というタイトルで連載されている。その連載第二回目には次のようにある。

私が今回貴国に参りましたのは私の支那音楽に対する研究を報告し、貴国の学者も亦研究せられんことを希望する為であります。且つ蓄音機を携えてきましたが之れは日本宮内省で奏する隋唐時代の楽曲であります、諸君が之をお聴きになれば必ず法を設けて古楽の復興を想はれるでせう。而して之は従前支那より日本に伝り今日本より支那に還へすものであります。

（田辺 1923b）

こう述べたのち、携えてきた『平安朝音楽レコード』のうちの「隋唐時代の楽曲」のレコードを、朝鮮旅行の時と同じく聴衆に聞かせている。そしてこれらのレコードは「彼らをしてたちまちに驚嘆落涙せしめた」（田辺 1970: 256）と報告するのである。

ところで田辺はこの上海の講演では、最後を次のような内容で閉じている。

最も困難なのは日本宮内省の役人が之を外国人に聴かすことを好まず私の此学を責むることでありました。嘗て一米国人の研究家がありましたが宮内省は無論許可いたしませんでした。其後其人は一公爵と知己になり始めて聴くことを得たことですが私は之が為嘗つて宮内省の役人に対し次ぎの如く説きました。日本の奏楽は二つに分けることができる。一は平常のもので一は祭祀のものである。祭祀のものは言ふまでもなく神聖であるから蓄音器に収めることは出来ないが、平常のものは支那のものであり且つ祭祀のものでないから外国人に聴かしても構はぬと。宮内省の役人は私の此話に同情せず却て私に辞職させやうといたしました。併し辞職問題は小さいことでした。楽の保存は大きい問題です。（田辺 1923b）

ここで語られているのが、朝鮮李王職の雅楽調査報告での田辺の言がもたらした一連の騒動の繰り返しであることは明らかである。そして後日談として、これによって宮内省が雅楽練習所の講師であった田辺を解雇したとあるのが目を引く。実際に田辺はこの中国行の二か月前である一九二三年三月に雅楽所の講師を解任されているが、その理由については、田辺の自伝では、宮内省楽部長に就任した武井守成《もりしげ》（一八九〇〜一九四九）によく思われていなかったと述べられているだけであった。解雇の理由の真偽はともかく、こうした話が中国に来てまで語られていることは、一九二一年の朝鮮の雅楽調査によって引き起こされた、日本の雅楽を「俗楽」とするか否かという議論が、その後の田辺の雅楽についての解釈に、さまざまな形で影響を与えたことが理解できるだろう。

北京大学での講演会は五月十四日の夕方から行われた。その数日前が国恥記念日であったことから、北京には「二十一か条撤廃」「旅順大連回収」を叫ぶ声とともに反日感情が立ち込めていたという。田辺は、このような状況が「わが居留民をして不安の思いを抱かしめつつある際であったから、私はこの講演を機会に、いくぶんなりともこの悪感情を除去せしめんと考えた」（田辺 1970:

317）として、講演の冒頭を次のように始めた。

諸君は今日わが日本に向って旅順、大連を返せと叫んでおられる。その要求は貴国民としてまことにもっともである。かならずや遠からず旅順、大連は諸君の手に還る時機の来ることを信じている。しかし私は政治家でも外交官でも軍人でもないから、それがいつ実現されるかは知らない。しかし今日私は貴国に向って旅順、大連よりもモット重大なあるものを返還すべく、日本からわざわざ来たのである。これは諸君から要求されて余儀なく来たのではなく、私が自費をもって自発的に来たのである。[47]

（田辺 1970: 317）

こう前置きをした田辺は、中国の知識人と学生とで場内満員の六千人の聴衆の前で、ふたたび『蘭陵王入陣曲』『越殿楽』『五常楽』『胡飲酒』といった唐楽のレコード聞かせながら、夜の十時半まで講演を行った。その成果について彼自身は、「この長広告は意外に大なる感動を与え、翌日からは旅順、大連を返せというプラカードや旗は、北京ではほとんど消えてしまった」（田辺 1970: 318）こと、そして後日北京大学に「国楽研究会」が作られて、田辺を名誉顧問として研究が始められたことを挙げている。こうして、冒頭に挙げた田辺の中国音楽フィールドワークの目的は、見事に達せられたのである。

第八圖

九〇

の歌謡のになる。例へば我々が生蕃の山中に入つて蕃人を訪問した時に彼等は我々を見て「汝は何處から來たのか。見馴れない奇妙な風をして、此處へ何をしに來たのか。」といふようなことを直ちに歌つて問ふ。漸く來意が判ると「遠い所からよく訪ねて呉れて喜ばしい」といふようなことを又歌ふ。第八圖に示した旋律は臺灣中部のト吉の蕃人が、他郷から訪ねて來て呉れた異人に對し「よく遊びに來て呉れて嬉しい」といふことを述べた歡迎の歌である。

第九圖

又た第九圖は同じくト吉の蕃人が「鳥の聲を聞くに、何となく惡い前兆を暗示するものであるから、外出をするな」と戒しめる歌である。

又た日本武尊が東夷を征伐された時に常陸國を經て甲斐國の酒折宮に宿り給ふ時侍者に

「新治筑波を過ぎて
幾夜か寢つる。」

と歌を以て問はせられた所、侍者は之に答へられなかつたので、燭を乗る翁が直ちに之に答へて

九一

サオ族の歌の五線譜（田辺 1926b: 90–91）

『日本音楽の研究』

田辺が「外地」でのフィールドワークを通して構築しようと試みた知の全体像は、一九二六年二月に出版された『日本音楽の研究』（田辺 1926b）において実を結ぶ。その序文には、「東洋音楽の比較研究に基き、日本音楽史の上に革命的の解釈を与へたものである。」とある。繰り返すが、この記述からもこの書のタイトルからも明らかなように、これらの仕事は東洋音楽の研究ではなく、あくまでも日本音楽の起源の研究なのである。ゆえに「日本民族の原始的音楽」という章では、雅楽のうち古代の神楽・久米歌などの「日本固有の音楽」の起源を語るために、「アイヌや生蕃人の歌謡を研究して見れば判る」と述べられるのだ。田辺はこの章で、台湾で採取したサオ族の歌を五線譜化したものを載せて、次のような解説をしている。

終りに一言注意して置きたいことがある。それは今日に於て我邦上古の歌謡は其の文句の外は悉く亡佚して

しまつて音楽的旋律を知る由もないが、然し台湾の生蕃人（それは一部は我が天孫人種の支流である）の歌謡などを見ると、其の面影を察することができる。前に第八図及び第九図に掲げた歌謡の旋律を見るに、それが和絃的の雄大なる旋律であることに一驚を喫する。恐らく神武天皇前後の歌謡も之れと相似て、頗る雄大なる和絃的の旋律であつたことゝ察せられる。

（田辺 1926b: 95）

ここで興味深いのは、生蕃人を日本の古代歌謡に結びつける視点だけではなく、台湾音楽調査の時点ではみられなかった、「和絃的」という価値判断を加えていることである。つまり田辺はここで、台湾の民謡には日本音楽の起源としての価値があるだけでなく、和声という西洋音楽の音楽学的な価値があると付け加えているのである。(48) 台湾音楽調査の半年後に行われた八重山音楽調査で同じことが言われているから、これは八重山で思いつかれたアイディアを転用したのかもしれない。あるいは、これらを「天孫人種」の音楽として日本音楽の起源として位置づけるには、和声の存在が必要だと考えたのであろうか。

いっぽう、雅楽のうちの「外来の音楽」の起源については、箜篌の起源をたどり、アッシリアのハープがアレクサンダー大王の東方遠征によって中国へ入ったものとしている。そして、「我邦の宮中に伝へらえて居る所謂雅楽と称するものは実は李王家の宮中の宴楽である。即ち俗楽であつて決して雅楽ではない。」と繰り返し述べ、日本の雅楽が「俗楽」であるということを強調するのを忘れない。その最後には、「東洋史上に於ける雅楽の位置」という小見出しを設けて、日本の雅楽に次のような評価を与えている。

> 実に我が雅楽なるものは、エヂプト、ユダヤ、ギリシア、バビロン、アッシリア、ペルシア、印度、西蔵、ビルマ、シャム、安南、支那、蒙古、朝鮮、日本の各国の古代文化が打つて一丸となつて茲に完成されたものであつて、之れ実に古代に於ける全世界の文明の全体である。
>
> （田辺 1926b: 274）

これは「平安朝音楽レコード」の解説書『雅楽通解』（一九二一年）から全く変わらず繰り返されている雅楽の姿である。しかし、数多くのフィールドワークによる「東洋音楽理論の科学的研究」を経た田辺は、この「古代に於ける全世界の文明」としての雅楽の夢を、小見出しのタイトルのように、東洋史の上に書き換えていこうとしている。この様子は、この書のひと月前に書かれた「日本を中心として見た東洋音楽の変遷について」にも明らかに見ることができる。

> 今日の東洋音楽を見れば、日本、朝鮮、支那、印度、波斯、アラビア等の各国に於て著しく其の様式を異にして居て、其間に大なる差が存在して居る如くに見える。之れを欧羅巴音楽に於ける、仏蘭西、独逸、伊太利等の各国に見ると、彼にあつては其間に楽器及び形式が頗る一致して居るのを見て、欧州に於ては系統的に発達をして居ることは一見して知り得るが、東洋に於ては各国皆別々に孤立して発達した如くに思はれることが多い。然しよく研究をして見ると

決してそうでなく、寧ろ古代に於いて互ひに密接なる関係を持つて発達をなし、其間に統一的な音楽が存在して居たのであつた（田辺 1926a: 47）

『日本音楽の研究』における田辺の「日本音楽史」は、述べてきたようにその始端を「日本民族の原始的音楽」としているわけであるが、いっぽうその終着点のほうはといえば、田辺のいる「明治大正の時代」に設定されている。そしてこの最新の時代の音楽については、「新日本音楽」の存在が語られている。新日本音楽とは、伝統音楽に西洋音楽を融合させようとして始まった運動である。箏奏者の宮城道雄（一八九四～一九五六）と尺八奏者の吉田晴風（一八九一～一九五〇）を中心として、田辺も顧問・作曲者・演奏者（箏・玲琴）・楽器製作者（玲琴）として関わっており、まさにこの時期に起動したものだ[49]。ゆえに、一九一九年の『日本音楽講話』の構造と同じく、『日本音楽の研究』においても、過去の「古代に於ける全世界の文明の全体」である「日本音楽」が、現在の西洋音楽とのフュージョンである「新日本音楽」の前例として考えられているということができるだろう。

第七章　東洋音楽進化論の要としての雅楽

日本音楽史と東洋音楽史の接続

一九三〇年代に入って、初めて田辺は『東洋音楽史』（田辺 1930）と『日本音楽史』（田辺 1932）という、いわゆる「大文字」の通史の体裁の著作を出している。『日本音楽史』のほうは、実際には一九二八年に雄山閣の『日本風俗史講座』のうちに「日本音楽史」として一部分が既刊であった（田辺 1928）。以下で観察したいのは、この『東洋音楽史』と『日本音楽史』が、「姉妹版」として考えられていることの意味である。

田辺がこうした本格的な通史をようやく出版した直接的な理由には、雄山閣が始めた「講座もの」という企画があるだろう。だがもう一つ、田辺の身の回りに起きた出来事からの理由として、彼が一九二九年に「東洋音楽ノ研究」に対して帝国学士院賞を受賞し、それを機に一九三〇年四月から東京帝国大学文学部に設けられた「日本音楽史」の講義を担当したことがあると考えられる。田辺の回顧によると、「日本音楽史」の講義では「東洋音楽」のレコードを多く使用したという（田辺 1978: 77）。ゆえにこの講義は、『東洋音楽史』と『日本音楽史』が姉妹版であることと同じアイディアをもつものと捉えて差し支えないだろう。

『東洋音楽史』の冒頭には、この著作の目的を述べた「進化論的の見方と東洋音楽史存在の意義」と題する章がある。そのなかで田辺は、音楽の進化には自然淘汰と人為淘汰があると、改めて進化論を前提としたうえで、次のように続けている。

> 東洋音楽史の研究は、此の進化論的の見方を許すことによつて成立の意義を持つことになるのである。若し之を認めないで、旧来の如く個々発生説や、神造説を信じて居たのでは、単に日本音楽史、支那音楽史、印度音楽史が存在するのみであつて、東洋音楽史といふものは存在しない。茲に私が東洋音楽史といふ一学問を創作しようとしたことは、東洋に於て音楽進化の原則を認めたからである。
> （田辺 1930、傍点原著）

「東洋音楽史といふものは存在しない」とは、よく明解に言ったものである。言い換えれば、彼は「音楽進化の原則」に基づいて東洋の音楽史を創作することを宣言しているのである。

では、田辺が言うように東洋音楽史の中に日本音楽・中国音楽・インド音楽も含まれるならば、『東洋音楽史』の姉妹版として『日本音楽史』が存在する理由はなんなのであろうか。『東洋音楽史』があってそこに『日本音楽史』が含まれるならば、『日本音楽史』は必要ないのではないだろうか。

ここで『日本音楽史』と『東洋音楽史』を構成の面で比較しておこう。章立てと歴史区分は次の表の通りになる。この表からも、確かに『日本音楽史』は『東洋音楽史』の中に含まれ、歴史区分もほぼ対応しており、日本を東洋の中に対応させつつ位置づけられているのが分かる。

『日本音楽史』	『東洋音楽史』
第一期「太古から凡そ推古天皇頃」	「中亜音楽の拡散」(含「古代日本の音楽」)
第二期「推古天皇頃から…源氏の興起」	「西亜細亜音楽の東流」(含「日本の中世音楽」)
第三期「鎌倉時代から…徳川時代の末」	「回教及び蒙古勃興の影響」(含「我が足利時代の音楽」) 「国民音楽の確立」(含「我が徳川時代の音楽」)
第四期「明治以後大正を経て現在」	「欧州音楽の侵入と東洋音楽の世界化」

田辺自身も、「日本音楽史」と「東洋音楽史」の関係について議論を展開して、『東洋音楽史』においてて「日本音楽史」を扱う理由を次のように述べている。

本講義の中に於て我が日本音楽を取扱ふべき理由は次の二條にある。即ち、
（一）我々は日本人であるから、日本音楽を東洋音楽の中から省き去ることを好まないこと。
（二）東洋各国の古代から近世までの大部分の音楽は皆我日本に輸入され集積されて居て、それ等が他の諸国では殆んど失はれてしまつて居るのに係はらず、我が日本では其の形が幾分か変化はしたものゝ、其の原型を研究するに足るべき材料が我国に存在して居ること。言い換へれば我が日本音楽は、之を委細に研究すると東洋音楽の博物館の如き感があること。

（田辺 1930: 60）

ここには、日本音楽が東洋音楽の一部であるということ、そして日本音楽が失われた東洋音楽の「原型」を有するということ、という二つのありかたが語られている。では、このような考え方のもとに、田辺は具体的にどのように東洋音楽の進化論のなかで「東洋音楽」と「日本音楽」を結びつけていくのだろうか。

「楽制改革」——東洋音楽と日本音楽を繋ぐための装置

東洋音楽の進化史のなかに日本音楽をどのように組み込むか。この問題を考えるとき、田辺が『東洋音楽史』の冒頭で東儀鉄笛の「日本音楽史考」を紹介していること、また鉄笛の「楽制改革」という用語を「日本音楽史」(『日本風俗史講座』)から使い始めることに、大きな意味があることに気づく。

本書の第四章ですでに考察したように、鉄笛は「日本音楽史考」のなかで、「楽制改革」という用語を、奈良時代までに輸入された新羅楽・百済楽・高句麗楽が、平安時代に日本化すること指し示すものとして使用した。そして田辺も『日本音楽講話』において、こうした外来音楽の輸入とその日本化という物語自体は、「楽制改革」という用語を使うことなく、雅楽の発達史として語ってきた。しかし、田辺が雅楽の発達史のために「楽制改革」という用語を用いるのは、ようやくこの『日本音楽史』と『東洋音楽史』からなのである。

田辺がここにきて初めて「楽制改革」という言葉を使った理由は、一九二五年二月に鉄笛が死去したことがまずあろう。だが、他に何より重要だと思われるのは、雄山閣の『日本音楽史』と『東洋音楽史』が編纂されて姉妹版としてひとつに融合されるために、強力な接着剤として「楽制改革」という言葉が採用されたことである。

『東洋音楽史』に現れる「楽制改革」に目を向けると、「西亜細亜芸術東流の原因」を述べた箇所には、次のように描かれている。

> 紀元前後頃から以後数世紀に渉つて、西亜細亜の音楽芸術はドシドシ東流し、印度、支那、朝鮮、日本へ大なる影響を与へ、其の芸術を一変せしめたやうに見える。而かも其の東流は緩慢に行はれ、先づ紀元前後から印度に浸入して之に大影響を与へ、続いて西域を通じて支那に入り初め〔ママ〕、〔…〕遂に隋唐代の盛時を現出するに至つた。続いて朝鮮も亦た影響を受けて、遂に高麗朝に至つて、今日の李王家音楽の基礎を作るに至つた。我邦も推古天皇頃から其の音楽が大陸化し始めて来て、奈良朝に至つて東洋音楽の精髄悉く集まつた観があつたが、平安朝に至つて楽制改革が行はれ、今日の雅楽の基礎が出来上つた。
>
> （田辺 1930: 207）

ここには、「西亜細亜」からの音楽の流入、隋唐朝鮮からの音楽の輸入、外来音楽と日本音楽との融合という歴史的な物語がある。その物語が『東洋音楽史』の方法論である自然淘汰と人為淘汰の「進化論的の見方」を成就させていることが分かるだろう。

このように、「楽制改革」という言葉は、あらゆる「東洋音楽」が日本の「雅楽」のうちに流れ込んで独自の文化として開花したという出来事を描くために用いられたのであった。言葉を換えれば、東洋諸国の音楽の混合物である雅楽を、日本の文化的アイデンティティの装置として機能させるためには、「楽制改革」という「呪文」を唱えなければならないのである。そして、もし雅楽というものが存在しなかったならば、「日本音楽史」と「東洋音楽史」をこのように一体化させることは難しかったと思われるのである。

スメル人——世界最古の黄色人種

田辺の『東洋音楽史』の最古の民族には、「スメル人」(「スメル」は「シュメール」の戦前の一般的な表記)が置かれている。『東洋音楽史』以前の田辺の著作に、この「スメル人」の存在はなかった。ところが、突然ここで姿を現すや、以降の他の論考にも頻出するようになるのである。彼が東洋音楽発達史に「スメル人」を必要とした理由はなんなのであろうか。

シュメール文明とは、メソポタミア南部地域に紀元前五〇〇〇年頃より興った世界最古の文明である。一八七七年にフランス隊によって発見されるまでその存在を知られていなかった。日本では、一九〇一年にフランス隊によって発見されたハンムラビ法典に興味を抱いた弁護士の原田敬吾(一八六七〜一九三五)が、一九一七年に「バビロン学会」を設立した。日本で初めての古代オリエント学の研究会であるこの学会の創設の経緯については、佐藤進の「バビロン学会と古代学研究所」(佐藤 1996)、森征一の「弁護士原田敬吾とバビロン学会の設立」(森 1988)、三笠宮崇仁の「日本における古代オリエント文明研究史」（三笠宮 2000）といった興味深い論考がある。原田は、シュメール民族と日本民族に神話など類似する点が多いとする説を学会で発表し、学会誌『バビロン』に一連の論文を掲載している。

その学会に出席した大三島神社の宮司である三島敦雄（一八七八〜？）は、一九二七年に『天孫人種六千年史の研究』という書を出版し、日本文化とシュメール文化の関係を結びつけて次のように述べている。

> 東方日出の大帝国を経営せる崇高無比なるスメラ（天皇）尊を中心とする天孫人種は、世界東西文明の祖人種として、文明創設紀元六千年を有する所謂世界の黄金人種たるスメル系民族である。（三島 1927: 1）

さらに三島は、この「スメラ（天皇）」という用語について、次のような言語学的な説も展開している。

> 我が国に於て天皇をスメラ、スメラギと申すスメラは、スメルと同語、且つスメル国と皇国《スメ》と一致して神国の義であり、天皇を明津神《アキツ》と申すは、スメル語の火神アグ（Ak）ツ神の義で、日神ウツ（Ut）の御子たる火神アグの権化として、この国土に天降り給ふたのである。天皇をスメラギと申すは、スメル（Sumer）、アグ（Ak）の複称で、ミコト（尊、命）、ミカド（天皇、

帝）は、セミチック・バビロニアンのミグト（Migut）天降る者の義で神といふ言葉である。

（三島 1927: 7）

「スメラ」＝「すめらみこと」だけではなく、「秋津神（安芸津神）」「スメラギ」「ミコト」「ミカド」にも繋がりがあるというのである。三島の『天孫人種六千年史の研究』は私家版であったにもかかわらず、「スメラ」説はその後人口に膾炙することになる。

このような作品は、現在しばしば「疑似科学」「偽書」「トンデモ」と言われる部類に入れられる。だがこうしたレッテルを貼る作業は、私たちがいま信じている科学観が「正しい」という前提に立っているがゆえのものであり、このような説がなぜ当時の人々を惹きつけたかという分析を欠いている。『日本の偽書』の著者である藤原明は、このような説を糾弾するのではなく思想史の上に位置づける必要を説いている（藤原 2004: 24）。

こうした視点から田辺の用語を考察するための手がかりとして、ここでは『東洋音楽史』における「スメル人」の姿を整理しておこう。『東洋音楽史』の「東洋音楽の源泉」という章には、田辺の古代人についての概観が次のように述べられている。

東洋音楽に附て最も古い或る種の記録又は遺跡を持つて居るものは大体に於て三個所ある。一つは西方のメソポタミア地方で、其所には最も古くスメル人があり、続てアッシリア、バビロン等のセム人があり、又後には波斯《ペルシャ》人があつた。それと最も深く関係して居るのはアフリカの

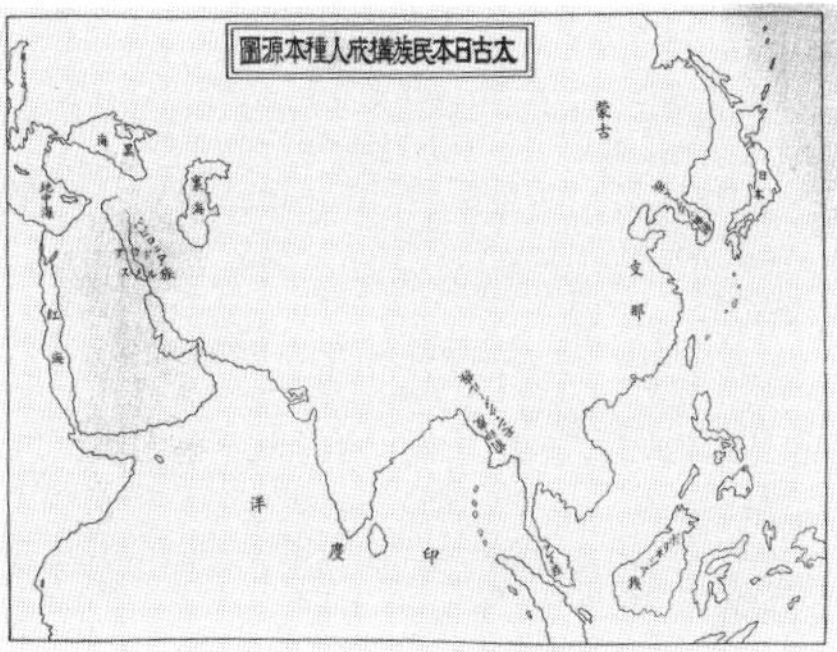

『天孫人種六千年史の研究』（三島 1927）

「太古日本民族構成人種本源図」

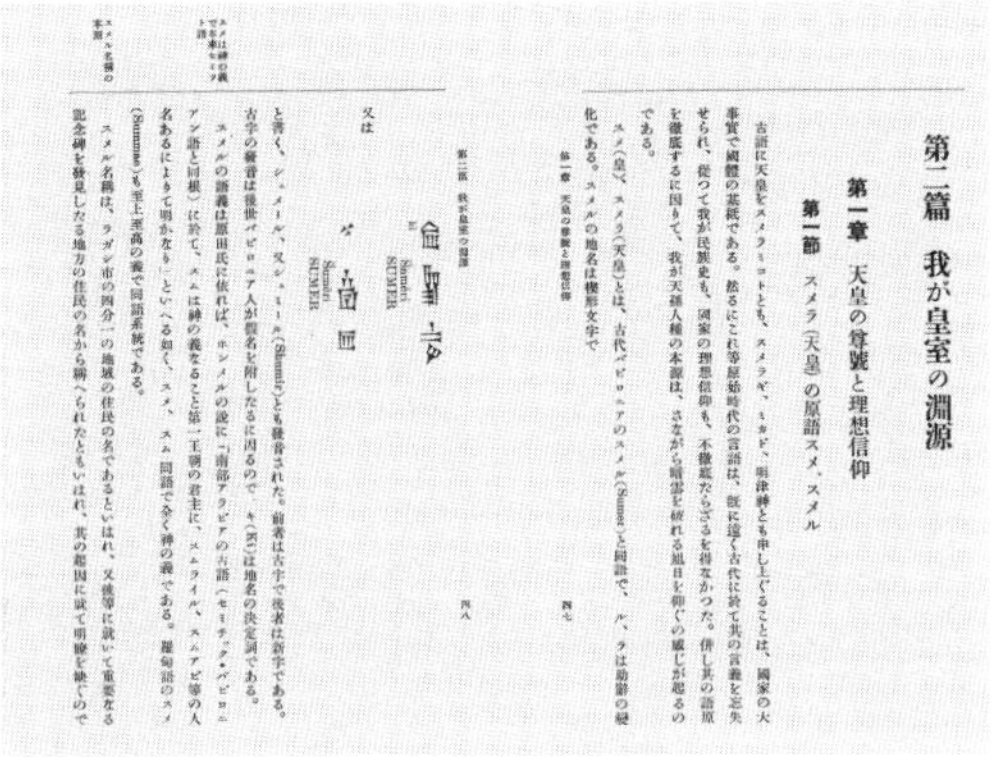

第二篇　我が皇室の淵源

第一章　天皇の尊號と理想信仰

第一節　スメラ（天皇）の原語スメ、スメル

古語に天皇をスメラミコトとも、スメラギ、ミカド、明津神とも申し上ぐることは、國家の大事實で國體の基柢である。然るにこれ等原始時代の言語は、既に遠く古代に於て其の言義を忘失せられ、從つて我が民族史も、國家の理想信仰も、不徹底たらざるを得なかつた。併し其の語原を徹底するに因りて、我が天孫人種の本源は、さながら暗雲を破れる旭日を仰ぐの感じが起るのである。

スメ（皇）、スメラ（天皇）とは、古代バビロニアのスメル（Sumer）と同語で、ル、ラは助辭の變化である。スメルの地名は楔形文字で

第一章　天皇の尊號と理想信仰　四七

第二篇　我が皇室の淵源　四八

Ki Sumèri SUMER

又は

Sumèri SUMER

と書く、シュメール、又シュミール（Shumir）とも發音された。前者は古字で後者は新字である。古字の發音は後世バビロニア人が假名を附したるに因るので、キ（Ki）は地名の決定詞である。

スメルの語義は原田氏に依れば、ホンメルの說に「南部アラビアの古語（セミチック・バビロニアン語と同根）に於て、スムは神の義なること第一王朝の君主に、スムライル、スムアビ等の人名あるによりて明かなり」といへる如く、スメ、スム同語で全く神の義である。羅甸語のスメ（Summus）も至上至高の義で同語系統である。

スメル名稱は、ラガシ市の四分一の地域の住民の名であるといはれ、又彼等に就いて重要なる記念碑を發見したる地方の住民の名から稱へられたともいはれ、其の起因に就て明瞭を缺ぐので

スメは神の義で本來セミツト語

スメル名稱の本源

「スメラ」の原語
とその楔形文字

第十四圖

Abb. 182. Pauke und Paukenschläger.
(Rev. d'Assyr. IX, Pl II.)

「アッシリアの巫女の神楽と楽器」

埃及《エジプト》人及び、欧州の希臘《ギリシャ》人である。それから第二は亜細亜南部の印度であつて、古くはドラヴィヂア人があり、後にアリアン人が之に代つて偉大なる音楽文化を提出した。第三は亜細亜東部の支那であつて、之れ又た極めて古くから黄河並びに揚子江流域に驚くべき進んだ文化を作つて居て、其中に多くの音楽の材料を発見するのである。

（田辺 1930: 61–62）

次にこれらの三つをさらに過去へ遡り、人類の発生とその移動について次のように語る。地球に発生した人類は、「黒人種」、「黄人種」、「白人種」に分かれて移動を始めた。アジアについて言えば、黄人種と白人種が中央アジアにおり、白色人種の一部はセム族となって古代アッシリア人・バビロニア人・カルデア人などとなり、そこから後に欧州へ行った者はギリシャ人となった。黄色人種の一部は中国へ入って「漢人」となり、一部は西のメソポタミア平原に入って「スメル人」となり「スメル文化」を作り、また一部は、蒙古・朝鮮・日本へ移動した。

セム人がメソポタミアに入ったときには、其所に既にスメル人が黄色人種の文化を持つて住んで居た。そこでセム人はスメル人を厭服してメソポタミアの主権を握ると共に其の文化を吸収した。言ひ換ふればセム人の文化は黄色人種の文化を受け継いだものであつて、セム人の間に最も文化の進んで来たカルデア人に於ては、其の文化が支那古代の文化と著しく類似する所のあるのは当然のことである。

（田辺 1930: 66）

やや煩雑であるが、要するに、白色人種のセム人よりも以前に、シュメール文化を開いた黄色人種の「スメル人」がおり、それは起源において日本人と同じであったと物語っているのである。これによって、シュメール文明を受け継ぐアッシリアの首都ニネヴェのハープを弾いた人々と、正倉院の箜篌を弾いた人々との間にひとつの繫がりができたことになる。田辺における「スメル人」は、アッシリアのハープと正倉院の箜篌のあいだのミッシングリンクを埋める役割を果たしているのである。

「楽制改革」と「世界文化の総合融和」

田辺の言説に日本主義に迎合する色合いが濃くなる時期は、意外にもはっきりしている。それは、一九三三年十二月に新潮社から出版された『日本精神講座』の一遍として含まれた、「日本音楽の本質」（田辺 1933）という論考からである。

「日本は世界で最も音楽に恵まれた国」という序ではじまるこの論考は、日本が世界で最も音楽に恵まれた国であるのはなぜなのか、という反論の余地のない問いを立てている。田辺の答えはこうだ。各国の音楽の歴史をみれば、現在の西洋音楽は二百年ほど、現在の中国の音楽は五百年ほどの歴史しかなく、インドの音楽はイスラム教文化の影響を受けてしまっている。それに対して日本では「二千五百年の歴史に於て絶えず出現しつつあつた無数の音楽は、その大部分が保存されて今日に至つてはなほ且つ行はれている」のである。たとえば、「神武天皇の久米歌は今なほ毎年紀元節に於て奏されつゝある」こと、「奈良朝の盛時に東大寺大仏開眼式の時行はれた楽舞は、今日もなほ盛んに行はれてゐる」こと、すでに輸入元の国では滅びた音楽が「悉く我が国に輸入されて保存され、我が国文化と融合して行はれてゐる」ことなどを見ても分かるという。

次に田辺はそこから「日本音楽の三大特質」を引き出す。①世界文化の綜合融和、②音楽と文学及び劇等の芸術の綜合、③神道と儒教と仏教との融合ならびに武士道精神である。彼が特に力を入れて論じるのは、このうちの第一「世界文化の綜合融和」についてである。「我が国民は昔から凡ゆる外国の文化を自由に採り入れてこれを消化し、それを融和総合した結果として、常に極めて高い理想の下に置く」と考える彼が重視するのは、日本化された音楽や楽器は、元の外国にあったときより優秀なものになるということである。

> 嵯峨天皇から仁明天皇の頃に行はれた楽制改革は、遺憾なくこの外国楽舞を消化融合して、我が日本式雅楽となり、優雅典麗なるものと化した。外国に於いては、決してそれ程優雅典麗なものではなかつた。
> （田辺 1933: 222）

ここでの雅楽における「楽制改革」は、もはやこれまでのように「日本化」としての進化論を示すだけのものではない。それ以上に、それは「世界文化の綜合融和」を行い、外国よりも優れたものを生みだす装置として使用されているのである。

この「日本音楽の三大特質」という話題は、文部省教学局『教学叢書』の一冊に収められた「日本音楽の真髄」（田辺 1940a）において、さらに発展する。教学局というのは、一九三七年七月に文部省思想局を廃止して新たに設置した思想統制機関である。田辺はその論考の中の「日本音楽の優秀性」と題した最終章で、音楽史から見た「日本人丈けの持つ特性」として、次のような三条を挙げている。

第一　世界中の如何なる文化でも、悉く之を採り入れ得る能力を持つて居る。
第二　之を我が文化の中に一旦採り入れたものは悉く之を消化してそれを特殊なる日本人のものとしてしまふ所の能力を持つて居る。
第三　斯くして消化されて生じた日本文化は他の国民が及ぶことの出来ない所の高度な霊的なものとする所の力を持つて居る。
（田辺 1940a: 140）

そして、これらの三つの能力をなぜ日本人が持っているのかといえば、それは「元来日本人は太古から各種の民族が統一融合されて世界最優秀の民族となつて居たから」だと結論するのである。このような言説は、「世界中の古代文明人の全体の音楽が一つに融和されたものが我が雅楽であると申してよろしい。」（『雅楽通解』、一九二一年）と言い続けてきた田辺を見てきた私たちには、ある程度の既視感を与える。だがここでは、世界の古代の諸民族の音楽が融和してできたという自らの雅楽観にようやく時代が追いついて来たとばかりに、日本が世界最優秀の民族であると説くための道具として、「日本音楽史」を利用し始めているのである。

「書き改められた日本音楽史」

一九三七年八月から同年十二月にかけて、田辺の「日本に於ける音楽の伝統」という論考が『音楽評論』に連載されている。その最終回には、これは「書き改められた日本音楽史」である、と書かれている。(50) 田辺はいったい日本音楽史をどのように「書き改め」たというのであろうか。「日本に於ける音楽の伝統」の連載の第一回目には、次のような日本音楽史の方法論に関する見解がある。

新研究の第一の仕事は結論である。尤も理論の根拠のない結論は無謀でもあり詐偽でもある。然し理論の完璧は実験の後に来るものであつて、必ずしも理論が完成されて後に初めて実験が生ずるものではない。此の意味で私は常に一種の結論を発表して居た。それは結論といふよりも寧ろ新問題の提出であつたのである。それ故に私は従来此の点に頗る無遠慮で且つ勇敢であつた。従つて私は独断的だといふ非難を可なり受けて居た。然し実際私は独断のつもりではなく、単に新問題の提出のつもりで居たのである。若し無遠慮な独断が一切為されずに居たとしたら、今日我が日本音楽史は如何に幼稚な状態に置かれて居たことであらうか。恐らく殆ど今日の音楽科学の体系は持ち得なかつたことであらう。単に伝説丈けの列記に過ぎない所の日本音楽史を今日の時代に誰れが真面目に勉強するであらうか。

(田辺 1937a: 20)

ここで田辺は「常に一種の結論を発表」することで「独断的だといふ非難」を受けてきた自分を、「頗る無遠慮で且つ勇敢」と自ら評価している。このように自己の歴史観の在り方を振り返るのはこれが初めてのことである。だが、思い返せば、「音楽進化論」（一九一〇年）を書いて日本音楽史の道へ入ろうと志した時に、彼は進化論をとるためには牽強付会であることを恐れてはいけないと言っていたのだ（本書第三章「音楽進化論」）。ゆえにこのように改めて述べるということは、ここへきて雲行きが少し変わったことが推測される。続くところで田辺はそうした仕事のあやうさについて「然しいっぽうから言ふと結論のみの記述は最も危険である」と述べながらも、さらに自分の仕事の在り方を肯定的に評価する。

> さりとて之れを研究論文的に考証して居たのでは一般の読者に非常なる倦怠を来たすであらうし、又た紙数も到底許さぬことである。そこで何《ど》うしても之れは可《か》なり啓蒙的に述べる必要がある。今日の青年は啓蒙的といふことを一般的に好まない。啓蒙的は通俗的と同意義だと考へて居る人が多い。然し啓蒙と通俗的とは根本から異つて居る筈である。［…］啓蒙的なることは決して読者を侮辱して居るものではない。私は従来縷々啓蒙的な説明をやつた為めに一部の人々から通俗的と誤解されたことが多かつた。そんなことは何うでもよいが、今茲に此の問題に就いて一文を草するに当つて最も適切なる簡単明瞭な説明は啓蒙的に依るの外はないと考へた。そこで一切考証研究を避けて単に結論とその啓蒙的説明文丈けに止めて置く。
>
> （田辺 1937a: 21）

ここからは、「非常なる倦怠を来たす」ことを避けるために書いた「啓蒙的な説明」が、「通俗的と誤解された」ことが引き金となって、田辺がこの文章を書いたことが見えてくる。

このような「誤解」を田辺が語ることになったひとつの理由として、東京帝国大学で日本音楽史の講義を受け持ち、そして年齢的にも五十代に入って円熟し、さらに弟子と呼ぶことのできる次世代の研究者たちが彼のもとに集まってきていたということが考えられる。田辺より若い世代にとっては、「日本音楽史」と「東洋音楽史」という土地は、師がすでに開拓してくれていたものであるから啓蒙に尽くす理由はなく、科学的な実証に尽くすだけでよかった。田辺と彼らとのあいだには、そのような時代と世代の差による「誤解」が生じていたのではあるまいか。

一九三六年七月の東洋音楽学会の発足は、そうした若い世代の人々が中心になって実現したものである。学会を立ち上げたのは、田辺の助言によって東京帝国大学文学部東洋史学科で東洋音楽史を専門とした岸辺成雄《しげお》（一九一二〜二〇〇五）と、イスラム史・イスラム音楽史の飯田忠純《ただすみ》（一八九八〜一九三六）である（岸辺 1966）。田辺はその会長に就任したことで、さらに啓蒙家として東洋音楽研究を導く立場を自覚しながら、これまでの自らの研究を振り返ろうとしたように思われる。東洋音楽学会が学会誌を出版する準備として、『月刊楽譜』に間借りをした研究誌『東洋音楽研究』第一輯（一九三六年十月）の巻頭には、田辺の論文「日本楽律論」（田辺 1936b）が掲載されている。これは田辺の若いころの音階研究を基に、日本音楽の音律と音階について実践的・啓蒙的にまとめたものである。また同『月刊楽譜』の別の号の論考「理論上実用上理想的な五線式日本楽譜の提案」（田辺 1936a）では、田辺は「雅楽に於てはその楽曲の調を支持することが極めて重要である。」

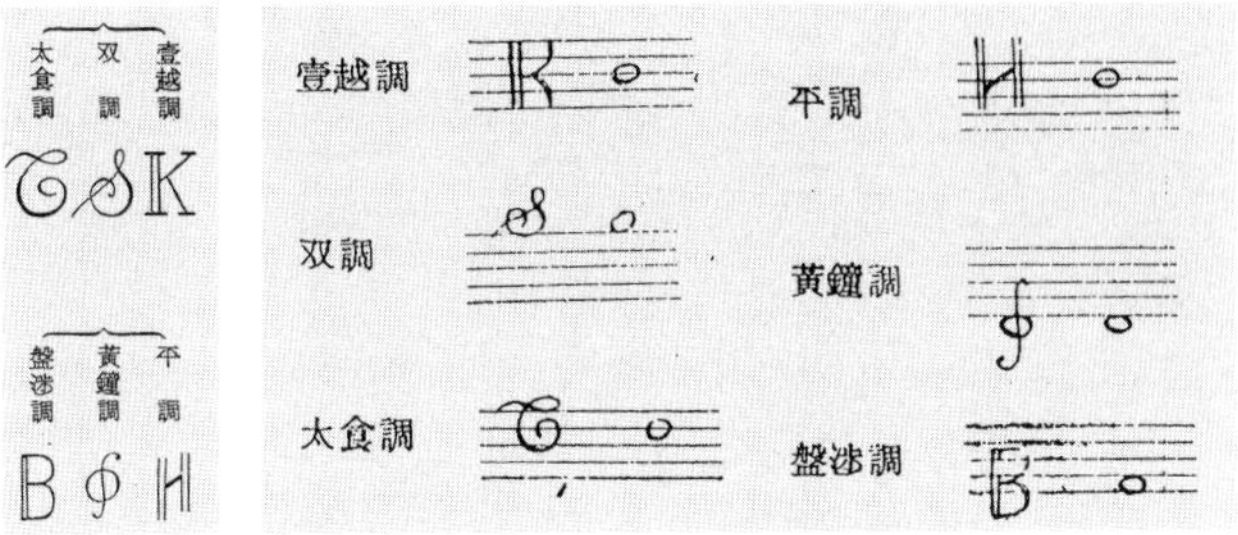

「理論上実用上理想的な五線式日本楽譜の提案」（田辺 1936a）。
（左）西洋の五線譜の𝄞（ト音記号）が、ト音（ソ）のドイツ音名である「G」またはソ sol の頭文字「S」の（あるいはそれらを組み合わせて）デザイン化したものであるように、雅楽の六調子の各名称の頭文字をデザイン化した六つの調号。壱越調《いちこつちょう》はIとKの組み合わせ、平調《ひょうじょう》はH、双調《そうじょう》はS、黄鐘調《おうしきちょう》はOとS、盤鐘調《ばんしきちょう》はB、太食調《たいしきちょう》はT。
（右）ト音記号の中心が五線譜のト音（ソ）に配置されているように、雅楽の六調子の調号をそれぞれ宮音の位置に配置したもの。

と述べて、西洋音楽の五線譜のト音記号などの調号の替わりに、雅楽の六調子をローマ字表記した際の頭文字を使った斬新で啓蒙的な調号を発明している。

一九三七年十一月、ついに創刊にこぎつけた『東洋音楽研究』の第一号には、次のような田辺の宣言を聞くことができる。

> 『光は東方より』といふ諺があるが、西洋近代の燦然たる文化はもと東洋より輸入されたもので、それを長年月に捗って蓄積発展せしめた結果、近代に至って爛漫たる花を開き、豊熟せる果を実らせたものであつた。
> 然るに此の燦然たる西洋近代の文化も、今世紀に入って漸く沈滞し、腐敗するの傾向を示すに至った。[…]
> 茲に於て今や世界は再び東方よりの光を熱望して居る。斯くして最近多くの西洋人は多

大の努力を東洋文化の研究に致して居る。然しながら東洋の研究は東洋人の手によってなされなければならぬ。今や東洋の誉望《よぼう》を担ふ我が日本人は世界に率先して東洋文化の研究に其力を尽さなければならない。

（田辺 1937b: 3）

東洋音楽学会の理事の一人に、東洋史学の開拓者である白鳥庫吉《しらとりくらきち》（一八六五〜一九四二）が名を連ねている。かつて白鳥が「東洋の研究は東洋人が率先して事に当らなければならぬ」といったことについて、姜尚中がその「東洋人」には日本人しか含まれていないと指摘したのと同じく、ここでの田辺も、「東洋の研究は東洋人の手によってなされなければならぬ」と言いながらも、「我が日本人」がそれを行うことを叫んでいる。(51)

このように考えると、まさに「東洋音楽学会」の創立という出来事に象徴されるように、「日本音楽史」は学術的かつ啓蒙的に「東洋音楽史」と一つにされるという意味で「書き改められた」のであった。別の言い方をすれば、「日本音楽史」と「東洋音楽史」を結ぶ要として働いていた「雅楽」は、一九三〇年代後半には「日本民族の優秀性」を証明するために「書き改められた日本音楽史」の核として機能したのである。

第八章　雅楽、「大東亜音楽として万邦斉しく仰ぎ見るもの」

「東洋音楽」から「東亜音楽」へ

ここまで見てきたように、雅楽は「日本音楽」を「東洋音楽」へと結びつける装置として、そして日本音楽が世界で最も優れた音楽であることを証明する装置として機能して来たわけであるが、本章ではこの「雅楽」が、「大東亜音楽」というスローガンのうちに織り込まれて姿を変えていくプロセスを詳しく追っていきたい。

最初に、ここまでの田辺の「東洋音楽」という言葉が含んできた地理的・歴史的な範囲の動きをまとめておこう。一九二〇年以前、田辺が「東洋音楽」という言葉を使ったときには、これは西洋によって作られた東洋のイメージを輸入することから始まったから、「東洋音楽」とは漠然と「非西洋音楽」を意味していた。そして、一九二一年のレコード解説『雅楽通解』で雅楽の理想について語ったときこそ、彼が「東洋音楽」を拡大した時である。それは、「エヂプト、ユダヤ、ギリシア、バビロン、アッシリア、ペルシア、印度、ビルマ、シャム、アンナン、支那、蒙古、満州、朝鮮、日本の各国の古代音楽が打つて一丸となつて茲に完成されたもの」といった最大の時間と空間の広がりを与えられた。この理想の雅楽を「科学」によって裏付けるために、彼は正倉院に収蔵された箜篌を雅楽器の起源として古代アッシリアへとたどったのであった。一九二一年以降、田辺は「東洋音楽理論の科学的研究」として、実際に現地に足を延ばしながら、朝鮮、台湾、沖縄、中国、樺太といった「外地」を、想像上の雅楽の領土を現実の日本の領土で塗り替えていった。続く一九三〇年代には、フィールドワークの結実としての「東洋音楽」の歴史の起源に、雅楽を媒体として古代アッシリア文明を置くことで、世界の古代文明をことごとく「東洋音楽」に含ませた。そして一九三〇年代後半、こうした雅楽を核とする「日本音楽」は「東洋音楽」を代表する優れたものであると書き改められた。以上がおおよそここまでに観察して来た田辺の「東洋音楽」と「雅楽」の系統である。

さて、一九三〇年代後半から、この「東洋音楽」の傍らに少しずつ姿を現してくる用語が、「東亜音楽」である。この二つの用語の差異については、田辺自身が「東亜民族文化協会」(「日満両国の共栄に貢献すること」を目的とする団体)の主宰で行った講演「東洋音楽の長所」の中で、次のように論じている。

東洋音楽といふのは日本で申して居る名前でありまして、即ち広く申しますと、東亜の音楽——日本ではそのことを東洋と申して居りますので、普通の日本の名前に従って東洋音楽といふ題を書いたのであります。支那へ参りますと東洋音楽といふと、日本の音楽だけのことを指すことになつて居ります。ですから将来は改めて東亜音楽としておいて構ひません。東洋音楽といふのは、大体に於いて亜細亜の東南、即ち東は日本から始まりまして、満州、支那、印度辺りまでの音楽をすつかりひつくるめてそうして、今東亜音楽と申して居ります。然しもう少し範囲を広めて亜細亜全体といふ風にこれを広めても差し支へないのであります。然し、亜細亜の西の方のペルシャであるとか、アラビアなどは大分音楽の様子が変つて来ますから、今大体に於いて日本から印度辺りまでのその間をひつくるめてさうしてこれに就いて話をして見たいと思ひます。

（田辺 1935b: 33）

田辺が極めて「東洋」と「東亜」の使い分けに意識的であったことが分かるだろう。

この一九三五年の時点で彼が語っている「東洋音楽」には、一九三〇年の『東洋音楽史』（雄山閣）から二つの変更が行われている。ひとつは、「東洋音楽」は中国では「日本音楽」を意味するので、将来的に「東亜音楽」と呼びたいとしていることである。もうひとつは、「東洋音楽」の範囲を、「亜細亜の東南、即ち東は日本から始まりまして、満州、支那、印度辺り」と定めたうえで、「亜細亜の西の方のペルシャであるとか、アラビアなど」を除外するとしていることである。つまり田辺の「東洋音楽」の領土は、西アジアを除いた東アジアである「東亜」へと、領土を縮小したということができる。

さらに田辺が意識的に「東洋」と「東亜」の言葉の定義をしていることが分かるのが、一九三九年六月十六日から二十五日にかけて、国立科学博物館で開催された「東亜音楽文化展覧会」である。田辺は長年にわたって音楽博物館を作ることを夢見てきたが、ついにそのための「準備工作」として実現したのが、この「東亜楽器」の展覧会であった。一九三九年の「音楽博物館建設運動と東亜音楽文化展覧会」(『博物館研究』)と題する論考のなかで、田辺は音楽博物館の使命について次のように述べている。

今茲に栄ある皇紀二千六百年を迎へ、刻下我が日本の東亜に於ける文化的使命の日に日に重大を加へつゝある秋に当り、文化日本の名に於て我が国の音楽文化資料の完備せる蒐集は固より、東亜音楽を中心とせる音楽博物館の建設を期するは極めて緊急時である。(田辺 1939: 2)

こうした論調には、「東亜」という言葉がそれまでの「東洋」の意味を変更するための運動として使用されているように感じられる。

同じ号に掲載されている、この展覧会をともに作った東洋音楽学会の会員で東京帝国大学文学部東洋史学科出身の瀧遼一《たきりょういち》(一九〇四〜一九八三)の論考「東洋楽器の特色」(瀧 1939: 5-6)では、「東洋」が一貫して用いられている。これはこの論考がイランの楽器などについても触れているためであろう。田辺と瀧の論考が掲載された『博物館研究』の裏表紙には、英語表記の目次も付けられているが、田辺の「音楽博物館建設運動と東亜音楽文化展覧会」は Cultural Exhibition of East Asia Music と(下半分だけが)訳されており、瀧の「東洋楽器の特色」は Special Features of Oriental Musical Instruments と訳されている。このことからは、東亜が East Asia であり東洋 Orient であることは彼らにも十分に理解されており、「東亜」と「東洋」はお互いに補完するものとして共存していたと考えられる。

田辺の「東洋音楽」が「東亜音楽」へと向けて揺らぎながら、次の「大東亜音楽」に先んじて存在していたことは押さえて置く必要がある。「大東亜共栄圏」と同じく「大東亜音楽」もまた幻想に過ぎないのは言うまでもないが、それを支える基礎としてすでに「東洋音楽」と「東亜音楽」という用語の歴史は存在したのである。

「東亜共栄圏」の音楽

第二次近衛内閣が「大東亜新秩序の建設」の声明を発表したのは一九四〇年七月二六日、翌八月一日には、松岡洋右外相が「日満支をその一環とする大東亜共栄圏の確立」を目指すと明言した。ナチス・ドイツの「生存圏」の影響のもとに生まれた「大東亜共栄圏」の地理的な範囲は、「独伊との交渉に於て皇国の大東亜新秩序建設の為の生存圏として考慮すべき範囲は日満支を根幹とし旧独領委任統治諸島、仏領印度支那及同太平洋島嶼、秦国、英領馬来、英領ボルネオ、蘭領東印度、ビルマ並に印度とす但し交渉上我方が提示する南洋地域はビルマ以東蘭印、ニューカレドニヤ以上とす。尚印度は之を一応ソ連の生存圏内に置くを認むることあるべし」(「日独伊枢軸強化に関する四相会議」)(服部 1979: 24) とされた。

田辺の一九四一年三月の論考「音楽より見たる東亜共栄圏」は、こうした時代の動きを即座に反映したものである。

今日東亜共栄圏に必要なものは共通に結び付く魂の力である。その最大なる力は此の共通な東洋精神に古くから育まれて居た徳の音楽であると思ふ。［…］今日の東亜各国を見るに、日本は日本、支那は支那、印度は印度、南洋は南洋と、皆それ〻別種の民族音楽を持つて居る。之れは東亜各国が近世に於て殆ど鎖国的に孤立して別々の文化を作つたからであつて、茲に近世になつて東亜が欧洲から大なる圧迫を蒙るに至つた一原因がある。之を中世以前に遡つて見ると、之等の東亜諸国は実に大なる一体をなした精神文化を持つて居り、言い換へれば世界最大の一つの文化団体であつた。而かもその一大音楽文化の根底は道と徳とにあつた。［…］今後の東亜共栄圏の音楽は此の正しい道にその精神を引き戻さなくてはならぬ。

（田辺 1941a: 50, 1941d: 91–92）

「魂」や「精神」で結びついたこの「東亜共栄圏の音楽」は、それまでの田辺の「東亜音楽」とやや趣を変えていることに気づく。アラビアやペルシャは先立って削られたままであるが、新たに日本の領土であった「南洋」が加えられているのが目を引く。それを加えたうえで、田辺の理想の雅楽としての「東洋音楽」と同じように、中世以前には「世界最大の一つの文化団体」であったという理念で包み直しているのだ。

田辺は続くところで雅楽について語っている。この部分は、田辺が一九二三年に北京大学で行った講演について振り返っているところである。田辺はこの講演の目的が「東亜音楽の本来の姿」と「所謂雅楽の本体」を明らかにすることであったと語りなおしており、「東亜音楽」と「雅楽」を同じ意味で使っている。その先で改めて紹介されている講義内容をみてみよう。

支那は中世に於て此の偉大なる徳の音楽たる雅楽を有して居たが、今日はそれを悉く失つてしまつて居る。然し幸ひにして其の大部分が当時日本に傳へられて今日まで保存されて居る。決して此の偉大なる徳の音楽は滅亡して居ない。私は今日此の貴重なる雅楽を無条件で日本から支那の諸君の手に返還するに努力したいと思ふ。［…］但し私は無条件に之を返還すると言つたが、それは何等の物質的報酬や代償を要求しないといふことであつて、精神的には決して無条件ではない。一つの合理的な要求がある。それは斯かる貴重な徳の音楽を、何故に支那は失つて日本のみが之を今日に保存して居るのであるかといふことを考へてもらひたい。それは支那は革命の起る毎に前朝の文物を破壊してしまつたからである。之に反して日本は二千六百年来万世一系の皇室が存するに依つて之が保存されたのである。それ故私は諸君に向つて何等の代償は要求しないが、唯諸君が日本の皇室に対して感謝の誠意を示すならば、私は喜んで凡ゆる方法で之れを諸君の手に返還することを努力するであらう　（田辺 1941a: 51）

雅楽が「二千六百年来万世一系の皇室」によって保存されて来たと強調していることが目に止まる。ここで田辺は、古代の理想の東洋音楽であった雅楽を、「二千六百年来万世一系の皇室」の存在を通して、現在へ送りとどけているのである。

このようにして田辺は、過去の雅楽を現在の雅楽へと近づけながら、「東亜共栄圏の音楽」へと組み込んでいった。「東亜共栄圏の音楽」というのは、雅楽が「東洋音楽」と「東亜音楽」を通り抜けて、「大東亜音楽」へと孵化する直前の中間形態であるように思われる。

「大東亜音楽時代」の「大東亜音楽科学」の夢

田辺が初めて「大東亜音楽」という言葉を用いるのは、一九四一年七月の「大東亜に於ける日本音楽の位置」（『日本音楽』、創刊号）であると思われる。この論考には、「日本音楽史講話の一」というサブタイトルがつけられている。このサブタイトルの意味について、田辺は次のように述べている。

> 今日此の大東亜共栄圏の建設に対しては、我が日本が其の中堅となつて主導して行くことが大切であります。そこで先づ第一に日本を充分よく知り、次に大東亜を知り、次に世界を知らなくてはなりません。斯くして先づ日本を世界第一の立派なものとなし、次に之れを大東亜に及ぼし、次に之れを世界に及ぼすべきであります。此のこと八紘一宇《はっこういちう》と申すのであります。今私は此の立場に立つて我が日本音楽をよく検討して見たいと思ひます。
> （田辺 1941b: 7）

確かに田辺のいう通り、彼は音楽史による「八紘一宇」を目指しているのである。続けて田辺は、一九三二年の『日本音楽史』（雄山閣）で四期に分けていた日本音楽発達史の時代区分を、五期に変更している。これは『日本音楽史』でみられた、第一期：古代から推古天皇、第二期：推古天皇から平安末期、第三期：鎌倉時代から江戸末期、第四期：明治以降、というところまでは同じであるが、そこへ新しく「第五期：大東亜音楽時代」が付け加えられているというものである。もう少し詳しく見ると、第四期の期間を「明治維新から昭和十六年十二月七日までの期間」としており、彼はこれを「第二国際音楽時代」と名付けている。「昭和十六年十二月七日」という詳しい日付けは、むろん真珠湾攻撃の前日である。田辺はこの第五期について、「昭和十六年十二月八日以来現在まで、勿論之れより後も継続して行くのでありまして、私は此期間を大東亜音楽時代と呼びたいと思ひます。」と述べている。そして、この「大東亜音楽時代」に日本人が為すべきことはなにかを検討する。

今日我々日本人は大東亜数億の民を救ひ、茲に至幸至福なる大東亜共栄圏を作り、大東亜文化を建設して相共に精神的に相携へて新しい理想的な世界を作らなければならぬ大使命を持つて居ります。即ち今日の日本音楽は日本人丈けの占有の私有財産ではなく、大東亜民族の公共財産であることが切望されて来ました。（田辺 1941b: 9）

「日本人丈けの占有の私有財産ではなく、大東亜民族の公共財産であること」が、この論考のタイトル「大東亜に於ける日本音楽の位置」への答えになっている。ただしこの時点では、「大東亜音楽」という言葉は時代区分を表わす言葉として使用されており、「大東亜音楽」という音楽の内容について考えようとしているわけではない。

一九四一年九月一日、文部省国民精神文化研究所芸術科に音楽部門が設置されると、田中正平と田辺がともに嘱託研究員として任命され、助手として岸辺成雄と瀧遼一が配属された（国民精神文化研究 1941b: 1070／前田 1982／田辺 1980: 109)。国民精神文化研究所とは、一九三二年八月二十三日、勅令二百三十三号「国民精神文化研究所官制」によって、マルクス主義の取締を目的に設立された文部省の一部局である（前田 1982／宮地 1990)。国民精神文化研究所のいう「国民精神文化」とは、全体主義的国家体制を構成する国民生活を要請するものであった。「創立主旨」にある、「東洋古典文化を復興し西洋文化を統一し以て新しき世界文化の建設に寄与貢献するを得ん。」（国民精神文化研究所 1941a: 2）の一文は、これ以降の田辺の雅楽の概念に反映されていくようになる。実際、田辺の文章に「大東亜音楽」という言葉がしばしば姿を現すようになるのは、この国民精神文化研究所の研究員となってからである。

任命から半年後、田辺は文部省教学局の『教学叢書』の第十二巻として出版した「大東亜と音楽」（一九四二年三月）の中で、国家による「東亜音楽文化研究所」の設立の必要性を主張している。これは国民精神文化研究所芸術科音楽部門の今後の在り方についての構想ととれるものである。田辺の「東亜音楽文化研究所」の具体的な構想を見てみよう。

田辺によれば、この研究所は、学術部と実行部と政治工作部の三つのセクションからなる。学術部はそこに東洋音楽学会を融合させて、「大東亜各民族の音楽の理論と歴史とを研究し、それによつて将来これを打つて一丸となすべき大東亜音楽理論及び大東亜音楽史を打ち立てる」ことを目的とする。次に実行部では、日本音楽と西洋音楽を修得した者が、「東亜音楽学校」において大東亜共栄圏の各民族の音楽・国語・歴史・文化を学んだ後、現地留学をしてから、その地で楽士として「音楽文化工作に従事する」ことを目的とする。これは、「その国民の音楽を実際的に知りもしないで、あたかも征服者のごとき考へでその国民に文化工作をほどこそうなどといふこと」を避けるためである。そして政治工作部では、味方で優れた例であるドイツのみならず、敵国のイギリス・アメリカの音楽政治工作について資料研究・実地研究をする。最終的には、政治工作部と学術部の学者とあわせて「音楽政治工作の大綱」をつくり、これに基づいて実行部の楽士が現地で動くことが「理想的の大東亜音楽文化工作」の成功に繋がる。そして、実際の日本の音楽を用いた「文化工作」とは、次のようなものである。

> ただ一つ今日直ちにかれ等［引用者注：「大東亜共栄圏」の人々のこと］が大東亜文化の指導者であるとして真に尊敬し得るものは雅楽があるのみである。雅楽及び舞楽は元来唐や印度や南洋方面から輸入されて、而も千余年の年月を経て我が国で精錬発達したものであるから、今日そのまま大東亜音楽として万邦斉《ばんぽうひと》しく仰ぎ見るものではあるが、併しこれを優秀なる技術のままで外部へ持ち出すことは容易ならざる困難が伴ふのであつて、国家がこれに対して異常なる努力を与へられるに非ざれば実行不可能であらう。併し一見これが大東亜諸国へ持ち出された暁には、恐らく大東亜音楽の中心はこれによつて統一されるに至るであらうと信じている。
>
> （田辺 1942a: 21–22）

「大東亜音楽として万邦斉しく仰ぎ見るもの」である雅楽が「大東亜諸国へ持ち出された暁には、恐らく大東亜音楽の中心はこれによつて統一される」、という話は、一九二〇年の正倉院収蔵の楽器調査以来の夢を語っているだけではなく、一九二〇年代のフィールドワークの際に朝鮮や韓国で日本の雅楽についての講演をし、『平安朝音楽レコード』を聞かせて、現地の人々が興味を示したという経験に基づいているように考えられる。

雅楽の源流である「唐や印度や南洋」を、現在の「大東亜共栄圏」と重ねて語るこのような視線は、他のところにも見ることができる。次の引用は、同年八月の「共栄圏音楽文化工作」(『東亜文化圏』)からのものである。

支那人は支那の音楽をやつて居ればいい、ジャバ人はジャバの音楽をやつて居ればいいのであるが、それでは矢張りお互いに共通の儀式なりをやる場合に困る。天長節にはヒリッピンもボルネオもセレベスも皆寿ぎまつらねばならない。その時に何をやるか、さういふ時には矢張り私は日本音楽でゆくと思ふ。その日本音楽は今現にやつて居る山田流、生田流箏でもなければ、筑前琵琶、薩摩琵琶でもなければ、琴古流、都山流の尺八でもない。[…]もつと国際的なものが欲しい。そこで私は第一に考へて居るのは雅楽である。

この雅楽といふものは非常に国際的なもので、元来昔唐時代に支那から来たものであるが、安南の林邑の楽も入つて居るし、南洋のものも、印度のものも纏まつて居るのが日本の雅楽である。国際音楽の中心になるものは日本の雅楽だと私は考へて居る。[…]どこへ持つて行つても、どの国の人でも、無条件で頭を下げ、日本を尊敬する、といふ音楽は先づ第一に雅楽である。（田辺 1942b: 123–125）

ここで、雅楽が「日本」と「国際」との両極を振り子のように揺り動かされることで、大東亜共栄圏を導き得る音楽であるように描かれていることが目を引く。この時期の雅楽に対する新しい二つの価値観、すなわち、前節で観察した、日本の「二千六百年来万世一系の皇室」が保存してきたという「雅楽」、そしてここで用いられている「国際的」という言葉で形容される「雅楽」は、敗戦後に雅楽を評価するときに用いられていくものである。言い換えれば、この時点での雅楽の表象が、戦後へ持ち越されていくのである。

田辺が国民精神文化研究所芸術科音楽部門で夢見た「東亜音楽文化研究所」の構想は、そののち実現されることはなかった。ただし、学術部で行われるとされていた「大東亜音楽理論及び大東亜音楽史を打ち立てる」ことについては、一九四三年八月の「大東亜音楽科学の創建」（『音楽之友』）のなかで「大東亜音楽科学」の構想と姿を変えて、次のように語られている。

我々は「大東亜音楽科学」を持つことが今日の指導的立場に最大の緊急事である。音楽科学は科学それ自体ではない。科学に依つて基礎付けられた所の芸術方法論である。然るに従来は音楽科学と言へば西洋音楽の理論丈けしか無かつた。然し西洋の音楽科学は西洋音楽の特殊なる方法論の科学的説明に過ぎない。それは大東亜音楽には当て嵌まらぬ場合が多い（例へばタイ音楽の七等分平均律やジャワの九等分平均律などには西洋の三音和声は絶対に使用出来ない)。

（田辺 1943: 1）

「大東亜音楽科学」の「音楽科学は科学それ自体ではない」、と宣言する田辺は、音楽科学を西洋音楽の手から解放し、「大東亜音楽」の「芸術方法論」にするという新しい見方を提示している。ただし、引用部分の最後の括弧内には、若き日の田辺が日本音楽と西洋音楽を対比させた際と同じように、アジア諸国の音楽が西洋の十二平均律による和声とは異なる音律をもつものであることが主張されている。もっとも、実際の「大東亜音楽」として挙げられているのは、タイ音楽とジャワの音楽だけであり、「大東亜音楽」なるものを定義づけることができない苦心がすでに表れている。このような苦しみにあった田辺の目には、東洋を中心とする古代世界文明の精華として既に完成をみていた「雅楽」は、「大東亜音楽」の象徴としてうってつけのものであると映ったのだろう。

世界音楽の集成としての雅楽——不在による顕在

一九四一年十月、コロムビアレコードより『東亜の音楽』というSPレコード集（十枚組）が発売された。監修者である田辺は、「研究的であり、又た啓蒙的であり、又た同時に国策的である点に於て、他の名盤集と頗る其の趣きを異にしている」（田辺 1941e: 1）と自ら評価している。レコード集に附属する田辺による解説書は、巻頭の十一頁をアジア諸民族の楽器・奏楽・舞踊の写真が飾

SP アルバム『東亜の音楽』(1941年、コロムビア)より解説書(上左)、音盤(上右)、地図(下)。地図にみえる国名は「ソヴィエト連邦」「満洲国」「中華民国」「仏印」「イラン」「イラク」など、田辺の時代の呼称である。これまで「古代に於ける全世界の文明の全体」とされてきた田辺の「雅楽」の地理が、ここでついに現在の地理と重ね合わせられた。

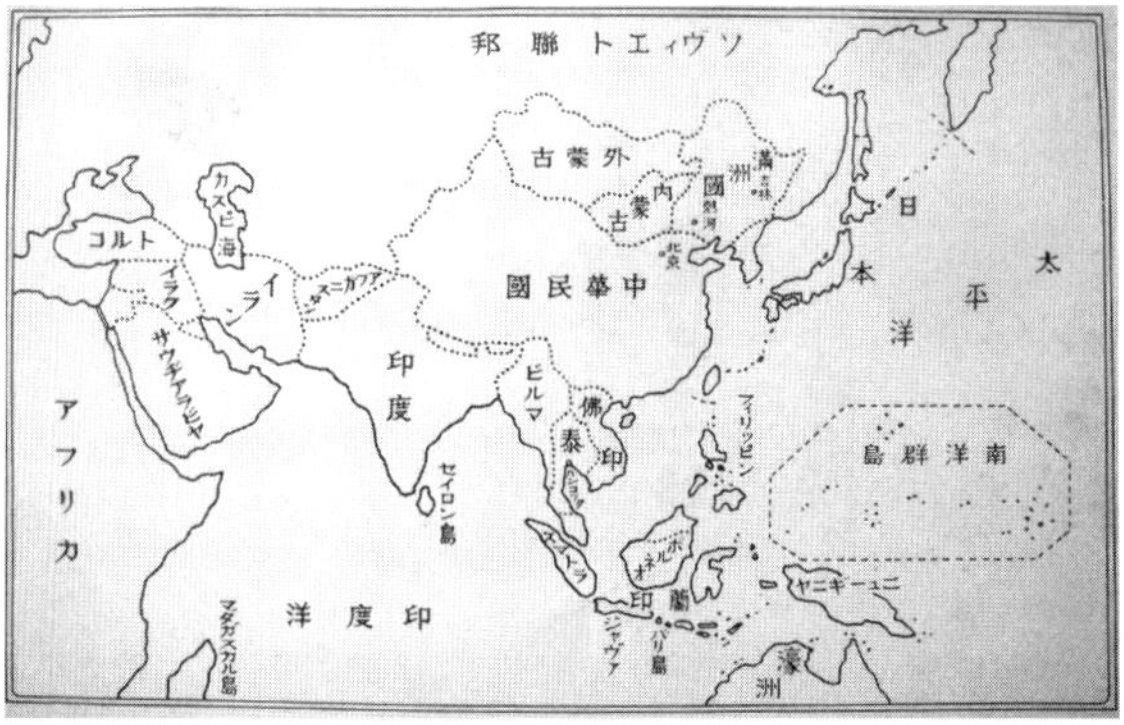

り、続いて七二頁に及ぶ各国の音楽の解説が添えられており、初めての一冊の東洋音楽に関する学術的・啓蒙的な著作であるといえる体のものである。このSPアルバムの企画は、田辺によれば、当初コロムビアに依頼したが拒絶されたため、政府や軍部に話を通したことでコロムビアは制作せざるをえなくなったが、三〇〇部を作ったところ結果的には三千を越える注文が来たという（田辺 1979: 121）。この話を裏づけるように、冒頭には大政翼賛会、陸軍省、海軍省からの推薦文が寄せられている。(52)

田辺がこのSPレコード集『東亜の音楽』を制作するに至った経緯については、彼自身がその解説書に次のように述べている。

今から数年以前に、多年東洋音楽の研究に没頭していた学者数名が相寄つて東洋音楽学会といふ学会を組織するに至つた。［…］そこで此の学会の同人達は、之に関する各種の研究資料の蒐集に苦心したのであるが、幸ひにして其の努力が報ひられ、各種の資料が集まつた中に、夥しい数の東洋音楽レコードがあつた。［…］是非之れを適当に編輯して広く世に提供することの必要を痛感して居たのであつた。

然るに、茲にドイツに於てホルンボステル博士の編輯した『東洋の音楽』全十二枚の名盤集を入手することを得たが、之れは従来世界に唯一存在する東洋音楽レコード集であるにも係らず、之を験するにその大部は単に外国人の異国趣味又は、怪奇趣味《エキゾチック》に過ぎないことを見て実に遺憾に堪えない感を持つた。

（田辺 1941e: 1–2）

田辺が述べているホルンボステル Erich Moritz von Hornbostel（一八七七～一九三五）のSPレコード集『東洋の音楽 *Musik des Orients*』（十二枚組、Berlin, C. Lindström A.G., 一九二八年頃）[53]には、日本の音楽として長唄「浦島」、端唄「梅にも春」、新内「関取千両幟」、民謡「松前追分」の四曲が収録されている。

ホルンボステルのSP『東洋の音楽』第一版（1928年頃）のアルバムジャケット（フランス国立図書館 Gallica）

音盤はオデオン社製（左）とパルロフォン社製（右）のものが混在している

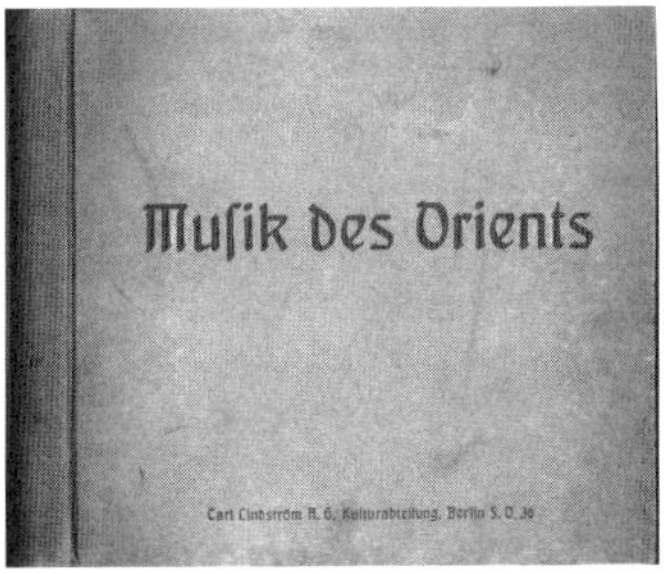

第二版以降は書体が変えられている（ナチスが1934年から1941年までフラクトゥーアを公式書体としたため）

田辺は「外国人の異国趣味又は、怪奇《エキゾチック》趣味に過ぎない」として、ホルンボステルの『東洋の音楽』の存在自体を拒絶したのであるが、具体的に田辺が批判していることを拾っていくと、満洲蒙古の音楽を欠いていること、中国の音楽は「不快極まる非芸術的なものだけ」が選ばれている上に、音楽劇のセリフの箇所ばかりが選ばれて多様性に欠けていること、西洋人好みのバリ島の音楽が他の国の音楽より多く五曲も選ばれていること、重要なインドの器楽が収録されていないこと、「東亜の音楽ではないがアジアの音楽として重要な」アラビアを外しながらもエジプトやチュニジアを「東洋の音楽」に入れていることなどである。田辺はこうしたことを「欧米人の仕事としては無理もない話」として、「何《ど》うしても我々日本人の手に依つて正しく観察した所の東亜音楽名盤集を作り上げなければならないことを痛感した」と述べている。別のところに掲載された論考「東亜の音楽」(『レコード音楽』、一九四一年九月号)でも、「日本に於て東洋音楽を正しく研究して居る所の唯一の東洋音楽学会」による「正しい『東洋音楽』レコード」の必要性を説き、レコード全集『東亜の音楽』を世に出すと語っている(田辺 1941c: 16)。

田辺はこのようにホルンボステルの『東洋の音楽』における選曲を批判するのであるが、実は自らの『東亜の音楽』のなかに、ホルンボステルのアルバムから八曲も借用している。田辺の『東亜の音楽』とホルンボステルの『東洋の音楽』の収録曲を比較したものが次頁表である。『東亜の音楽』の収録曲を解説書の表記にしたがって表の左に示し(楽曲タイトルの左はレコード番号)、右にホルンボステルの『東洋の音楽』の収録曲を記した。また、田辺がホルンボステルの『東洋の音楽』から借用したものと、それに対応するホルンボステルの『東洋の音楽』の収録曲にそれぞれ網

田辺尚雄『東亜の音楽』	ホルンボステル『東洋の音楽』
一、満州	**Japan**
(S6001A) 雅楽「蟠桃会」	1 : Naga-uta "Urashima"
(S6001B) 雅楽「山荘春暁」	2 : Ha-uto "Umenimo Haru"
二、中華民国	3 : Shinnai "Sekitori senryōnobori"
(S6002A) 琴歌「陽関三畳」	4 : Mat-sumae-Oiwake
(S6002B) 管弦合奏「太湖船」	**China**
(S6003A) 劇曲「楊貴妃」	5 : Classical Drama (Kun'oh'ü) "Pi-p'a-chi"
(S6003B) 太鼓詞「玉堂春」	6 : Modern Drama (Hsi-pi) "Tso fang Tsao"
三、蒙古	7 : Modern Drama (Pang-tse) "Nan-tien-men"
(S6004A) 合唱「聖成吉思汗」	**Java**
(S6004B) 古歌「ジャンケンの歌」	8 : Sundanese Song "Udan mas" –Gold Rain
(S6005A) 古歌「牧羊の歌」	9 : Gamelan Slendro "Sekar gadung"
四、ジャヴァ	10: Gamelan Pelog "Kinanti madumurti"
(S6005B) 民謡「黄金の雨」	**Bali**
(S6006A) 雅楽「スカルガドン」	11: Gendèr Wajung "seléndro"
(S6006B) 戯曲「キナンチ・マドムルチ」	12: Gamelan Anklung "Berong pengètjèt"
五、バリ島	13: Gamelan Djogèd "Tjetjing Kereman"
(S6007A) 影絵芝居「スレンドロ」	14: Djangèr "Putih putih saput anduk"
(S6007B) 宗教祭楽「ブロン・プンゲッジェ」	15: Gamelon Gong "Lagu Kebiar"
六、泰国	**Siam**
(S6008A) 歌曲「王姫の美を讃へる歌」	16: Musical Drama "Rama' Legend"
(S6008B) 古戯曲「ラーマヤーナ」	**Lower India**
七、印度	17: Art song from Meerut, Sang "Raga Bhairavī"
(S6009A) 弦楽器ヴィーナ独奏「ターナム」	18: Art song from Jummoo, Sang "Rāga Bilāval"
(S6009B) 管楽器クマーリ独奏「ラガスタラサ」	**Persia**
(S6010A) 宗教歌「バイラービ」	19: Popular Song
八、イラン（旧波斯）	**Egypt**
(S6010B) 波斯民謡	20: Art Song "Maqām Sika"
	21: Bäschrav "Kuzum" Maqām Hijaz
	22: Bäschrav "Kuzum" Maqām Hijaz
	Tunis
	23: Song "Maqām Mezmūm"
	24: Dervish Choir "Maqām ḏil"

掛をほどこした。
これを見ると、田辺が批判していた中国の音楽にはすべて田辺の音源が使われており、満洲蒙古が加えられているほか、ホルンボステルをひどく批判するために論じたバリ島のガムランから二曲を借用していることが分かる。また収録順についてもホルンボステルのものを踏襲している。ただしこの借用を田辺は隠す様子はなく、解説書内に借用した事実について述べている。

『東亜の音楽』が大きな成功を収めたことから、翌一九四二年五月にはビクターから『大東亜音楽集成』が出版された。三十六枚組という大規模なコレクションで、「満州」「蒙古」「支那」「仏印」「タイ」「ビルマ」「マレーシア」「印度」「インドシナ」「南西亜細亜」の音楽が収録されている[54]。今回の監修委員には田辺を筆頭に、岸辺と瀧のほか、民族音楽研究者の枡源次郎（一九〇四〜一九九五）と黒沢隆朝（一八九五〜一九八七）がいる。黒澤は自分のフィールドワークを行った際に録音した音源をこの『大東亜音楽集成』に多く提供している。

アルバムの購入予約をすると、カラー版の世界の各地民族の写真集、各民族の解説書『大東亜圏風俗写真集：附・大東亜音楽の特性』が特典として付いてくる。さらに、各アルバム（三枚組）には一冊ずつ、収録曲に関する学術的な解説をした小冊子も附属している。一九四〇年五月に内閣情報部に設置された「新聞雑誌用紙統制委員会」によって用紙の割り当て・配給統制が行われていた時期にあって、このような豪華な製作ができたことは格別のことであり、『大東亜音楽集成』に特別な配慮が注がれていたことが推測される。

同年七月には、再びコロムビアから、「「東亜の音楽」の絶賛に応えへて贈る第二弾「南方の音

SP アルバム『大東亜音楽集成』(1942年、ビクター）のうち「インド篇」のジャケットと音盤

雑誌広告（『レコード文化』2巻5号、1942年5月裏表紙）

小冊子『大東亜音楽集成』「第1輯　満蒙篇」

解説書『大東亜圏風俗写真集：附・大東亜音楽の特性』

雑誌広告（『音楽公論』２巻６号、1942年６月）

SP アルバム『南方の音楽』（1942年、コロムビア）の解説書

楽」！」と銘打ち、SPレコード集『南方の音楽』（六枚組）が出された。『南方の音楽』は田辺と黒澤と枡による監修で、「タイ」「仏印」「マレーシア」「スマトラ」「バリ島」の音楽が収められている。[55] 同名の解説書はやはり六四頁に及ぶ学術的な内容をもつものであるが、田辺は「総論」のみを書いており、実際の解説部分は黒澤（「泰・安南・ビルマ及マレイの音楽」）と枡（「インドネシアの音楽」）が担当している。田辺は「総論」の冒頭で、次のように述べている。

> 所謂「南方」と呼ぶところの世界の宝庫は確実に我が大東亜共栄圏内に入り、其の一因として其の機能を発揮するに至つた［…］。我々日本帝国臣民は限りなき光栄に感ずると共に、此の所謂「南方」をして此の大使命に対する真価を発揮せしめ、大東亜共栄圏の永久確立を期するのみならず、惹いては世界人類の恒久なる平和幸福を導くべき一大責任を痛感するのである。
>
> （田辺 1942f: 1）

ここで「南方」が「大東亜共栄圏」のうちに捉えられていることは確かであるが、「南方」という言葉がつねに「所謂」を伴い、さらに括弧付きで現れることから、田辺にとって「南方」とはそのとおり括弧付きのものであることが分かる。これは、田辺の長きにわたって温めてきた「東洋音楽」の幻想に、「南方」という概念が入り切らないが、「大東亜音楽」であるためにはそれを無理に入れなくてはならず、軋みが生じているように考えられるのである。

以上の「大東亜音楽」に関する三つのSPレコード全集と、ホルンボステルの『東洋の音楽』との最大の違いはなにか。それは、ホルンボステルのレコード集が日本の音楽を四曲含んでいるのに対して、日本のレコード集が日本の音楽を一切含んでいないということである。これはもちろん意図的に行われたもので、田辺は『東亜の音楽』の解説書でその理由を次のように述べている。

我が日本は地理的に見て東亜の一部であるとも言へる。又た日本音楽は歴史的に見て東亜音楽の一部であるとも言へる。然しその事を表面的に考へてはならぬ。［…］何故かといふに、日本はアジアの中心に位する。［…］従つて太古より今日に至るまで此の凡ての文化交通路は我が日本に集まり、従つてその文化は日本に集まつて集積され、綜合され、消化され、日本人の独創性によつて建設され、斯くして独自なる日本文化が作り上げられたのであつて、今日は欧米の文化も亦た直ちに日本に入つて現代日本の文化を作りつゝある。従つて日本音楽は決して東亜音楽の一系ではなくて、一面に於ては東亜音楽の集大成であり、一面に於ては世界音楽の集成である。

（田辺 1941e: 7–8）

日本音楽が「東亜音楽の集大成であり、一面に於ては世界音楽の集成である」ことが、田辺がレコード全集に日本音楽をいれない理由として述べられているが、これが、かつて『雅楽通解』（一九二一年）で雅楽について用いられた説明であり、それ以降も使い続けられてきた表現であることに気づくだろう。言い方を換えれば、「東亜音楽の集大成であり、一面に於ては世界音楽の集成である」音楽とは、幻想の「雅楽」であり、「雅楽」はその象徴なのだ。

このような田辺の理論から考えると、彼がホルンボステルの『東洋の音楽』を批判した理由は、ホルンボステルが日本音楽をそこに入れたということにあるだろう。もっとも逆にホルンボステルが日本音楽を入れていなかったとしたら、日本音楽を入れなかったという罪で田辺はホルンボステルを糾弾していたかもしれない。要するにここで行われたことは、西洋人によって作られた「東洋」を、日本人が「大東亜」で塗り替える作業なのである。田辺はホルンボステルという同時代の西洋比較音楽学者の見方を自民族中心であると批判しながら、今度はそれを日本中心に組み替えたのである。

雅楽が不在する田辺の「大東亜音楽」のレコード集に、幻の雅楽の音を聴いたのは田辺だけではない。沖慎之という人物によるレコード評「「東亜の音楽」を聴く」には、次のような感想がある。

《東亜の音楽》に依つてこれ等諸国の民族性が、音楽を透してしみじみと感得された［…］。このことは特に、蒙古、印度、ジヤワの音楽に於て特にさうであつた。そしてその国々の音楽がいづれも日本古来の音楽と一脈相通ずるものがあるのは理窟抜きに親しまれるところである。

（沖 1941: 55）

ここでは印度やジャワの音楽が、「日本古来の音楽」を思い起こさせるとして親しまれているのである。他の『東亜の音楽』評では、音楽評論家のＫ（唐端勝）が次のような感想を残している。

これを聴いて見て、何度かわれわれの故郷に帰つたやうな気がしたものである。あの単調極まるリズムにふと心を奪はれてゐるのである。舞楽の還城楽と同じやうなリズムを聴いてうつとりとしたりする。このやうな単調なリズムにうつとりと聞き入ることのできるのは東洋人のしあはせであらうと思ふ。[…]雨垂の様に単調なリズムから宇宙四大に通じ得るのはアジアのわれわれだけに與へられた力であらう。

（K［唐端勝］1942）

具体的に『東亜の音楽』のどの部分から「舞楽の還城楽」を聞き取ったのかは明らかにされていないが、『東亜の音楽』というレコード集から雅楽を思い起こしており、それを「アジアのわれわれ」というアジア諸国の人々も共有しているかのように描いている。

これらの反応をまとめるならば、実際のところ「大東亜音楽」なる具体的に統一された音楽を聞き取ることなど不可能なレコード集に対して、「日本古来の音楽」や「舞楽の還城楽」が代表として置かれているのである。これらのレコード評と同じ号に掲載されている『東亜の音楽』の雑誌広告には、「誰が何と云はうと、血が呼ぶ歌だ」というキャッチコピーがあるが、ここからは作る側も「大東亜音楽」が幻想にすぎないことを十分に理解していたことが見て取れる。すなわち、これらの収録曲に「大東亜音楽」として共通して言えることは何も言えないので、「血」という、今ならばおそらく「DNA」などと置き換えられたであろう言葉に、願いを託すほかなかったのである。

SP アルバム『東亜の音楽』の雑誌広告
(『音楽倶楽部』8 巻 9 号、1941年 9 月)

終章　雅楽の戦後

「明日の祖国へ」

一九四五年八月十五日、日本はポツダム宣言を受諾して無条件降伏をした。敗戦後の「雅楽」がどのように形作られて行くのかを考えるとき、田辺の音楽思想ほど追ってみる甲斐のあるものはないだろう。なぜなら、敗戦直前の田辺の音楽思想の中心にあった「雅楽」は、「大東亜音楽」と同等かそれ以上の地位を与えられていたのであり、敗戦を迎えて「大東亜共栄圏」が完全に解体された後、それまでの「雅楽」が姿を変えざるを得ないことが予想されるからである。

この辺りの経緯を考えるに当って、念頭に置いておきたいことが二つある。ひとつは、敗戦から一九五二年四月二八日のサンフランシスコ講和条約発効までの六年八か月にわたり、日本はGHQ／SCAP（連合国軍最高司令官総司令部）によって占領され、戦時中の著作物には焚書が行われ、敗戦後の著作物には検閲・禁書の処理が行われていたということである。結論から言えば、田辺の著作はそのいずれにも引っかかったものはない。もうひとつは、その占領期間中、一九四七年二月一日の日本共産党のゼネストがGHQによって中止されるという出来事をきっかけに保守政権が復活したことである。いわゆる「逆コース」である。田辺は一九四六年三月に文部省社会教育局に設置された古典芸能調査委員会の委員に選任されるが、彼は戦前も一九二三年より文部省社会教育課の嘱託として民衆娯楽調査委員（レコード審査と推薦）、一九四一年より文部省国民精神文化研究所音楽部門の研究員などをしており、文部省との強い繋がりを持っていた。古典芸能調査委員会はのちに文化財専門審議委員会芸能部会に吸収され、それに伴って彼は文化財専門審議委員会のメンバーとなる。他にも大学で教授・講師として常に現役であり続けた。

これらのことは、田辺に公的に文化を指導する側の立場を継続することを許したわけであり、また他にも音楽関係者で「戦犯」となった人物はおらず、ゆえに彼も「戦犯」とされることはなかったと締めくくることもできそうである。しかし実際のところ、「雅楽」の再編成の経緯を見ながら、田辺自身がどのように戦前の自らの活動を捉えていたかということを考えるとき、そのような「戦犯か否か」という単純な二者択一による解釈ではとらえきれない問題を含んでいることに気づかされるのである。

敗戦から約三か月後、田辺は「明日の文化へ」（一九四五年十二月）という論考を雑誌『文化』の創刊号に掲載している。出版社は「新日本建設文化連盟」という団体であるが、戦前は「青年文化協会東亜文化圏社」という社名で雑誌『東亜文化圏：文化政策研究雑誌』を刊行していた（ダワー 2004: 217）。この雑誌『東亜文化圏』は前章で観察した田辺の「共栄圏音楽文化工作」（一九四二年）を掲載したこともあり、田辺との繋がりを持っていたのだろう。戦後の多くの雑誌やその執筆陣は、このような形で戦前の思想を「文化」の名のもとに焼き直して継続させていったことが見えてくる。

「明日の文化へ」の冒頭には、「完全に武力を失つた今後の日本は将来最も優れたる文化を以て世界に最大の貢献をなすに至らなければならない」といった、「文化国家」とならんとする宣言が行われている。田辺はそのために為すべきことを次のように提案する。

> その具体的の方法として考ふべきことは、今回の敗戦により我国の地理的領域は江戸時代と同様に北は漸く蝦夷地たる北海道より、南は僅かに九州に至る一畿八道八十三国となつてしまつた。そこで先づ我々は第一に此の狭い日本本土に対して充分に隅々までよく知らなくてはならぬ。即ち今後の日本国民は先づ第一に自己を充分よく知つて居なければならない。
>
> （田辺 1945: 4–5）

『文化』（創刊号、1945年12月）

『東亜文化圏：文化政策研究雑誌』（6月号、1942年7月）

ここにある「今回の敗戦により我国の地理的領域は江戸時代と同様に北は漸く蝦夷地たる北海道より、南は僅かに九州に至る一畿八道八十三国となつてしまつた。」という文章には、日本語の「なってしまった」という不慮の事態を示す表現がある。この表現は、田辺は戦前・戦中に行った戦意高揚を戦後は隠そうとしたのではないか、という漠然とした予想を、見事に裏切ってくれる。何よりも、引用箇所の最後の「今後の日本国民は先づ第一に自己を充分よく知つて居なければならない。」という部分は、第八章で見た一九四一年の論考「大東亜に於ける日本音楽の位置」で、

今日此の大東亜共栄圏の建設に対しては我が日本が其の中堅となつて主導して行くことが大切であります。そこで先づ第一に日本を充分よく知り、次に大東亜を知り、次に世界を知らなくてはなりません。（田辺 1941b: 7）

と言っていた文章から「大東亜」が抜け落ちただけである。

ではなぜ日本を充分に知る必要があるのか、その理由は次のように述べられている。

今まで我が国民は周囲の我が隣組なる支那や印度や南洋の真相を知らない許りでなく我が国内のことすら隅々の事情は全く知られない。卑近な例え話を挙げると、大正から昭和にかけ各地の盛り場で歌はれる「新小唄」なるものは、凡て東京の中央で二三の作曲家に依つて作られた千篇一律の旋律であつて、各地の土地から生まれたものではない。それが地方の、土地の正し

い生活に合つて居るか否かはどうでもよかつた。〔…〕それでは今後の正しい日本文化は生まれない。

（田辺 1945: 5）

田辺にしてみれば、「我が隣組なる支那や印度や南洋」の音楽と「各地の土地から生まれた」音楽を知ることの大切さを、自分は戦前からずっと説き続けてきたのである。そうした研究に打ち込んできた自分と比較するならば、他の人々は大都会の音楽と西洋音楽しか関心を持ってこなかった。ゆえに日本各地に生まれたものを知ることは、これからの「正しい日本文化」のために必要だと田辺は主張しているのである。

このような書き換えからは、田辺は日本が植民地主義としての「大東亜」戦争を行ったとも、教育者であり知識人である自分がそれに加担したとも考えてはいないことが分かる。彼にしてみれば、彼はこれまでも、近代に不当な地位に貶められた日本音楽の普及と地位向上のために、日本音楽研究者として「正しい日本文化」のために戦ってきたのだ。その彼が、いったい何を隠す必要があるだろう――。

戦前・戦中に不当な扱いを受けてきたことが敗戦の理由であるという「日本文化論」をより理解するためのもう一つの好例が、一九四七年の『日本の音楽』である。これは戦前に脱稿していたが、次に引用する序文は出版時に書かれたため、そこに戦中から戦後への足取りを追うことができる。

此書は一寸見ると啓蒙的な解説書のやうに見える。それは今日の我国民の大部分が我が日本の音楽に対する正しい知識を持つて居ないことから推して、止むを得ないことである。何しろ従来我国では初等教育から中等教育を通して高等教育に至るまで、普通学の中に日本音楽が全く教へられて居ないから、中等教育としても高等教育としても、結局初等から含めて講述しなければならぬのは止むを得ない。私は多年東京帝国大学文学部美学科に於て日本音楽の理論と歴史を講義して来た。たとへそれが我国最高の学府の講義であつても、要するに上記の方法を採らざるを得なかつた。

（田辺 1951a:「序」2）

田辺にとって重要なのは、西洋音楽中心で日本音楽を教えない近代日本の音楽教育の状況を変えなければならないということであり、この状況は敗戦後も変わっていないということである。したがって、田辺において「明日の祖国」を考えるためにすべきことは、彼が戦前から行ってきた日本音楽の普及運動を、つまり「正しい日本文化」の啓蒙を、さらに推し進めることだったのである。

楽部消滅への危機感

先に触れたように、田辺は一九四六年三月から、文部省社会教育局に設置された古典芸能調査委員会の委員を務めていた。そして文部省が一九四六年九月から十二月にかけて開催した初の芸術祭では、審査員を務めることになった。この第一回の芸術祭では、宮内省楽部が初めて公のコンサートホールでの一般公開演奏会を行った。次に引用するのは、この演奏会のために田辺が書いた小さなテクスト「舞楽」からである。

此の雅楽は宮中丈けで行はれるとは限りませんで、神社の祭儀や、寺院の法会などにも行はれ、又た民間有志の好事家の間にも趣味として行はれて居ます。それでも今日では宮内省の楽部で行はれて居るのを標準とし、手本として居ますので、それを雅楽の正統と解しても誤りではありません。（田辺 1946: 2）

ここで注目したいのは、宮内省楽部の雅楽を「正統」としていることである。確かに戦前も田辺は宮内省楽部の雅楽を録音し、また楽師の名人といわれる演奏家を称賛してきた。だが、それを「正統」であると強調することはなかったのである。

このような宮内省楽部中心の雅楽像を田辺に抱かせたのは、宮内省楽部の存続の危機であったのではないかと推測される。敗戦後、GHQより組織改革を命じられた宮内省（一九四七年五月に宮内府、一九四九年六月に宮内庁）において、楽部は政教分離によって皇室の私的行為となった皇室祭祀での演奏のほか、占領軍や外国の賓客を招く皇室の国事行事での演奏も担当していた（寺内 2012: 160）。だが、一九四七年五月三日の日本国憲法の施行によって宮内省は宮内府となり、職員数が楽部楽師たちを含めてほぼ半減にされると、これは実際の雅楽の上演に大きな支障をきたすことになった。塚原によれば、楽部を財団化するという話があったが、宮中祭祀に奉仕をするということを理由に、式部職楽部として存続することになったという（塚原 2001: 15）。こうした陰で、塚原も述べるように、戦地に送られて若い命を落とした楽師がいた。また、人員整理において楽家の次男であるがゆえに退官を余儀なくされた楽師もいた(56)。これらのことは、宮内省というところにあるがゆえに語られることの少ない、楽部の別の側面であるように思われる。

それから約二年後に回顧的に書かれた田辺の「雅楽の話」という文章には、雅楽を救うためにはその価値を国民に知らしめる必要があると田辺が宮内省の楽師に諮ったことから、一九四七年十月一八日より三日間、宮内府楽部の演奏、田辺の司会、都民劇場の協力によって雅楽公演が実現したと述べられている。そしてこの公演が同時に初の芸術祭への参加ともなった。田辺はこの文章の最後で、雅楽は「現代に於ける貴重なる我国の芸術資料である」として、その保存について次のような提案をしている。

> このまま正確に保存してもらいたい。茲に正確と言つたのは単に構造上正確という丈けの意味ではない。[…] 魂の正確即ち現代に活きた生命のある演奏が最も必要である。[…] 例えば地方の神社の演奏とか、または結婚式場で用いる雅楽演奏のような不完全極まる死滅した演奏は要するに下手な素人がモーザルトやベートーヴェンを奏するようなもので、名曲を却ってつまらない凡曲に変ずると同じことで、今迄雅楽曲を国民から背馳せしめた大原因である。此点から言つても今日では宮内府楽部の演奏が唯一の標準である。（田辺 1949: 23）

一般の神社などで行われる演奏に対して「不完全極まる死滅した演奏」などといった言葉があか

らさまに投げつけられていることからは、楽部消失への危機感が伝わってはくるが、ここでも楽部の演奏のみが「唯一の標準」とされているのが分かるだろう。

楽部の雅楽を「保存」しようと田辺が言い始めたことの背景のひとつには、一九四九年一月の法隆寺金堂壁画の焼失、それを機に一九五〇年五月三〇日に実を結んだ文化財保護法、その制定直後の一九五〇年七月二日に起った金閣寺放火といった出来事があるだろう。次の引用は、田辺が文化財専門審議委員になった二か月後に書かれたものである。

古典の名人はドシドシ死亡して行く、秘曲はドシドシ消滅して行く。その点は国宝保存の方とおなじことである。グズグズして居る間に法隆寺も金閣寺も松江城もどんどん消失して行つてしまうのである。（田辺 1950: 2–3）

「ドシドシ」「グズグズ」といったオノマトペに、言葉を越えた彼の危機意識を強く感じ取ることができる。国宝級の有形文化財の消失への危機感が、無形文化財の制度の誕生につながったのと同じく、田辺においてもそれが宮内省楽部の雅楽の保護や古典音楽の保存という考え方となって現れたのである。

雅楽の「国際性」

このような「古典」「文化財」としての雅楽に、次に「国際性」という価値が付け加えられていく様子が見て取れる。田辺は、一九五一年十二月に『文化財月報』へ発表した論考「古典音楽の文化財としての価値」を、次のように始めている。

我国の古典楽の中において、そのまま国際的の性質を帯びた芸術として世界の尊敬を受けて居るものは雅楽である。それには近代西洋音楽に見るような高級な和声を伴つて居る［…］。

（田辺 1951b: 6）

この国際性の強調の仕方は、まさに一九四二年の『大東亜と音楽』における「大東亜音楽」としての雅楽と同じである。続くところで田辺は次のような古典音楽論を展開している。

もし日本に古典の音楽が存在しなかつたならば、今日の日本音楽も明日の日本音楽もあり得ない。そこにあるものは永久に外国の音楽であり、惹いては日本の文化というものもなく、死せる日本の廃墟が徒にナイル河畔に立てるスフィンクスと同じに眺められるだけである。此の連続不断の原理と進化の法則との二つを考えることにおいて始めて古典音楽が文化財として貴重なる存在であるということが確認されるのである。［…］

我々は絶えず外国の優れた音楽を摂取研究することを怠つてはならない。しかしそれは何の為かというと、我々の苗、すなわち古典の音楽を世界文化の進歩にともなつて育てゝ行くために必要だからである。

（田辺 1951b: 6）

ここに再び、田辺が展開してきた「連続不断の原理と進化の法則」である音楽進化論、すなわち固有の音楽を外国音楽によって発展させてさらに固有な音楽にするという進化論が登場する。つまり、日本固有の文化↓外来文化の輸入による発展↓日本化、という田辺の三段階の雅楽による「日本音楽史」が、戦後において再び機能しはじめたことを理解させてくれる。一九四〇年代にはこうした日本音楽の性質は日本の「優位性」として語られたが、ここでは日本の「文化財」の性質として語りなおされている。そして続くところでは、日本音楽は現時点での「世界音楽」である西洋音楽を越えていく必要があるとして、そのためには日本の古典音楽を研究すべきであると提言している。

このような古典における「国際性」「世界性」といった考えは、とくに戦後の邦楽の作曲に対する田辺のコメントから生じたものではないかと思われる。戦後に始まった芸術祭、東京新聞主催、宮城賞の邦楽コンクールにおいて、田辺は審査員のメンバーでもあったことから、コンクールなどのあとの音楽雑誌にはかならず審査結果を報告し、審査基準についての考えを表明していた。次の引用は、「若い邦楽作曲家に」という、長唄の若手グループに対して書かれた評からのものである。

バハ《〔ママ〕》からベートーベンを経てブラームスに至る所謂世界的音楽（国境のない個性的音楽）は今や過去の遺物となりつつあり、各国とも自国の文学を自国語を以て自由に安心して発表し得る民族音楽の樹立に熱狂して居る状態である。〔…〕

そこで我々は邦楽の将来をどうすればよいのか。先づ第一に古典の邦楽の優点を充分検討し、それに満腔の尊敬を捧げ、然る後にその内容に対して新しい解釈を施すことに力を致し、いっぽうに於て世界の楽界に絶えず注意を怠らなければ、自づと新しい邦楽は生れて来るものである。

（田辺 1948: 3）

これらの田辺の評では、新しい日本音楽が語られれば語られるほど、作曲家が基準とすべき過去の古典の重要性も強調されていく。ここには、不変の日本文化である古典音楽が、外国文化を吸収して国際化をすることでさらなる日本化を果たすという、田辺の日本音楽発達史の基本姿勢を見て取ることができるだろう。

文化国家として世界に日本文化を紹介しようという機運が高まるなか、邦楽家が海外へ派遣されるようになっていたことも、こうした田辺の思想を支えている。たとえば、一九五三年には宮城道雄らがヨーロッパへ、一九五九年には宮内庁楽部がアメリカへ公演にいっている。このような背景において、「外国人に紹介するための純粋な古典」が求められていったのである。たとえば、一九五五年にウィーンに渡った新作日本舞踊の五条珠美の評判が現地で芳しくなかったことに対して、田辺は次のように評価する。

殊に日本の音楽舞踊は、その最も純粋なものを有りのまま、かれらに示すべきであつて、「これなら外人にも判つてもらえるだろう」との推測から割り出した、急ごしらえの「合いの子弁当」のような芸能は、常に失敗するものなのである。［…］
　つまり邦楽の海外紹介は、常にその最も純粋なものを、最高の技能を以て行うべきであって、判るとか判らないとかいうことは、芸術家の考慮すべき問題ではなく、それは広い意味の教育者、または国際文化振興会の当局者などのつとめである。（田辺 1955: 3）

ここでは、外国に日本文化を紹介するという目的のために、「最も純粋な」古典が求められているのである。「国際性」という概念は、「古典の固有性は国際的な普遍性へとつながる」といったスローガンのなかに繰り返し姿を現しながら、「文化国家」を目指す日本の文化本質主義を支えていったと考えられる。

東京音楽学校邦楽科廃止の危機からみた雅楽の位置

戦前の東京音楽学校では、一九三六年より校長の乗杉嘉寿《よしひさ／かじゅ》（一八七八～一九四七）の主導で邦楽科（能楽・箏曲・長唄）が設置されていた。そして敗戦後、一九四五年十月より全国で湧き上がった戦争責任追及の動きのなかで、国粋主義と見做された乗杉が解任されたことをきっかけに、東京音楽学校の邦楽科の廃止・分離の意見が出た。一九四六年三月にＧＨＱの指令によって学制改革が始まると、一九四八年四月、洋楽科のみの教授会で新制大学からの邦楽科廃止が決定した。ここから、廃止反対へ向けての邦楽科設置運動が始まる（小宮 1964／吉川 1994, 1997／東京藝術大学百年史編集委員会編 2003／福岡 2003）。

廃止派の筆頭は、当時の校長の小宮豊隆（一八八四～一九六六）である。小宮は夏目漱石の弟子で、東北帝国大学のドイツ文学の教授職を定年退職したところで、一九四六年三月に東京音楽学校の校長に就任したばかりであった。この邦楽科廃止派に対して、邦楽科設置派のトップとして戦いを挑んだのが、田辺の弟子の吉川である。最終的にこの騒動は一九四九年の六月頃に擁護派の勝利に終わる。廃止派の小宮は校長を辞任するが、しかし吉川も洋楽科の教授らとの不和を懸念して辞任した。東京芸術大学音楽学部には洋楽に一年遅れて一九五〇年より邦楽科が設置され、長唄、三味線、箏曲、そしてさらに一年遅れて能楽のシテ方が設置されることになる。

ところで田辺の動向であるが、彼はこの運動を吉川に任せる形をとり、論争の中心には姿を現さず、しかも当初はこの問題に関して廃止派の小宮に近い意見を持っていた。闘争の経緯と田辺の立場を知るために、最初に小宮の主張を見てみよう。次の引用は、小宮の「邦楽研究所」（一九四八年四月）からのものである。

私は予算の中に、附属施設の一つとして、邦楽研究所の予算を組み入れてもらうことにした。現在の音楽学校には邦楽科がある。然し今度の大学にはそれを置かず、その代わり邦楽研究所を置いて、現在の邦楽科の仕事以上の仕事をしてもらいたいと思うからである。

現在の邦楽科は、能楽と箏曲と長唄とに分かれている、なぜ邦楽をこの三つだけに限って外のものは採り入れなかったのか。その理由は私にはよく分からない。然し是は甚だ不公平である。〔…〕研究所として、随時適宜に所員の数を加減しうる仕組みにした上で、雅楽でも民謡でも、義太夫でも声明でも、自由に研究のできるようにして置く方がいいというのが、邦楽研究所を選ぶ一つの理由である。〔…〕むしろ邦楽の人達には、邦楽研究所で後進を養成する傍ら、外の研究員に協力して、邦楽の理論的研究や歴史的研究の完備に努めてもらうことが、大きな意味で邦楽を将来に活かす所以であると思う。（小宮 1948: 287–288）

つまり、教育体系や理論が打ち立てられていない邦楽を東京芸術大学に入れるのは時期尚早であるから、その準備のために「研究所」を別に設けよう、そしてそこに雅楽等も入れよう、という意見である。またここには、邦楽をジャンル別にしていくつかを選ぶのではなく、すべての邦楽を研究しうるようにしようというまなざしもある。

いっぽう田辺は、一九四七年八月の「邦楽の今後と教育に就て」では、「いつそのこと現状の邦楽科は一時休止――廃止とは言はず――して、その代わりに邦楽の研究所を設置しては如何でせうか。」（田辺 1947b: 11–12）と同じく「研究所」案を出している。また同じ月に書かれた「音楽教育と能楽」では、それを次のように詳しく論じている。

即ち今度の音楽大学の専門学部は主として洋楽に限り、邦楽は当分之を附属の邦楽研究所に移し、その中に雅楽能楽箏曲三絃楽、舞踊等の専門科を設け、尚ほその附属として之等の邦楽伝習所を設置し、主として其の理論、及び発展を研究しつゝ、傍ら之を学生に伝習せしめて行くといふ方法を採るのが差し当たり最も賢明な策ではないかと思ふ。斯くして立派な教育体系が出来上がつた上で、初めて洋楽と相並んで邦楽の専門学部が将来の芸術大学の中に設けられるといふのが自然の順序であらう。（田辺 1947a: 15）

東京音楽学校、つまり東京芸術大学音楽学部では洋楽のみを行い、邦楽は「研究所」と「伝習所」で行うというのが田辺の意見である。その理由は邦楽の教育体系の欠如にあるとする。明らかに小宮と田辺の意見には共通する点が多い。では二人はいつからどのように立場を異にするようになるのであろうか。小宮が邦楽科を新制大学に入れることを反対する言説を、さらに具体的に見てみよう。次の引用は、一九四八年十月号の雑誌『世界』に掲載された「邦楽の問題　衆議院文化委員会の諸君へ」という小宮の論述からのものである。

邦楽を大学に入れたとした所で、邦楽には理論的な研究もないし、歴史的な研究もないのです。［…］勿論、是まで日本人の書いた邦楽に関する著述は、いくつかないではありません。然しそれは大抵昔の教学局好みの、神がかり的な国粋主義に立脚したもので、学問にもなにもなつてゐない。［…］

もっとも『秋風の曲』は、私は実にいい曲であると思つてゐるのです。然しそれは竹生島の弁天様から授かった神的なものを含んでいるからいいといふのではなく、光崎検校の、いつまでも新しい感覚が出ているからいいといふのです。［…］一体さういふ神から授かつたと言はれる邦楽の作曲に、具体的にどんな神的なものがあるといふのでせう。（小宮 1948: 47–51）

前章で観察したように、戦時中の田辺は教学局に関与して出版・講演などを数多く行っていた。小宮が、「教学局好みの、神がかり的な国粋主義に立脚したもの」と非難し、そして『秋風の曲』の「竹生島の弁天様から授かった神的なもの」と述べているのは、そうした戦時中の田辺によって多く書かれた、たとえば次のような箇所を揶揄しているものと思われる。

光崎検校は此の［引用者注：秋風の寂しさを諷した］歌詞に感激し、何うかして万世不朽の大作を後世に遺さんものと竹生島の弁才天神社に三週間の祈願を籠めたところ、三七《［サンシチ］》二十一日の満願の日に彼は疲れて少しく眠つた時に夢に神が現はれ給ひ、何とも言へぬ面白い箏の柱の立た方に美妙なる楽を奏されたと見る間に夢が醒めた。そこで彼は直ちに此の示現を基として作つたのが名高い『秋風の曲』である。（田辺 1938: 68–69）

戦中の田辺は、東洋音楽における作曲者の不在を、戦時の集団内における「自己放棄」として高く評価するために、光崎検校が神のお告げによって『秋風の曲』を作ったというこの話を好んで語っている。ただしここで田辺は伝説のなかの神について述べているのであるから、それに対する「神がかり」という小宮の指摘は揚げ足取りに近い。だが、すでに見てきたように、とりわけ一九四〇年以降の田辺が、「スメラミコト」をシュメール文明へたどるといった傾向を持っていたのも事実である。

小宮は「中村吉右衛門論」(『新小説』、一九一一年八月)などをはじめ、日本の伝統芸能についての論考を多く残しているが、それらはどう見てもロマン主義的な傾向をもつエッセイや評論であり、小宮がここで人に要求している「理論的研究」や「歴史的研究」とは決していえないものである。だが、吉右衛門をロダンに例えたこの論考は、歌舞伎の旧来の論壇からは認められなかった反面、若い世代からは絶大な支持を受け、たとえば同じ漱石門下の寺田寅彦はそれを「分析的批評」と高く評価している。[57] 邦楽科設置問題における小宮の発言にも、次の引用にみるようにロマン主義的な価値判断が見られる。

> 私は将来の日本の音楽といふことを考へる場合、邦楽だの洋楽だのと区別をつけて考へるべきではない、音楽はただ一つである、そのただ一つの音楽をだうすれば盛にすることができるかといふことが問題なのだから、さうしてその為には日本人の中の音楽魂を強力に開発することが必要なのだから、だうすればそれを強力に開発することができるかに、焦点を置いて考へるのが当然だと思ふのであります。それには無論洋楽の教育方法を用ゐるがいい。
>
> (小宮 1948: 55)

「無論洋楽」と小宮は言う。つまりこれが、小宮自身の理論の立脚点とその限界を示している。そして続くところで小宮は、邦楽科の教授からこの「音楽魂」とはなにかと問われると、邦楽には個人の作曲家がいないから作曲家の「音楽魂」が分からないのだ、といった非論理的な返答をしている。

このような経緯を経て、それまで小宮と意見を同じくしていた田辺に、ついに変化が訪れるのである。一九四八年六月の「座談会　日本音楽と学校教育」（『能』）には、その明らかな変化のプロセスを観察することができる。この座談会の司会役を任された吉川は、まず、邦楽の専門家を養成する教育機関についての意見を一同に求める。すると田辺は、「理想的には邦楽専門の学校を洋楽とは別に建てるのがいいですね。」と答えている。同席している田辺の友人でもある音声学者の颯《さっ》田琴次《たことじ》（一八八六〜一九七五）も同調して、邦楽は「芸をうんと磨くのがいいんですよ」といった「東京音楽学校邦楽科廃止論」が論を占めていく。そうしたなか、吉川が次のように反論を始める。

吉川　邦楽の芸術家の外に邦楽の教育家を送り出すといふ点で、学校教育は必要ですね。ただ芸術家を養成するといふ丈けではなくですね。

颯田　それは個人で教へても十分ではないですかね。

吉川　そうぢやありませんね。これから時勢が変つてくるのですから、学校教育的なやり方が、習い易いといふことになると思ひますね。個人教授でできると云へば、大抵の学問でも芸術でもできると云ふ事になりませう。学校教育とはより良き教育的環境を与へること

です。（吉川 1948: 13）

この吉川の「邦楽教育論」は、座に影響を与えたようである。なぜなら、座の途中で田辺は、

日本の芸術大学で日本音楽をやめるのは世界の物笑ひになりますよ。（吉川 1948: 15）

と突如として意見を変えるのである。

邦楽科設置問題において、では西洋音楽がなぜ大学に入るのかという議論は、邦楽科擁護派によってさえも行わなかったことからも明らかなように、西洋音楽は無条件に公教育に残るものと認識されていた。ゆえに、西洋音楽対日本音楽という二項の価値対立から論点をずらして、「学校教育とはより良き教育的環境を与へること」という立場から日本音楽の復権を要請したのが吉川であった。こうした日本音楽の公教育という考えは田辺にはなかったものであり、意見を変えさせるのに充分であったものと思われる。

この座談会の続くところでは、東京芸術大学音楽学部へ邦楽を設置するとして、邦楽のどのような種目を選ぶかについての検討に入っている。戦前の東京音楽学校では能楽、箏曲、長唄の三種類が専攻とされてきたが、戦後はどのようにするべきか。口火を切ったのは田辺であるが、吉川、颯田、そして長唄の山田抄太郎（一八九九〜一九七〇）がそれを受けて展開させる。

田辺　今一つ入れゝば雅楽ですね。
吉川　雅楽は宮内府でやつてゐますが、家柄のもの丈です。一般人は学校でやるといふ風にすればいゝですね。
颯田　笙、篳篥の連中は退嬰的であきらめてゐますね。
山田　邦楽があゝいふ式になつては大変だと思ひます。
颯田　気組が違ひますね。
山田　人をつくることが大切なのがよく分りますね。

（吉川 1948: 15）

ここには、田辺が雅楽の教育を一般に開こうという意思を持っていたことが分かる。またこの「邦楽教育論」の座において、雅楽が宮内庁内にあって一般に開かれていないという見方があったことは、記憶に残しておくべきであろう。雅楽がこの時点で東京藝術大学音楽学部の邦楽科に設置されていたら、雅楽の概念のみならず、伝承・発展の仕方もまた大きく変わっていたはずであるからである。

「雅楽」とは――『音楽事典』と無形文化財保護制度

東京音楽学校邦楽科設置問題が終盤に向かった頃から、一九四九年の美学会設立、一九五〇年の東洋音楽学会の再開（一九三六年創設）、一九五二年の日本音楽学会の設立と、徐々に戦後の音楽研究の場が整えられていった。これらに続く音楽研究に関する一大事業として、平凡社の『音楽事典』(一九五四〜一九五七)の編纂がある。平凡社は一九一四年に小百科辞典『や、これは便利だ』を出版して以来、量と質ともに優れた辞典・百科事典を刊行する出版社として世に知られていた。とりわけ一九三一年から一九三四年にかけて刊行された『大百科事典』(全二十八巻)は名高いが、田辺はその音楽関係の項目を担当したときから平凡社の辞典と長い付き合いを持っていた。

一九五一年に平凡社が『音楽事典』の出版を計画したとき、「日本で音楽事典を出版するのは十年早い」という声があった(五十里 1947: 3)。そして実際、全八巻として計画された『音楽事典』は、一巻を出すごとに数十万円の損失が出たという。それにもかかわらず、執筆者たちの熱意によって全十二巻となり、日本音楽・民族音楽・西洋音楽を網羅したかつてない規模の音楽辞書として、一九五七年に全巻の完成を見たのである(田辺 1947: 1)。

その「まえがき」にあるとおり、『音楽事典』は「日本のいまの音楽学界のすべての力を結集してできたもの」で、この仕事を契機として、日本における日本音楽・民族音楽・西洋音楽の様々な音楽研究の場が専門化していった。計画から完成までの六年間、執筆を通して次世代へと知が受け渡され、そこから若い研究者たちが育っていったことは、何よりも評価に値することである。編集委員を「まえがき」にある順序通りに並べると、岸辺成雄(東洋音楽研究)、吉川英士(日本音楽研究)、木村重雄(『モーツァルト』の著者)、園部三郎(フランス音楽・音楽評論)、田辺尚雄、辻壮一(心理学)、野村光一(音楽評論)、二見孝平(音楽美学)、堀内敬三(音楽評論)、山根銀二(音楽評論)の十名で、このなかでは七十一歳の田辺が最高齢であった。

西洋音楽を担当した関係者には音楽評論家が多いことに気が付くが、当時『音楽事典』の編集作業のために平凡社に雇われていた戸口幸策（西洋音楽史・成城大学名誉教授）によれば、当時の西洋音楽の専門は音楽というよりも言語で分かれており、また、「西洋音楽」に関する項目は、当時のアメリカの最新の音楽辞書オスカー・トンプソン Oscar Thompson 編の *The International Cyclopedia of Music and Musicians* の第五版（New York, Dodd, Mead & Company, 1949）を切り貼りして土台作りが行われた。各頁の裏表を切り貼りして使用するために、二冊を購入して分解したという[58]。

いっぽう「東洋音楽」については、主に岸辺が担当しており、中国の古典文献や中国や日本での近代以降の研究のほか、フランス語圏・英語圏・ドイツ語圏の研究も緻密に紹介している。中国音楽の一部を瀧遼一が担当しており、瀧が所属していた東京大学東洋文化研究所に所蔵されている *Encyclopedie de la musique et dictionnaire du Conservatoire*（A. Lavignac, L. de la Laurencie, dir., Paris, Delagravem, 1931）には、瀧の書き込みやメモが挟まれているのが確認でき、そこに『音楽事典』の執筆に際して参照されたことが記されている。

これらと比較するならば、「日本音楽」に関する項目は、田辺を中心としてその弟子の岸辺と吉川を始めとして、戦前に培ってきた日本独自の研究の集大成と捉えることができる。「雅楽」の項は『音楽事典』の第二巻にあり、「中国の雅楽」「朝鮮の雅楽」「日本の雅楽」の小項目に分かれている（田辺・吉川 1955）。「中国の雅楽」を瀧と岸辺、「朝鮮の雅楽」を田辺、「日本の雅楽」を田辺と吉川のほか、近世雅楽の専門である平出久雄（一九〇四〜一九八四）が担当している。平出は最終巻の第十二巻（「索引」）に「付録」として、「日本雅楽相承系譜（楽家篇）」と「雅楽曲一覧表」も作成している。

「日本の雅楽」の項目を詳しく見ていこう。この項目は、

（1）〈雅楽の概念〉
（2）〈特性〉
（3）〈伝来〉
（4）〈沿革と現状〉
（5）〈分類〉

と分けられている。（1）の〈雅楽の概念〉では、雅楽の語源や雅楽寮に少し触れたのち、「日本の雅楽の主体をなすものは、この中国や三韓の優雅な俗楽である。しかしその後日本でも、再び固有の古楽をも外来の楽舞と合せて〝雅楽〟として扱」っていると述べられており、田辺が一九二〇年代に李王職雅楽を調査した結果の雅楽概念がそのまま反映されているのが分かる（田辺・吉川 1955: 206）。

（5）の〈分類〉を見てみると、さらに小項目に分かれており、（a）「系統による分類」（b）「形式による分類」（c）「用途による分類」（d）「舞楽曲と管絃曲」、といったように、「いろいろな角度から」の分類が試みられている。この中でもっとも充実しているのが（a）「系統による分類」

で、そこでは次のように冒頭に解説されている。

（ｉ）日本固有の古楽に基づいて伝えられた祭儀の歌舞（神楽、倭舞、東遊、鎮魂歌、大嘗会風俗歌、久米舞、五節舞など）

（ⅱ）外来楽をもとにして作られた管絃合奏曲や舞楽など（〈越天楽〉〈陵王〉など）

（ⅲ）平安朝時代に上流貴人に歌われた外来の合奏曲の影響によって作られた歌曲（催馬楽と朗詠）

（田辺・吉川 1955: 207）

田辺の三分類の雅楽はここに健在である。また他の項目は、（b）「形式による分類」は「管絃」「舞楽」「謡物」、（c）「用途による分類」は「祭儀楽」と「饗宴楽」、それから（d）「舞楽曲と管絃曲」というのは、（b）と重複しているようにも思われるが、同一の曲が舞楽用に演奏される場合と管絃楽として演奏される場合とがあるという意味で分けられている。

このようにさまざまな視点が紹介されているのだが、（4）〈沿革と現状〉の内容だけが様相を異にしている。ここでも冒頭では、天理教、大阪の四天王寺、東京の小野雅楽会や大阪の雅亮会、奈良の古楽保存会などの民間のさまざまな雅楽会の存在について筆が割かれているのだが、その締めくくりは次のようなものである。

第二次世界大戦終了後宮内省が宮内庁に縮小されてから、楽部の人員は極度に削減され、楽人は現在わずか二〇余名だけとなり、大規模の曲を演ずることが不可能な状態で、千数百年の伝統とその世界的芸術価値を誇る日本の雅楽もいままた衰亡に瀕していることは惜しむべきである。

（田辺・吉川 1955: 207）

ここまでに紹介している種々の雅楽団体へ雅楽を託そうという視線がまったくないことに気付くだろう。ここで楽部がクローズアップされている理由が、楽部楽人の人員が減った「現状」から来る危機意識にあることは明らかである。そして、「衰亡に瀕している」のは楽部であるにもかかわらず、雅楽という音楽が「衰亡に瀕している」かのように読み替えられているのだ。

『音楽事典』でこのように定義づけられた楽部中心の雅楽像は、一九五五年に雅楽が重要無形文化財になるとき、「宮内庁式部職楽部による演奏による」という限定的な「指定要件」がつけられることで不変のものとなる。一九五五年五月に「雅楽」が重要無形文化財に指定された際の要件と評価は、次のようなものである。

（指定の要件）宮内庁式部職楽部員により演技演奏されるものであること。

わが国古来の音楽と、アジヤ大陸の諸国から伝来した音楽とが、渾然融合し、わが国風に大体平安朝頃に改正せられた世界最古の芸能で、外国では滅亡し、ひとりわが国にのみ伝えられており、各種邦楽の源流をなしている。

［…］今日では、春日、天王寺等を初め、なお各地に遺存しているが、正統に伝え、芸術的に

演じ得るのは宮内庁楽部である。

（文化財保護委員会 1955: 41）

制度上、「無形文化財」とは「わざ」そのものであるとされ、文化財指定の際にはその「わざ」なるものを行う技術者・技術保持団体にも指定が行われる。これが一行目にある「指定要件」である。これによって、宮内庁式部職楽部のみが「芸術的」に雅楽を伝えうることになっている。

この「国の重要無形文化財」である「雅楽」には、一九一九年に作られた三分類の雅楽に見られた進化論が息づき、そして一九四〇年代前半に作られたアジア大陸で唯一いまも雅楽を保持している「優秀な」国であるという性質が盛り込まれている。だが、本章で述べてきたことから理解できるように、この「雅楽」は戦前・戦中に作られた「雅楽」がそのまま戦後に生き延びたものではない。文化国家建設、「芸術祭」参加、消滅の危機、『音楽事典』、文化財保護制度といった、戦後の日本音楽に関する公的な出来事との関わりによって再構築されていった、戦後の「雅楽」なのである。

註

(1) 現在の日本音楽研究では、皇室の「御神楽ノ儀」を「御神楽」と呼び、民間の神社などで行われる神楽を「里神楽」として区別をしている。このような用語の区別がいつから始まったものであるかは明らかではない。

(2) これを『明六雑誌』に発表した時点で兵庫県令であった神田は、外国人居留地などの西欧文化移入地での仕事を通して、開明派の官僚として能力を発揮しているところであった。神田の国楽論については、山住（1967）、伊藤（2007）を参照した。

(3) 一八九五年二月には、「国楽制定。《雅楽協会寄す》」という、「雅楽」を国楽とすることを要請する記事が、『教育報知』（第四六一号、二月十六日）に見られる。これはいわば雅楽にようやく訪れた「国楽」運動であるといえる。執筆者の「雅楽協会」は、松代藩出身の陸軍省フランス語翻訳官・翻訳家の宮島松春が一八九三年に設立した民間の雅楽団体であり、その雅楽概念は、「遠く神代に起りて今日に伝へ来れる大和楽」「新羅楽、百済楽、高麗楽」「隋楽唐楽」「印度楽即ち林邑楽等」「我か国にて作曲したるもの」の総称である。そしてこれらを「悉く日本化」されたものであるとあえて主張していることからは、雅楽のなかの外国の要素が、雅楽の「日本固有性」をおびやかす可能性があると認識されていることが分かる。これに対して、その翌月の『帝国文学』（一巻三号、一八九五年三月、四一〜四二頁）の「雑報」欄に、「国楽制定」への反対意見「国楽制定と雅楽協会」が掲載されている。執筆者の名は記されていないが、記事の主張は次のようなものである。確かに雅楽はかつて盛んに行われていたかも知れないが、上流階級においてのみ、都においてのみ流通していたのであり、全国の「国民」の間に行われていたものではなく、さらに時代が下って平曲、白拍子、猿楽、歌舞伎などが生じていることからは、雅楽を十分に「日本化」したものということはできないとするものである。この記事は、いくつかの点から上田敏である可能性があると考えられる。上田は「民謡」（『音楽新報』、一九〇六年）にも似たような意見を書いており、また、『帝国文学』の「雑報」欄での音楽に関する記事は、ほぼ上田が担当していたからである。

（4）塚原によれば、楽人たちは『楽家録』（元禄三年）にすでに示されている「呂旋」「律旋」の用語と概念を参照したものと考えられる（塚原 2009: 165-171）。

（5）雅楽の音程についての兼常と近衛直麿や田辺尚雄との意見に相違については、寺内（2010: 55-58）を参照。

（6）『アポロ讃歌』が実際にはメソメディスの三つの讃歌の一つである『太陽神ヘリオスへの讃歌』であったことが判明している。これは、「チャペル氏音楽史」の原書、*Whilliam Chappell* の *The History of Music*（1874）のほうで既に誤って使用されているものを、伊沢がそのまま使用したものであるという（東京藝術大学百年史編集委員会編 1987: 132）。

（7）「君が代」と「紀元節」は、すでに一八八九年に東京音楽学校が編纂した『中等唱歌集』に掲載されていたものである。文部省が一八九一年にこれらの唱歌の制作委員会の委員長を東京音楽学校校長に申し付けたとき、残念ながら伊沢はすでに校長の席にいなかったが（当時の校長は音響学者の村岡範為馳）、「紀元節」の作曲者として名を連ねることができたわけである。

（8）シカゴ・コロンブス万博のために日本の雅楽についての解説書 *A General Sketch of the Gagaku (Classical Music)*「雅楽（古典音楽）概説」（一八九三年）を担当したのは、雅楽課の楽師で東京音楽学校の教諭であった上眞行である（英訳は鈴木米次郎）。

（9）これらの参考図書以外に、国立国会図書館ウェブサイトに、「本の万華鏡」「第13回 千里眼事件とその時代」（http://www.ndl.go.jp/kaleido/entry/13/index.html）というテーマで当時の一次資料を収集しており、館内限定の資料も公開されている（二〇一三年八月公開）。

（10）東京音楽学校奏楽堂で、音楽学校嘱託講師であったノエル・ペリの指揮、ケーベルのピアノ伴奏で上演された（瀧井 2002）。

（11）田辺も一高時代に漱石の英語の授業を受けている。

（12）民音音楽博物館に寄贈されている田辺コレクションにある原著は一八八五年の版である。

（13）その翌年の『文芸百科全書』（早稲田文学社、一九〇九年十二月）には田辺が執筆した「音響的音響学」の項目があり、第一篇「音響」では、音振動、共鳴、蓄音機、楽器、第二篇「欧州楽の理論」では、音列、音程、音階、平均律、純正調、和声、ヘルムホルツの学説、第三篇「日本音楽の理論」では、五声、十二律、平均律音階、楽律、音階、和声がトピックとなって論じられている。つまり第一篇と第二篇に『音響と音楽』で論じられたことがだいたい収まっており、第三篇に新しい要素である日本音楽についての論考が加えられていることになる。

（14）東洋楽律の論考については『東洋学芸雑誌』以外にも『音楽』『音楽界』といった雑誌にも同じものあるいはそれを一般向けにしたものを発表しているが、ここでは二つの研究が並行して執筆されたことを理解する便宜上、『東洋学芸雑誌』に発表されたもののみを記した。

（15）この翌年「諸民族の音階について」として公刊される（秋山 1980: 65）。

（16）「日本音楽の理論」の冒頭には、「昨年十一月二十一日心理学会に就て講演したる草稿に多少訂正増補したるもの」という記述があるから、おそらくこの「日本音楽の粋を論ず」もこの「心理学会」での講演に基づいたものであると考えられる。「日本音楽の理論」が『哲学雑誌』に掲載されているのは、当時はまだ心理学の講座は哲学科にあり、公式な心理学の学会・学会誌も存在しておらず、心理学に関する論文は『哲学雑誌』や『東洋学芸雑誌』などに掲載されるのが常であったからである（佐藤・溝口編 1997: 67）。

（17）初出は『思想』の一九三〇年一月号と二月号、のち同年十一月に岩波書店より単著として刊行された。九鬼の草稿には最初にこの論文を書き上げたのが一九二六年十二月とある（安田・多田 1992: 5–7）。

（18）島崎赤太郎（双榎生）は「田邊君の説を読む」（『音樂』、二巻二号、一九一一年二月）で、田辺のリズム論の用語の使用法について、「『言語のリヅム的旋律』といふ語は、単に『言語のアクセント』といふに過ぎない」と批判している。

(19) 一八九三年に『音楽の芸術 *The Art of Music*』というタイトルで出版された。

(20) ウェスタールをめぐるこの主題については仲以外に、細川周平による口頭発表「フェノロサになれなかったドイツ人――ウェスタール博士の日本音楽論をめぐって」(海外研究交流シンポジウム「近代日本の美と思想」、キーンツハイム、アルザス日本研究欧州センター、二〇〇八年三月一日)があり、氏より有益な助言と資料を頂いた。

(21) 田辺が後にこうしたプログラムを音楽教育で推進していった経緯については、寺田(1997)に詳しい。

(22) クラークは、イリノイ州、アイオワ州、ウィスコンシン州などで、小学校・高校の音楽教師・音楽教育指導主任として務めたのち、一九一一年にヴィクター・トーキング・マシン社が教育部門を設置すると招聘されて部長となった女性である。クラークに関しては、Music Educators National Conference Historical Center (2006) に詳しく紹介されている。

(23) 音楽取調掛の伊沢修二を通して日本の音楽教育制度に多大な影響を与えたルーサー・ホワイティング・メーソン(第一章)は、ローウェル・メーソンの教え子である。ローウェル・メーソンに関しては Howe (1992) の研究がある。

(24) 田辺によれば、学校の講義で初めてレコードを使用したのは、東京音楽学校で美学の教師をしていた田村寛貞であるという(田辺 1965: 299-300)。

(25) とりわけ田辺の師である田中正平が、桃中軒雲右衛門の浪花節を「確固タル音楽的作品トシテ之ヲ認ムルヲ得ス」と海賊版レコードに有利な証言をしていただけに、田辺の存在は力強く感じられただろう。桃中軒雲右衛門の海賊版レコードとレコードの著作権については、細川(2003)に詳しく論じられている。

(26) この点について本書では大きく検討するにとどめるが、今後、田辺についての理解を深めるためにも、兼常と田辺を比較検討することは重要であると思われる。そのような試みとして、石嶺（2007）や齋藤（2012）がある。

（27）『心理学論集』（実験心理学会編纂）の第二巻として出版された。『心理学論集』は兼常の指導教官である京都帝国大学の実験心理学講座の教授・松本亦太郎の監修によるものである。後に松本が東京帝国大学へ異動したことから、兼常も上京をすることになる。

（28）例えば田辺の「日本音楽と西洋音楽」（田辺 1942a, b）は、兼常清佐『日本音楽と西洋音楽』（兼常 1941）への批判として書かれたものであることが、その冒頭で述べられている。

（29）田辺の「邦楽排斥論は成立せぬ」の『邦楽』への転載時の編集者の言（田辺 1917g: 33）。

（30）興亡史論刊行会の代表者である松宮春一郎は、学習院出身で翻訳者として当時著名であった。田辺は松宮とは一高入学前の浪人時代の塾で面識があった（田辺 1981: 118–119）。

（31）コンバリゥの出生記録や経歴については以下の資料を典拠とした：«Obsèques de M. Combarieu», *Journal du Lot*, 15 et 16 juillet 1916, p. 2. «Aux morts» (la nécrologie), *Bulletin de la Société Française de Musicologie*, Tome 1, n° 1, 1971, p. 14–15. Guy Caplat, *L'Inspection générale de l'Instruction publique au XXe siècle: Dictionnaire biographique des inspecteurs généraux et des inspecteurs de l'Académie de Paris 1914-1939*, Paris, INRP/Economica, 1997. p. 21–44.

（32）コンバリゥの音楽思想について触れたものには、アレン（1968）、大島（1977）、Campos（2006）、Haines（2001）、山上揚平（2011）がある。興味深いことに、このうちコンバリゥのみを主題とした大島と山上は日本語文献である（両書とも学位論文）。

（33）シェフネルにおけるドイツの比較音楽学の影響は、殊に楽器分類法に顕著である。Schaeffner（1967）の序文を参照。

（34）鉄笛は徳川時代の最後までの雅楽史を計画していたという（滝沢 2006: 175–204）。

（35）「楽制改革」という用語に対する懐疑を、私自身は二〇〇三年に上野学園日本音楽資料室の福島和夫室長より示唆を受けたことによって、雅楽と日本音楽史の間柄にこれまで長く関心を持つことになった。

(36) 唐楽の笛である龍笛は七つの指孔で長さ約四〇センチ、高麗楽の笛である高麗笛は六つの指孔で長さ約三六センチで、さらに龍笛よりも内径が小さく作られていることから、フルートとピッコロの関係にたとえられることもあるが、ピッコロがフルートよりも一オクターヴ高い音が出るのに対して、高麗笛は龍笛よりも長二度（例えばドとレの関係）高いだけである。

(37) 七頁に初出。またその第四章「平安時代の音楽」第一節「楽制の改革」でも論じられている。この論考は一九三二年に雄山閣から単著『日本音楽史』として出版される（第七章「楽制改革」を参照）。

(38) 田辺の一九二〇年の日記（民音音楽博物館蔵、TCG/01/06）では、一九二〇年六月八日がこの件についての町田来訪の最初の記録である。「町田博三氏来リ、雅楽蓄音器吹込ノヿニツキ相談」とある。

(39) なお、田辺「田辺尚雄思い出ばなし　その五　邦楽大家との出会い」には、「日暮里にある小さなレコード会社」と記されている（田辺 1975: 124）。

(40) これらのうち二七曲（二〇枚）が、京都市立芸術大学日本伝統音楽研究センター『田辺尚雄・秀雄旧蔵楽器コレクション図版』（二〇〇六年、六〇～六二頁）の所蔵SPリストに確認できる。いくつかの音源はデジタル化されており、京都市立芸術大学日本伝統音楽研究センターのウェブサイト「田邉氏寄贈コレクション」内でレコードジャケットの画像と共に視聴できる（http://neptune.kcua.ac.jp/cgi-bin/kyogei/index_tanabe.cgi）。

(41) 当初は装飾パネルとして構想されていた『天平の面影』は、『諧音』という絵と二双で一図をなしていた。『諧音』もまた「阮咸《げんかん》」という復元された有名な正倉院収蔵楽器をもつ女性が主題であったようだが、第八回白馬会（一九〇三年）に出品されたあと、藤島の手で塗りつぶされたという。中田裕子「藤島武二の装飾画」（『藤島武二展　ブリヂストン美術館開館五〇周年記念』展覧会図録、石橋財団ブリヂストン美術館、二〇〇四年）を参照。

（42）ウィーン大学の音楽学者エーリッヒ・ホルンボステルとベルリン大学の音楽学者クルト・ザックスCurt Sachs（一八八一〜一九五九）によってまとめられた楽器分類法。体鳴楽器 Idiophone、膜鳴楽器 Membranophone、弦鳴楽器 Chordophone、気鳴楽器 Aerophone の四分類に、現在では電鳴楽器 Electrophone を足して（一九三七年、フランシス・ウィリアム・ガルピンによる）、五分類とする。

（43）一九二四年五月には、田辺訳カール・エンゲル『文明史上より見たる世界の楽器』（上下二巻組、世界文庫刊行会）が出版される。これは一見、連載をまとめて出版したもののように思われるが、「訳者序」の末尾に「大正十二年（一九二一年）十一月」と記されていることから、掲載開始の時点（一九二一年八月）から二、三か月後にはほぼ翻訳が終わっていたものを、二年にわたってふりわけて掲載していたと考えられる。

（44）研究費の支給開始年月については『財団法人啓明会事業報告書　大正九年度版』の三〇頁の表記に従った。『東亜音楽論叢　田辺先生還暦記念論文集』（三一書房、一九四三年）の年表には大正九年（一九二〇年）一月、『続田辺尚雄自叙伝』（田辺 1982）には大正七年と記載されている。

（45）一部ではあるが現地で収録した音源をＬＰレコードで聴くことができる。田辺秀雄（企画・監修）・田辺尚雄（録音・調査）、『南洋・台湾・樺太諸民族の音楽』（33 1/2回転レコード）、東芝ＥＭＩ、一九七八年。

（46）田辺は八重山の古謡に、「マレー系」だからというだけではなく、西洋音楽の「ハーモニー」という音楽学的な評価をも与える。田辺「世界第一民謡を持つ八重山・日本の古い音楽」（『東京日日新聞』、一九二二年九月二四日〜十月五日まで一〇回連載）、「八重山群島の民謡」（『芸術雑誌　詩と音楽』、一九二二年十一月、七一〜七七頁）を参照。なお、田辺の八重山音楽調査については、久万田晋「民族音楽における沖縄の発見」（『平成八年度沖縄地区大学放送公開講座　琉球に魅せられた人々——外からの琉球研究とその背景』、一九九六年、八一〜八九頁）、Suzuki（2014）、鈴木聖子『「科学」としての日本音楽研究』（東京大学大学院人文社会系研究科博士論文、二〇一四年）に詳しく論じられている。

（47）北京旅行中の田辺の紀行文が掲載された『音楽と蓄音機』を確認できないため、一九七〇年に編集された書（田辺 1970）より引用したが、この引用箇所は、「音楽より見たる東亜共栄圏」（田辺 1941b）ならびにその再録である『東洋音楽の印象』（田辺 1941d: 89-91）では、次のように異なる表現で記されている。「諸君は連日日本に向つて旅順大連を返還せよと叫んで居る。私は諸君の立場に立つて考へてそれは尤もな事であると深く同情する。然し私は政治家でもなく、外交官でもなく軍人でもないから、旅順大連の返還が合理であるか否かは全く知らない。［…］然し私は今日旅順大連よりもモツト遥かに大きな立派なものを日本から諸君の手に返さうとして、わざわざ茲に来たものである。而かも之れは何等諸君からの強制に依るものでなく、自ら考へ喜び勇んで茲に来たものである。」なお、本書の第七章において触れているのは、これら一九四〇年代に書かれたものの続きの部分である。

（48）このような田辺の理論が次世代の研究者に受け継がれていく様子は、植村（2003）に詳しい。

（49）新日本音楽については、千葉（2000）、渡辺（2004）の研究に詳しい。

（50）田辺には『書き改められた日本音楽史』というタイトルの著作を出版する予定があったことが、一九四〇年六月の『日本音楽概説』（河出書房）の巻末「参考書」リストに次のように挙げられていることから分かる。

『日本精神と音楽』（文部省発行　国民精神作興叢書　第八巻）

『日本音楽の真髄』（文部省教学局　教学叢書　第八週輯）

『書き改められた日本音楽史』（創元社発刊　近刊）

『日本の音楽』（人文書院発行　音楽教養叢書　近刊）

このリストで「近刊」となっている後者二冊のうち、『書き改められた日本音楽史』が出版されたのかどうかは不明である。『日本の音楽』のほうは戦前にすでに書きあげていたと田辺が述べている通り、一九四七年八月に中文館書店という市ヶ谷の書店から出版されるが、その序文にも『書き改められた日本音楽史』を将来刊行する予定であると述べられているので、『書き改められた日本音楽史』は結局日の目をみることはなかったのではないかと思われる。

(51) 白鳥の「東洋史学」については、姜（2004: 133-162）を参照。日本における「東洋学」の導入・形成のプロセスについては、中見（2006）を参照。

(52) これらの推薦文は復刻版のCD『SP復刻版　東亜の音楽』（日本コロムビア、一九九七年）の解説書からは削除された。

(53) 容易に入手できるものに、スミソニアン・インスティテュートのFOLKWAYS RECORDSシリーズから一九七九年に復刻されたCD版（E. M. von Hornbostel, *Music of the Orient*, FOLKWAYS: F-4157）がある。

(54) 収録曲目については、『大東亜音楽集成』広告（『音楽公論』、一九四二年五月）を参照した。

(55) 収録曲目については、『南方の音楽』広告（『音楽之友』、一九四二年六月）ならびに筆者所有の音盤レーベルを参照した。

(56) 天王寺方の楽師で、この人員整理の際に退官された薗廣教《そのひろのり》氏（一九二六〜一九九八）の談話による（一九九〇年）。

(57) ただし師の漱石は「あっさり願候」とそれを批判したという（上村 1998: 185-187）。

(58) 二〇一一年から二〇一四年にかけて行った戸口幸策氏（一九二七〜二〇一六）へのインタビューに基づく。

文献資料

文献

田辺尚雄（本書に関係したもののみ）

田辺尚雄、一九〇六a、「ヴアヰオリン盤の振動について」、『音楽』、九巻五号、二〇～二三頁

――、一九〇六b、「理論音響学初歩講義」、『音楽』、九巻六号、五九～六〇頁

――、一九〇六c、「音響学（続き）」、『音楽』、十巻一号、六七～七〇頁

――、一九〇六d、「音楽的音響学」、『音楽』、十巻五号、五三～五五頁

――、一九〇六e、「音楽技術家と理論家に就て」、『音楽』、一〇巻六号、五～七頁

――、一九〇六f、「ハルト氏ヴアイオリン音楽論梗概」、『音楽』、十一巻一号、十二～十五頁

――、一九〇六g、「リヒテル和声学対声学及フウグ論講義」、『音楽』、十一巻二号、九～十一頁

――、一九〇七a、「リヒテル和声学対声学及フウグ論講義（二）」、『音楽』、十一巻四号、十一～十三頁

――、一九〇七b、「音楽の主観的価値」、『音楽』、十一巻五号、五～九頁

――、一九〇七c、「ハルト氏ヴアイオリン音楽論梗概（二）」、『音楽』、十一巻六号、十一～十五頁

――、一九〇七d、「リヒテル和声学（第三回）」、『音楽』、十二巻一号、六～八頁

――、一九〇七e、「リヒテル和声学（第四回）」、『音楽』、十二巻二号、六～八頁

――、一九〇七f、「音楽美学論」、『音楽』、十二巻三号、五～七頁

――、一九〇八a、『音響と音楽』、弘道館

――、一九〇八b、「初めて研究されたる日本の舞踊」、『報知新聞』、十二月五日・六日・七日各日とも七面
――、一九〇九a、「日本音楽の粋を論ず」、『歌舞音曲』、二三号、二～六頁
――、一九〇九b、「日本音楽の理論附粋の研究」、『哲学雑誌』、二四巻、一六六～一九五頁
――、一九〇九c、「音程の対数値及其楽律上の応用」、『東洋学芸雑誌』、二六巻三三二号、一九一～二〇二頁
――、一九〇九d、「音楽進化論」、『音楽』（東京音楽学校楽友会）、一巻五号、一～三頁
――、一九〇九e、「音程の角度値及新案楽律構成器」、『東洋学芸雑誌』、二六巻三三四号、三〇九～三一八頁
――、一九〇九f、「日本の舞踊と美容について」、『心理学通俗講話会』、一輯、一〇五～一四七頁
――、一九〇九g、「支那の純正調楽律」、『東洋学芸雑誌』、二六巻三三七号、四八四～四九〇頁
――、一九一〇a、「正しい調子と有鍵楽器（一）」、『音楽界』、三巻一号、二〇～二三頁
――、一九一〇b、「中根璋の六十平均率と京房の六十律との関係に就て」、『東洋学芸雑誌』、二七巻三四六号、三〇九～三一五頁
――、一九一〇c、「四半音程の記号に就て」、『音楽』、一巻七号、一五頁
――、一九一〇d、「中根璋氏の本邦楽律論に就て」、『東洋学芸雑誌』、二七巻三四七号、三五五～三六〇頁
――、一九一〇e、「日本俗楽論附現代唱歌の難点」、『早稲田文学』、五八巻、二六～四七頁
――、一九一〇f、「西洋音楽を日本楽器で奏することに就て」、下、『読売新聞』、九月二七日朝刊、七面
――、一九一一a、（中村清二校閲）『実用大物理学講義　第一巻　力学・音響学』、内田老鶴圃
――、一九一一b、「欧州楽発達史講義」、『早稲田文学』、七月号付録、一～四五頁
――、一九一三a、「日本音楽は世界最高か最劣等か―ウエストハルプ氏に―」（上）『時事新報』、八月二十五日、五頁
――、一九一三b、「日本音楽は世界最高か最劣等か―ウエストハルプ氏に―」（下）『時事新報』、八月二十

六日、五頁
——、一九一三c、「食卓上の楽論（上）」、『時事新報』、九月二六日、五頁
——、一九一三d、「食卓上の楽論（中）」、『時事新報』、九月二七日、五頁
——、一九一三e、「食卓上の楽論（下）」、『時事新報』、九月三〇日、五頁
——、一九一四a、「楽律構成器の改良」、『東洋学芸雑誌』、三一巻三九一号、一七一〜一七五頁
——、一九一四b、「楽律構成器の改良」、『音楽』（東京音楽学校）、五巻四号、二二〜二七頁
——、一九一四c、「音程値の定め方に就て」、『東洋学芸雑誌』、三一巻三九二号、二三二〜二三四頁
——、一九一四d、「音程値の定め方」、『音楽』、五巻五号、二〜五頁
——、一九一五、『西洋音楽講話』、岩波書店
——、一九一六、『最近科学上より見たる音楽の原理』、内田老鶴圃
——、一九一七a、「日本音楽の発達」、『明治聖徳記念学会紀要』、七号、一四三〜一五五頁
——、一九一七b、「音楽の話（一）」、『国学院雑誌』、二三巻六号、三九〜六一頁
——、一九一七c、「音楽の話（二）」、『国学院雑誌』、二三巻七号、二七〜五〇頁
——、一九一七d、「邦楽排斥論は成立せぬ　一、兼常文学士と見解を異にする点」、『時事新報』、八月十日、八面
——、一九一七e、「邦楽排斥論は成立せぬ　二、孔子が七絃琴の治国策も無効なりし」、『時事新報』、八月十一日、八面
——、一九一七f、「邦楽排斥論は成立せぬ　三、音楽上の崇外思想を放棄せよ」、『時事新報』、八月十二日、八面
——、一九一七g、「邦楽排斥論は成立せぬ」、『邦楽』、三巻九号、二八〜三三頁
——、一九一八、「音楽の発達と其民族の特性」、『史論叢録』、下巻、興亡史論刊行会、一〜七六頁
——、一九一九a、『日本音楽講話』、岩波書店

――、一九一九b、『女の美容と舞踊』、内田老鶴圃
――、一九二一a、『雅楽通解』、古曲保存会
――、一九二一b、「日鮮融和と音楽」、『音楽と蓄音器』、八巻五号、一～五頁
――、一九二一c、「朝鮮音楽研究日記」、『音楽と蓄音器』、八巻五号、六一～八六頁
――、一九二一d、「朝鮮の音楽　その日本音楽との関係について」、『音楽と蓄音器』、八巻五号、五～一七頁
――、一九二一e、「宮中音楽の民衆化に対する誤解」(上)、八月一八日、東京日日新聞』、一八面
――、一九二一f、「朝鮮李王家の古楽舞　我が宮中の舞楽との関係」、『啓明会第五回講演集』、啓明会、一～二六頁
――、一九二二a、「日本上古の音楽と奈良朝の音楽」、『国華倶楽部講話集』、一輯、一九五～二二六頁
――、一九二二b、「蛮人音楽研究の為　田辺理学士の渡台　新領土統治と音楽の要　田辺氏語る」、『音楽と蓄音器』、九巻四号、五六頁
――、一九二三a、「台湾及琉球の音楽に就きて」、『財団法人啓明会第八回講演集』、四～四二頁
――、一九二三b、「支那の音楽　(二)」、『京津日日新聞』、五月一三日
――、一九二三c、「支那の音楽　(完)」、『京津日日新聞』、五月一七日
――、一九二三d、「支那音楽研究旅行記　(一)」、『音楽と蓄音機』、一〇巻八号、二六～三六頁
――、一九二三e、『第一音楽紀行』、文化生活研究会
――、一九二六a、「日本を中心として見た東洋音楽の変遷について」、『中央史壇』、一二巻一号、四七～五九頁
――、一九二六b、『日本音楽の研究』、京文社
――、一九二七、『島国の唄と踊』、(『日本民俗叢書』)、磯部甲陽堂
――、一九二八、「日本音楽史」、『日本風俗史講座』、二十巻、一～二〇八頁

――、一九二九a、「東洋音楽概説」、『大思想エンサイクロペヂア』、十二、春秋社、二七一～三〇七頁
――、一九二九b、『東洋音楽論』、春秋社
――、一九三〇、『東洋音楽史』、雄山閣（『東洋音楽史』、植村幸生校注、平凡社、二〇一四年）
――、一九三一、『雅楽と伎楽』、岩波講座『日本文学』、岩波書店
――、一九三二、『日本音楽史』、雄山閣
――、一九三三、「日本音楽の本質」、『日本精神講座』、第二巻、新潮社、二一五～三一四頁
――、一九三四、『日本音楽史』、『世界音楽講座』、春秋社
――、一九三五a、「奇人兼常清佐君」、『音楽倶楽部』、二巻六号、一六～一七頁
――、一九三五b、「東洋音楽の長所」、『東亜文化論集』、三三～七〇頁
――、一九三六a、「理論上実用上理想的な五線式日本楽譜の提案」、『月刊楽譜』、二五巻四号、二～一三頁
――、一九三六b、「日本楽律論」、『月刊楽譜』、二五巻十号、三～二五頁
――、一九三七a、「日本に於ける音楽の伝統（一）」、『音楽評論』、六巻八号、一八～二七頁
――、一九三七b、「創刊に際して」、『東洋音楽研究』、一巻一号、三頁
――、一九三八、「日本精神と音楽」、『国民精神作興叢書』、八輯、文部省社会教育局、一～八九頁
――、一九三九、「音楽博物館建設運動と東亜音楽文化展覧会」、『博物館研究』、一二巻七号、二頁
――、一九四〇a、「日本音楽の真髄」、『教学叢書』、八輯、文部省教学局、九五～一四一頁
――、一九四〇b、『日本音楽概説』、河出書房（『日本音楽概論』、音楽之友社、一九五一年）
――、一九四一a、「音楽より見たる東亜共栄圏」、『文化日本』、四九～五二頁
――、一九四一b、「大東亜に於ける日本音楽の位置」、『日本音楽』、一号、七～九頁
――、一九四一c、「東亜の音楽」、『レコード音楽』、一五巻九号、一五～一九頁
――、一九四一d、『東洋音楽の印象』、人文書院
――、一九四一e、『東亜の音楽』解説書、コロムビアレコード

――、一九四二a、「大東亜と音楽」、『教学叢書』、十二輯、文部省教学局、一～三三頁
――、一九四二b、「共栄圏音楽文化工作」、『東亜文化圏』、一巻七号、一二三～一二五頁
――、一九四二c、「日本音楽と西洋音楽」、『国民精神文化講演集』、国民精神文化研究所、三五～五五頁
――、一九四二d、「日本音楽と西洋音楽」、（国民精神文化研究所編）『科学と芸術』、畝傍書房、三五～五五頁（一九四二cと同一の内容）
――、一九四二e、「大東亜音楽の特性」、『大東亜音楽集成』解説書、ビクターレコード、三九～五〇頁
――、一九四二f、「総論」、『南方の音楽』解説書、コロムビアレコード、一～一八頁
――、一九四三、「大東亜音楽科学の創建」、『音楽之友』、三巻八号、一頁
――、一九四五、「明日の祖国へ」、『文化』、創刊号、四～五頁
――、一九四六、「舞楽」、『演劇界』、四巻九号、二～六頁
――、一九四七a、「音楽教育と能楽」、『能』、一巻八号、一四～一七頁
――、一九四七b、「邦楽の今後と教育に就て」、『音楽之友』、五巻五号、一〇～一三頁
――、一九四八、「若い邦楽作曲家に」、『日本音楽』、一三号、二～四頁
――、一九四九、「雅楽の話」、『創造』、一九巻三号、二一～三〇頁
――、一九五〇、「古典芸能の理解と其の保存」、『日本音楽』、二九号、一～三頁
――、一九五一a、『日本の音楽』、中文館書店
――、一九五一b、「古典音楽の文化財としての価値」、『文化財月報』、一号、六頁
――、一九五五、「天山荘楽談　一六四　邦楽の海外進出」、『都山流楽報』、四五一号、二～四頁
――・吉川英士、一九五五、「雅楽」、『音楽事典』、第二巻、平凡社、二〇〇～二一六頁
田辺、一九五七a、「兼常清佐博士の死を悼む」、『音楽芸術』、一五巻六号、一〇七～一〇八頁
――、一九五七b、「編集を終って」、『音楽事典　月報』、十一・十二号、平凡社、一頁
――、一九六五、『明治音楽物語』、青蛙房

――、一九六八、『南洋・台湾・沖縄音楽紀行』、音楽之友社
――、一九七〇、『中国・朝鮮音楽調査紀行』、音楽之友社
――、一九七五、「田辺尚雄思い出ばなし　その五　邦楽大家との出会い」、『季刊邦楽』、五号、一二〇～一二四頁
――、一九七八、「田辺尚雄思い出ばなし　その一四　東京帝大と音楽学校」、『季刊邦楽』、一四号、七七～八一頁
――、一九七九、「田辺尚雄思い出ばなし　その二一　還暦記念論文集」、『季刊邦楽』、二一号、一一九～一二三頁
――、一九八〇、「田辺尚雄思い出ばなし　その二三　国民精神文化研究所」、『季刊邦楽』、二三号、一〇九～一一三頁
――、一九八一、『田辺尚雄自叙伝』、邦楽社
――、一九八二、『続田辺尚雄自叙伝』、邦楽社

はじめに

磯水絵、二〇一六、『説話と横笛』、勉誠出版
植村幸生、二〇〇二、「田辺尚雄と『東洋音楽』の概念」、（浅倉有子、上越教育大学東アジア研究会編）『歴史表象としての東アジア―歴史研究と歴史教育との対話』、清文堂出版、二二五～二三九頁
遠藤徹編、二〇〇四、『別冊太陽　雅楽』、平凡社
大崎滋生、二〇〇二、『音楽史の形成とメディア』、平凡社
小川朝子、一九九八、「近世の幕府儀礼と三方楽所」、（今谷明・高埜利彦編）『中近世の宗教と国家』、岩田書院、四〇七～四四六頁

――、二〇〇〇、「楽人」、(横田冬彦編)『シリーズ近世の身分的周縁　二　芸能・文化の世界』、吉川弘文館、一九～五三頁
木戸敏郎編、一九九〇、『歌謡』、『日本音楽叢書』、五巻、音楽之友社
薦田治子、二〇〇六、「薩摩盲僧琵琶の誕生と展開　平家琵琶から薩摩盲僧琵琶へ、そして薩摩琵琶へ」、『お茶の水音楽論集』、二七七～二八八頁
島津正、二〇〇一、「薩摩琵琶研究における田邉尚雄説をめぐって」、『東洋音楽研究』、六七号、九七～九九頁
塚原康子、二〇〇九、『明治国家と雅楽』、有志舎
寺内直子、二〇一〇、『雅楽の〈近代〉と〈現代〉　継承・普及・創造の軌跡』、岩波書店
――、二〇一七、『伶倫遊楽　芝祐靖と雅楽の現代』、アルテスパブリッシング
豊永聡美、二〇一七、『天皇の音楽史　古代・中世の帝王学』、吉川弘文館
中川正美、二〇〇七、『源氏物語と音楽』、和泉書院
西山松之助、一九八二、『家元の研究』(一九五九年)、『西山松之助著作集』、一巻、吉川弘文館
荻三津夫、二〇〇七、『古代中世音楽史の研究』、吉川弘文館
林屋辰三郎、一九六〇、『中世藝能史の研究　古代からの継承と創造』、岩波書店

序章

『雅楽録』、一八七八(明治十一)、二二号、宮内庁書陵部所蔵
『音楽略解』、一八七九(明治十二)、巻之一、宮内庁書陵部所蔵
安倍季尚、一九三五～三六、(羽塚啓明校訂)『楽家録』、『日本古典全集』、日本古典全集刊行会
飯島一彦、一九九三、「清暑堂御神楽成立考」、『国学院雑誌』、九四(三)、二八～四〇頁
伊藤真紀、二〇〇七、「神田孝平の「国楽論」と「戯劇」「国楽を振興すべきの説」をめぐって」、『文芸研

究』、一〇一号、明治大学文芸研究会、一～二四頁
井上勝生、一九八六、「近代天皇制の伝統と革新　明治天皇の即位式」、『法学セミナー　総合特集シリーズ三三　天皇制の現在』、日本評論社、一八八～一九五頁
猪瀬千尋、二〇〇九、「地下楽家の説話生成と理論構造　『教訓抄』を中心として」、『論究日本文學』、九〇号、二〇～三五頁
臼田甚五郎・新間進一・外村奈都子・徳江元正、二〇〇〇、「解題」『神楽歌・催馬楽・梁塵秘抄・閑吟集』、『新編　日本古典文学全集』、四二、小学館
江崎公子、一九七九、「国楽創生思想の成立過程についての一考察　明治七年から二十年までを中心として」、『国立音楽大学研究紀要』、一四集、二一九～二三二頁
小川守中、一九三〇、（正宗敦夫編纂校訂）『歌舞品目』、『日本古典全集』、日本古典全集刊行会
開国百年記念文化事業会編、一九五四、『明治文化史　九　音楽演芸編』、洋々社
蒲生美津子、一九八六、「明治撰定譜の成立事情」、『音楽と音楽学　服部幸三先生還暦記念論文集』、音楽之友社、二〇五～二三八頁
神田孝平、一八七四、「国楽ヲ振興スヘキノ説」、『明六雑誌』、一八号、七～九頁
吉川英史、一九八四、「『音楽』という用語とその周辺」、『日本音楽の美的研究』、音楽之友社
狛近真、一九二八、（正宗敦夫編纂校訂）『教訓抄』、『日本古典全集』、日本古典全集刊行会
芝祐泰、一九九一、「保育並遊戯唱歌の撰譜」、『音楽基礎研究文献集』、第一五巻、大空社
豊原統秋、一九三三、（正宗敦夫編纂校訂）『體源抄』、『日本古典全集』、日本古典全集刊行会
荻美津夫、一九七七、『日本古代音楽史論』、吉川弘文館
原武史、一九九九、「〈礼楽〉としての「日の丸・君が代」」、『世界』、一〇九～一一九頁
平出久雄、一九五九、「江戸時代の宮廷音楽再興覚え書」、『楽道』、二一二～二一五号
藤田覚、一九九四、『幕末の天皇』、講談社選書メチエ

藤田芙美子、一九七八、「保育唱歌研究―フレーベル式幼稚園唱歌遊戯移入の経過を中心として―」『国立音楽大学創立五十周年記念論文集』、三二九〜三六九頁
松平定信、一八九三、『俗楽問答』、江間政発編『楽翁公遺書』、二巻、八尾書店、一三〜三四頁
馬淵卯三郎、一九九五、「楽家録の成立」、『大阪芸術大学紀要』、十八、二二〜三二頁
山住正巳、一九六七、『唱歌教育成立過程の研究』、東京大学出版会
――、二〇〇〇、「雅楽と天皇制　とくに唱歌教育成立期を中心に」、『歴史評論』、六〇二号、二〜一三頁
ゴチェフスキ、ヘルマン、二〇〇〇、「保育唱歌について」、『近代唱歌集成：解説・論文・索引』、ビクターエンターテインメント
Ue Shinkô 上眞行、一八九三 Suzuki Yonejirô (trans.) 鈴木米次郎翻訳、*A General Sketch of the Gagaku (Classic Music)*、東京芸術大学所蔵

第一部

第一章

池内了、二〇〇五、『寺田寅彦と現代　等身大の科学をもとめて』、みすず書房
伊沢修二、一九七一、『音楽取調成績申報書』、（山住正巳校注）『洋楽事始　音楽取調成績申報書』、東洋文庫一八八、平凡社
板倉聖宣・木村東作・八木江里、一九七三年『長岡半太郎伝』、朝日新聞社
伊藤完夫、一九六八、『田中正平と純正調』、音楽之友社
上原六四郎、一八九七、「音響学」（十五）（一六と誤表記）、『音楽』、七三号、四〜一〇頁
――、一九〇三、「音楽の発達を論ず（俗楽者流に注意せよ）」、『音楽之友』、三巻五号、九〜一〇頁

――、一九〇四、「社会音楽の改良に就て」、（大日本音楽会編）『音楽管見』、六三～九六頁
岡本拓司、二〇一一・「原子核・素粒子物理学と競争的科学観の帰趨」、（金森修編著）『昭和前期の科学思想史』、勁草書房、一〇五～一四八頁
奥中康人、二〇〇八、『国家と音楽』、春秋社
長志珠絵、一九九八、『近代日本と国語ナショナリズム』、吉川弘文館
小山慶太、二〇一二、『寺田寅彦　漱石、レイリー卿と和魂洋才の物理学』、中公新書
兼常清佐、一九二七、「俗楽旋律考について」、（上原六四郎著）『俗楽旋律考』、岩波文庫、三～二六頁
木村直弘、二〇〇四、「二十世紀初頭の音楽理論　リーマンとエネルゲーティク」、『音楽学を学ぶ人のために』、世界思想社、七三～九〇頁
佐藤達哉・溝口元編、一九九七、『通史　日本の心理学』、北大路書房
末延芳晴、二〇〇九、『寺田寅彦　バイオリンを弾く物理学者』、平凡社
田中正平、一九〇四、「我邦音楽の発達に就て」（一九〇三年の『風俗改良会』に発表）（大日本音楽会編）『音楽管見』、出版協会、一～六一頁
――、一九四〇、「純正調発案の動機」（記録）、『日本音響学会誌』、一号、三三～三九頁
塚原康子、一九九四、「明治前期の日本音楽史研究　神津専三郎を中心に」、（小島美子編）『日本の音の文化』、第一書房、五八一～五九八頁
――、一九九八、「宇田川榕菴の楽律研究」、『化学史研究』、二五巻、五九～六〇頁
辻哲夫編著、一九九五、『日本の物理学者』、東海大学出版会
寺沢龍、二〇〇四、『透視も念写も事実である　福来友吉と千里眼事件』、草思社
寺田寅彦、一九九三、「「手首」の問題」、『寺田寅彦随筆集』、三巻、岩波文庫、一四二～一五〇頁
東川清一、一九九〇、『日本の音階を探る』、音楽之友社
東京藝術大学音楽取調掛研究班編、一九七六、『音楽教育成立への軌跡』、音楽之友社

東京藝術大学百年史編集委員会編、一九八七、『東京藝術大学百年史　東京音楽学校編』、一巻、音楽之友社
東京大学百年史編集委員会編、一九八七、『東京大学百年史　部局史二　理学部』、東京大学
中村清二、一八九七a、「日本支那楽律考」、『東洋学芸雑誌』、一九四号、四六七〜四七四頁
――、一八九七b、「日本支那楽律考（承前）」、一九五号、五〇五〜五一八頁
――、一九一一a、「序」、藤教篤・藤原咲平『千里眼実験録』、大日本図書
――、一九一一b、「一理学者の見たる千里眼問題」『開拓者』、六巻四号、四四〜四六頁（「理学者の見たる千里眼問題」、『太陽』、一七巻六号、一九一一年五月一日、七〇〜八八頁に再録）
――、一九一一c、「明治四十四年二月二十二日東京帝国大学理科大学に於て福来博士と余との千里眼に関する会談」、『東洋学芸雑誌』、二八巻三五六号、二二八〜二三八頁
――、一九一一d、「同（承前）」『東洋学芸雑誌』、二八巻三五七号、二八六〜三〇〇頁
――、一九一一e、「同（承前）」『東洋学芸雑誌』二八巻三五八号、三三六〜三四七頁
――、一九三八、『物理学周辺』、河出書房
――、一九四三、『田中館愛橘先生』、中央公論社
長山靖生、二〇〇五、『千里眼事件　科学とオカルトの明治日本』、平凡社
西原稔、二〇〇二、「田中正平の〈日本和声〉と〈日本的なもの〉の思想」、『転換期の音楽』、音楽之友社、三九九〜四〇七頁
日本科学史学会編、一九七〇、『日本科学技術史大系』、一三巻、第一法規出版
日本物理学会編、一九七八、『日本の物理学史　上　歴史・回想編』、東海大学出版会
野家啓一、二〇〇七、『科学の解釈学』、ちくま学芸文庫
――、二〇一〇、『パラダイムとは何か』、講談社学術文庫
廣重徹、一九七三、『科学の社会史』、中央公論社
平塚知子、一九九八、「『発達』する日本音楽　田中正平の理想と実践をめぐって」、『比較文学研究』、七一号、

一〇九〜一二八頁
三浦信一郎、二〇〇五、『西洋音楽思想の近代——西洋近代音楽思想の研究』、三元社
村上陽一郎、一九七七、『日本近代科学の歩み　新版』、三省堂
湯浅光朝、一九六一、『科学史』、東洋経済新報社
吉田寛、二〇〇一、「神津仙三郎『音楽利害』（明治二四年）と明治前期の音楽思想　一九世紀音楽思想史再考のために」、『東洋音楽研究』、六六、一七〜三六頁
ガッティング、ガリー、一九九二、（成定薫・大谷隆昶・金森修訳）『理性の考古学　フーコーと科学思想史』、産業図書（原書：Gary Gutting, *Michel Foucault's Archaeology of Scientific Reason*, Cambridge University Press, 1989）
クーン、トーマス、一九七一、（中山茂訳）『科学革命の構造』、みすず書房（原書：Kuhn, Thomas, *The Structure of Scientific Revolutions*, University of Chicago Press, 1962）
——、一九八九、（常石敬一訳）『コペルニクス革命　科学思想史序説』、講談社学術文庫（原書：Kuhn, Thomas, *The Copernican Revolution: Planetary Astronomy in the Development of Western Thought*, Harvard University Press, 1957）
シェイピン、スティーヴン、一九九八、（川田勝訳）『「科学革命」とは何だったのか』、白水社（原書：Steven Shapin, *The Scientific Revolution*, Chicago, Chicago University Press, 1996）
ラヴェッツ、J・R、一九八二、（中山茂訳）『批判的科学　産業化科学の批判のために』、秀潤社（原書：Jerome Ravetz, Scientific Knowledge and its Social Problems, Oxford, Oxford UP, 1996）
リッケルト、一九三九、（佐竹哲雄・豊川昇訳）『文化科学と自然科学』、岩波書店
Cahan, David, (ed.), 1993, *Hermann von Helmholtz and the Foundations of Nineteenth-Century Science*, Berkeley, University of California Press.
Canguilhem, Georges, 1975, *Études d' histoire et de philosophie des sciences*, Paris, Librairie philosophique

J. Vrin.（金森修監訳『科学史・科学哲学研究』、法政大学出版局、一九九一）
Gottschewski, Hermann, 二〇〇三 “Hoiku shōka and the melody of the Japanese national anthem Kimi ga yo”『東洋音楽研究』、六八号、八～一〇頁
Haines, John, 2001, «Généalogies musicologiques aux origines d'une science de la musique vers 1900», *Acta musicologica*, 73, 1, p. 21-44.
Rehding, Alexander, 2003, *Hugo Riemann and the birth of modern musical thought*, Cambridge, Cambridge University Press.
Terada, Torahiko, 1985” “Acoustical Investigation of the Japanese Banboo Pipe, Syakuhat”,（*The Journal of the College of Science, Imperial University of Tokyo*, XXI, p. 1-34, 1907, 3), *Scientific papers*, VOL. 1, p. 211-232.

第二章

秋山龍英訳編、一九八〇、『民族音楽学リーディングス』、音楽之友社
赤松昭、一九七三、「乙骨三郎」、『近代文学研究叢書』、三八、昭和女子大学近代文学研究所、三八五～四二二頁
石倉小三郎、一九三五、「思ひ出を語る」、（乙骨三郎）『西洋音楽史』（京文社、一九三五年）、附録、六～一三頁
高橋澪子、二〇一六、『心の科学史　西洋心理学の背景と実験心理学の誕生』、講談社学術文庫
瀧井敬子、二〇〇二、「森鷗外訳『オルフェウス』をめぐる一考察」『東京芸術大学音楽学部紀要』、二八号、二一一～四五頁
――、二〇〇四、『漱石が聴いたベートーヴェン』、中央公論新社

玉川裕子、一九九六、「夏目漱石の小説にみる音楽のある風景　お琴から洋琴（ピアノ）へ」、『桐朋学園大学研究紀要』、二二集、七三～九一頁
徳丸吉彦、二〇一六、『ミュージックスとの付き合い方　民族音楽学の拡がり』、左右社
中根元珪（璋）、一九九〇、『律原発揮』（一六九二）、（江崎公子編）『音楽基礎研究文献集』、一巻、大空社
中村清二、一九四三、「序」、『田辺先生還暦記念 東亜音楽論叢』、山一書房
安田武・多田道太郎、一九九二、『『「いき」の構造』を読む』、朝日選書、朝日新聞社
エリス、アレクサンドル・ジョン、一九五一、（門馬直美訳）『諸民族の音階　比較音楽論』、音楽之友社（原書：Ellis, Alexander John, "On the Musical Scales of Various Nations", *Journal of the Society of Arts*, Vol. 33, 1885, p. 485-527.）
フーコー、ミッシェル、二〇〇二、「啓蒙とは何か」、（小林康夫、石田英敬、松浦寿輝訳）『ミッシェル・フーコー思想集成　X　倫理／道徳／啓蒙』、筑摩書房、三～二五頁（原書："What is Enlightenment?", *The Foucault Reader*, 1984）
Horiuchi, Annick, 1994, *Les mathématiques japonaises à l'époque d'Edo*, Paris, Vrin.
W. B. Coventry, June 1902, "The Vibration of the Violin", *Nature*, vol. 66, p. 150-151.

第二部

第三章

石倉小三郎、一九〇五、『西洋音楽史』、博文館
石嶺葉子、二〇〇七、「田辺尚雄と兼常清佐――その相反する音楽研究姿勢について」、『沖縄県立芸術大学紀要』、第一五号、九七～一〇七頁

伊庭孝、一九三四、『日本音楽史』、學藝社
鵜浦裕、一九九一、「明治期における社会ダーウィニズム」、柴谷篤弘・長野敬・養老孟編『講座進化論 二巻 進化思想と社会』、東京大学出版会、一一九～一五二頁
大島（小穴）晶子、一九七七、『音楽における理解 J. Combarieu の考えをもとにして』、東京大学文学部美学芸術学学位論文
小川昌文、一九九八、「一九世紀初期アメリカ合衆国における唱歌教育の成立過程 ロウェル・メーソンとボストン音楽アカデミーを中心として」、『音楽教育史研究』、一号、一四～二八頁
乙骨三郎、一九一三、「邦楽と洋楽（一）」、『音楽』、四巻八号、一一～一四頁
――、一九一四a、「邦楽と洋楽（二）」、『音楽』、四巻十一号、一九～二一頁
――、一九一四b、「邦楽と洋楽（三）」、『音楽』、五巻一号、一三～一九頁
――、一九一四c、「邦楽と洋楽（四）」、『音楽』、五巻二号、一〇～一六頁
――、一九一四d、「邦楽と洋楽（五）」、『音楽』、五巻三号、七～一二頁
蒲生美津子（代表）、二〇〇七、『近代日本における音楽観 兼常清佐を中心に』（平成一七～一八年度科研基盤研究（C）研究成果報告）
――、二〇一三、『兼常清佐の生涯』、大空社
兼常清佐、一九一三、「日本は音楽の下等国」『心理研究』、四巻一号、八七～九四頁
――、一九一四、「日本音曲の複音」、『心理研究』、五巻六冊、五四六～五五七頁
――、一九一七a、「所謂日本の音楽とは？ 一、原始状態外に伸びて居らぬ邦楽」、『時事新報』、七月二十日、八面
――、一九一七b、「所謂日本の音楽とは？ 二、物理学上美学上よりの邦楽の欠点」、『時事新報』、七月二十日、八面。七月二一日、八面
――、一九一七c、「所謂日本の音楽とは？ 三、形式のみならず内容にも大に不満がある」、『時事新報』、

七月二二日、八面
――、一九一七d、「所謂日本の音楽とは？　四、娯楽的の邦楽に代る可き新芸術」、『時事新報』、七月二四日、八面
――、一九一七e、「所謂日本の音楽とは？」、『邦楽』、三巻八号、一一～一八頁
――、一九四一、『日本音楽と西洋音楽』、三笠書房
――、二〇〇八、『日本の音楽に就ての一観察』（博士論文、一九二〇年）、蒲生美津子・土田英三郎・川上央編『兼常清佐著作集』、三巻、大空社、九～二八七頁
岸辺成雄、一九八八、「歴史学と音楽」、『岩波講座　日本の音楽・アジアの音楽　一　概念の形成』、岩波書店、一一七～一四二頁
小中村清矩、二〇〇〇、『歌舞音楽略史』（乾坤全二冊、吉川半七、一八八八）、岩波文庫（初版一九二八）
齋藤桂、二〇一二、「日本音楽史といふものは可能であるか　兼常清佐の音楽史（学）観を中心に」、『文芸学研究』、一六、五七～七一頁
鈴木貞美、二〇〇〇、「明治日本における進化論受容　その問題群の構成をめぐって」（伊東俊太郎編）『日本の科学と文明』、同成社、二三七～二六四頁
鈴木聖子、二〇〇九、「田邊尚雄「音楽の発達と其民族の特性」（一九一八年）と二十世紀初頭における音楽思想」、『比較文明』、二四号、二六七～二九三頁
塚原康子、二〇〇五、「戦前の東京における「邦楽」」、（鈴木貞美・クロッペンシュタイン編）『日本文化の連続性と非連続性　一九二〇～一九七〇』、勉誠出版、四三五～四七二頁
寺田貴雄、一九九七、「田邊尚雄の音楽鑑賞論　「音樂の聴き方」（1936）を中心として」、『音楽教育学』、二七・二、一～一〇頁
仲万美子、一九八九、「日本における「音楽研究」から「音楽学」への移行の足跡」、『音楽学』、三五巻一号、四四～五三頁

――、一九九〇、「『日本音楽』に対する内・外の目」、『民族芸術』、六巻、一七四～一七九頁
平野健次、一九八八、「日本において音楽とはなにか」、『岩波講座　日本の音楽・アジアの音楽　一　概念の形成』、岩波書店、一七～三八頁
――、一九八九、「日本音楽史序説」、『岩波講座　日本の音楽・アジアの音楽　七　研究の方法』、岩波書店、一～二五頁
福島和夫、一九八九、「音楽史学の方法論」、『岩波講座　日本の音楽・アジアの音楽　七　研究の方法』、岩波書店、二七～五三頁
細川修一、二〇〇三、「著作権制度とディアの編制――日本の初期音楽産業を事例として」、『ソシオロゴス』、二七号、二四九～二六八頁
細川周平、一九九八、「近代日本音楽史・見取り図」、『現代詩手帖』、四一巻五号、二四～三八頁
村上陽一郎、二〇〇二、『新版　西欧近代科学　その自然観の歴史と構造』、新曜社
森分治美、一九九五、「アメリカ音楽科成立期における鑑賞教育論　F. E. クラークの場合」、『教育学研究紀要』、四一巻二部、二四四～二四九頁
山上揚平、二〇一一、『"Musicologie"の誕生：フランスにおける音楽認識の近代化』、東京大学大学院総合文化研究科博士論文（学術）
アレン、ウォレン・ドワイト、一九六八、（福田昌作訳）『音楽史の哲学　一六〇〇～一九六〇』、音楽之友社（原著：Warren Dwight Allen, *Philosophies of Music History: A Study of General Histories of Music 1600-1960*, New York, 1939, 1962）
ウェスタール、アルフレッド、一九一二a、（東新訳）「日本音楽の発見（一）」、『音楽』、三巻二号、二三～二六頁
――、一九一二b、（東新訳）「日本音楽の発見（二）」、『音楽』、三巻三号、一〇～一九頁
――、一九一二c、（東新訳）「日本音楽の発見（三）」、『音楽』、三巻四号、六～一四頁

グールド、スティーヴン・ジェイ、二〇〇一、（浦本昌紀・寺田鴻訳）『ダーウィン以来　進化論への招待』、早川書房（原書：Gould, Stephen Jay, *Ever Since Darwin, Reflections in Natural History*, 1977）

クレイトン、マーティン、二〇一一、「音楽の比較、音楽学の比較　異なる音楽は比較できるか」、（若尾裕監訳）『音楽のカルチュラル・スタディーズ』、アルテスパブリッシング、六一～七三頁

ボウラー、ピーター、一九九五、（岡嵜修訳）『進歩の発明　ヴィクトリア時代の歴史意識』、平凡社（原書：Bowler, Peter, *The invention of progress: The Victorians and the past*, 1989）

Campos, Rémy, 2006, «Philologie et sociologie de la musique au début du XXe siècle. Pierre Aubry et Jules Combarieu», *Revue d'Histoire des Sciences Humaines*, 14, p. 19-47.

Combarieu, Jules, 1894, *Les rapports de la musique et de la poésie considérées au point de vue de l'expression*, Paris, Alcan, p.VII.

——, 1907, *La musique, ses lois, son évolution*, Paris, Éditeur Flammarion.

——, 1910, *Music, its laws and evolution*, London, Kagen Paul, Trench, Trübner.

Cordereix, Pascal, 2006, «Les enregistrements du musée de la Parole et du Geste à l'Exposition coloniale», *Vingtième Siècle. Revue d' histoire*, n° 92, p. 47-59.

Faulkner, Anne Shaw, 1913, *What We Hear in Music: A Laboratory Course of Study in Music History and Appreciation, for Four Years of High School, Academy, College, Music Club or Home Study*, Camden, N. J., Educational Department, Victor Talking Machine Company.

Howe, Sondra Wieland, 1992, "Music Teaching in the Boston Public Schools, 1864-1879", *Journal of Research in Music Education*, Vol. 40, No. 4, Winter, p. 316-328.

Katz, Mark, 2005, *Capturing Sound: How Technologie Has Changed Music*, Berkekey, University of California Press.

Music Educators National Conference Historical Center, 2006, *Frances Elliott Clark Papers, Performing*

Arts, *Performing Arts Library*, University of Maryland, College Park, MD.
Parry, Hubert, 1905, *The Evolution of the Art of Music*, London, Kagen Paul, Trench, Trübner.
Schaeffner, André, 1967, *Origine des instruments de musique* (1936), Paris, Mouton éditeur, rééd.
Westarp, Alfred, 1911, «A la découverte de la musique japonaise», *Bulletin de la Société Franco-Japonaise de Paris*, n° 23-24, p. 61-89.
XYZ' 一九一二、「日本は音楽の一等国」、『読売新聞』、四月十三日、附録七面

第四章

北見治一、一九七八、『鉄笛と春曙　近代演技のはじまり』、晶文社
京都市立芸術大学日本伝統音楽研究センター、二〇〇六、『田辺尚雄・秀雄旧蔵楽器コレクション図録』
鈴木鼓村、一九一三、『日本音楽の話』、画報社
鈴木聖子、二〇〇六、「近代における雅楽概念の形成過程」、『文化資源学』、四号、四一～四九頁
——、二〇一四、「雅楽」、（野村朋弘編）『芸術教養シリーズ22 伝統を読みなおす1 日本文化の源流を探る』、九章、京都造形芸術大学・東北芸術工科大学出版局、八一～九〇頁
滝沢友子、二〇〇六、「史料覚書　東儀鐵笛著『日本音楽史考』について」、『日本音楽史研究』（上野学園日本音楽資料室研究年報）、六、一七五～二〇四頁
東儀季治（鉄笛）、一八九二、「本邦楽変遷論」、『音楽雑誌』、二十一号
——、一九〇八、「音楽小史」、（副島八十六編）『開国五十年史』、開国五十年史発行所、二九五～三二二頁
——、一九〇九、「日本音楽史」、『文芸百科全書』、二一八～二四一頁
——、一九一〇、『音楽入門』、早稲田大学出版部
——、一九一一、「日本音楽史考」（第二期「奈良朝の音楽」「六、高麗楽の組織と其楽譜」）、『音楽界』、四

巻三号、九〜一六頁
——、一九一二、「日本音楽史考」（第二期「奈良朝の音楽」「十一、外邦楽の楽器」）、『音楽界』、五巻九号、一一〜一八頁
——、一九一五、「日本音楽史考」（第三期「平安朝の音楽」「一、総論」、『音楽界』）、一六五号、一〇〜一五頁
（日本科学史学会編、一九六八、『思想』、『日本科学技術史大系』、六巻、第一法規出版）
福島和夫、一九九九、「音楽史学と東洋音楽研究——主として日本音楽について」、『日本音楽史研究（上野学園日本音楽資料室研究年報）』、二、一二八〜一三九頁
和辻哲郎、二〇一二、『初版　古寺巡礼』、ちくま学芸文庫（岩波書店、一九一九年初版）
ザルメン、ヴァルター、一九八五、『〈家庭音楽〉と室内楽　家庭内の音楽　一六〇〇年から一九〇〇年まで、その社会的発展』、音楽之友社
Suzuki, Seiko, 2013, «Le gagaku, musique de l'Empire: Tanabe Hisao et le patrimoine musical comme identité nationale», *Cipango*, n. 18 (Arts du spectacle, arts de la scène au Japon), p. 93-139（二〇一五年四月オンライン版 URL：http://cipango.revues.org/1999.）

第三部

第五章

上眞行・多忠基・田辺尚雄、一九二一、『正倉院楽器の調査報告』、帝室博物館学報
上田正昭、二〇〇四、「雅楽と日本の文化　生ける正倉院」、（遠藤徹編）『別冊太陽　雅楽』、平凡社、二〜三頁

岸辺成雄、一九五一、「正倉院楽器と奈良朝楽器」、『Museum』、東京国立博物館、八巻、一八〜二〇頁
――、一九五四a、「箜篌の起源（上）」、『考古学雑誌』、三九巻二号、一〜二〇頁
――、一九五四b、「箜篌の起源（下）」、『考古学雑誌』、三九巻三・四合併号、一五〜三〇頁
――、一九八二、『古代シルクロードの音楽　正倉院・敦煌・高麗をたどって』、講談社
木村法光、二〇〇〇、「壬申検査社寺宝物図集と正倉院宝物」、『正倉院紀要』、二二号、宮内庁正倉院事務局、四一〜六七頁
高木博志、一九九七、『近代天皇制の文化史的研究　天皇就任儀礼・年中行事・文化財』、校倉書房
――、二〇〇一、「世界文化遺産と日本の文化財保護史――御物と陵墓の非国際性」、（園田英弘編）『流動化する日本の「文化」グローバル時代の自己認識』、日本経済評論社、五七〜八〇頁
――、二〇〇六、『近代天皇制と古代文化』、岩波書店
東京国立博物館、一九七三、『東京国立博物館百年史』、東京国立博物館
東京国立博物館ほか監修・岡崎譲治編、一九六九、『日本の美術　一二　浄土教画』、至文堂
林謙三、一九六四、『正倉院楽器の研究』、風間書房
文化庁ほか監修・阿部弘編、一九七六、『日本の美術　二　正倉院の楽器』、一一七、至文堂
米崎清実、二〇〇五、「蜷川式胤と明治五年の社寺宝物調査」、（明治維新史学会編）『明治維新史研究　七　明治維新と歴史意識』、吉川弘文館、五六〜七九頁
ネルソン、スティーヴン、二〇〇三、「描かれた楽　日本伝統音楽の歴史的研究における音楽図像学の有用性をめぐって」、（文化財研究所東京文化財研究所編）『日本の楽器　新しい楽器学へ向けて（第二五回国際研究集会報告書）』、文化財研究所東京文化財研究所、一〇四〜一二二頁
Engel, Carl, 1864, *The Music of the Most Ancient Nations, Particularly of the Assyrians, Egyptians, and Hebrews*. J. Murray, London.
――, 1875, *Musical Instruments*, Chapman & Hall, London.

第六章

植村幸生、一九九七、「植民地期朝鮮における宮廷音楽の調査をめぐって　田辺尚雄『朝鮮雅楽調査』の政治的文脈」『朝鮮史研究会論文集』、三五、一一七〜一四四頁
――、二〇〇三、「日本人による台湾少数民族音楽の研究　田辺・黒沢・小泉の業績を中心に」『上越教育大学研究紀要』、二二（二）、三〇一〜三一三頁
兼常清佐、一九一三、『日本の音楽』、六合館
上参郷祐康、二〇〇一、「田邉秀雄氏韓国古音盤寄贈記念講演　韓国宮中音楽の継承と田邉尚雄」、（韓国文化院監修）『月刊韓国文化』、二五九号、三八〜四二頁
小熊英二、一九九五、『単一民族神話の起源　日本人の自画像の系譜』、新曜社
――、一九九八年『〈日本人〉の境界　沖縄・アイヌ・朝鮮　植民地支配から復帰運動まで』、新曜社
坂野徹、二〇一一、「日本人起源論と皇国史観　科学と神話のあいだ」、（金森修編著）『昭和前期の科学思想史』、勁草書房、二四三〜三一〇頁
千葉潤之助、二〇〇〇、『「作曲家」宮城道雄　伝統と革新のはざまで』、音楽之友社
山本華子、二〇一一、『李王職雅楽部の研究―植民地時代朝鮮の宮廷音楽伝承』、書肆フローラ
劉麟玉、二〇〇六、「歴史的脈絡下における黒澤隆朝と桝源次郎の交差　台湾民族音楽調査（一九四三）前後の時期をめぐって」、『お茶の水音楽論集特別号　徳丸吉彦先生古稀記念論文集』、お茶の水音楽研究会、二八九〜三〇〇頁
渡辺裕、二〇〇二、『日本文化　モダン・ラプソディ』、春秋社
――、二〇〇四、「〈春の海〉はなぜ「日本的」なのか」、（根岸一美・三浦信一郎編）『音楽学を学ぶ人のために』、世界思想社、二六四〜二八〇頁
Shuhei Hosokawa, 5. 1998, "In Search of the Sound of Empire: Tanabe Hisao and the Foundation of Japa-

nese Ethnomusicology", *Japanese Studies*, vol. 18, p. 5-19.
Suzuki, Seiko, 2014, «"Les recherches scientifiques sur la théorie de la musique orientale" de Tanabe Hisao: étude sur la musicologie japonaise des années 1920»,『国際日本学研究叢書』、法政大学国際日本学研究所

第七章

青木保、一九九八、『逆光のオリエンタリズム』、岩波書店
姜尚中、二〇〇四、『オリエンタリズムの彼方へ』、岩波書店
岸辺成雄、一九六六、「東洋音楽学会三十年小史」、『東洋音楽研究』、一九巻、六三～八〇頁
佐藤進、一九九六、「バビロン学会と古代学研究所　日本における古代オリエント学の黎明」、『立正大学人文科学研究所年報』別冊十号、三七～四八頁
高楠順次郎、一九四四、『知識民族としてのスメル族』、経典出版
竹内孝治・小川英明、二〇一一、「戦時期における哲学者・小島威彦の著作および出版活動とスメラ学塾坂倉準三とその協働者・小島威彦の日本世界主義思想に関する研究（その一）」、『造形学研究所所報』、七号、二九～三四頁
中見立夫、二〇〇六、「日本的『東洋学』の形成と構図」帝国」、『東洋学の磁場』、『日本の学知』、三巻、岩波書店、一三～五四頁
藤原明、二〇〇四、『日本の偽書』、文藝春秋
三笠宮崇仁、二〇〇〇、「日本における古代オリエント文明研究史」、『オリエント』、四三・二、一～一四頁
三島敦雄、一九二七、『天孫人種六千年史の研究』、スメル学会
森征一、一九八八、「弁護士原田敬吾とバビロン学会の設立」、『近代日本研究』、慶應義塾福沢研究センター、

一六一～一七九頁（『福沢諭吉の法思想　視座・実践・影響』、慶應義塾大学出版会、二〇〇二に再録）
サイード、エドワード、一九八六、（今沢紀子訳、板垣雄三・杉田英明監修）『オリエンタリズム』、上・下、平凡社（原書：Said, Edward, *Orientalism*, New York, Pantheon Books, 1978）

第八章

池田浩士編、二〇〇七、『大東亜共栄圏の文化建設』、人文書院
栄沢幸二、一九九五、『「大東亜共栄圏」の思想』、講談社現代新書
多忠龍、一九四二、『雅楽』、六興商会出版
沖慎之、一九四一、「「東亜の音楽」を聴く」、『音楽倶楽部』、八巻九号、五五頁
荻野富士夫、二〇〇七、『戦前文部省の治安機能　「思想統制」から「教学錬成」へ』、校倉書房
河西晃祐、二〇〇五、「外務省「大東亜共栄圏」構想の形成過程」、『歴史学研究』、七九八号、一～二一頁
岸辺成雄、一九三九、「近代東洋音楽研究への覚え書　東亜を中心として」、『東亜論叢』、一輯、二八七～三〇三頁
――、一九四二a、「東亜音楽の歴史的必然性」、『国民精神文化』、八巻二号、一〇七～一一三頁
――、一九四二b、「日本音楽史研究の過去と将来」、『音楽研究』、一号、一八六～一九四頁
――、一九四四、『東亜音楽史考』、龍吟社
黒沢隆朝、一九四一、「仏印の音楽」、『レコード音楽』、十五巻九号、三二～三六頁
――、一九四二a、「タイの音楽を語る」、『音楽之友』、二巻二号、七四～七七頁
――、一九四二b、「音楽に聴く大東亜」、『音楽公論』、二巻五号、九六頁
国民精神文化研究所、一九四一a、『昭和十六年三月　国民精神文化研究所要覧』

――、一九四一b、『国民精神文化研究』、七巻九号
酒井健太郎、二〇〇八、「国際文化振興会の対外文化事業――芸能・音楽を用いた事業に注目して」、（戸ノ下達也・長木誠司編著）『総力戦と音楽文化――音と声の戦争』、青弓社、一二七～一五八頁
瀧遼一、一九三九、「東洋楽器の特色」、『博物館研究』、一二巻七号、五～六頁
――、一九四一、「満蒙の音楽」、『レコード音楽』、十五巻九号、二八～三一頁
――、一九四二、「東亜音楽の価値」、『国民精神文化』、八巻二号、一一四～一二九頁
徳丸吉彦、二〇〇二、「音楽博物館の思想と実際」、『芸術文化政策I』、放送大学教育振興会、一一九～一二六頁
服部卓四郎、一九七九、『大東亜戦争全史』（『明治百年史叢書』）、原書房
前田一男、一九八二、「国民精神文化研究所の研究　戦時下教学刷新における「精研」の役割・機能について」、『日本の教育史学』、二五、五三～八一頁
宮地正人、一九九〇、「天皇制ファシズムとそのイデオローグたち――「国民精神文化研究所」を例にとって」、『季刊科学と思想』、七六号、一〇一〇～一〇四〇頁
山中一郎、一九四二、「『南方の音楽』を聴く」、『音楽公論』、二巻七号、九二～九四頁
K（唐端勝）、一九四二、「編輯室」、『音楽之友』、二巻六号、奥付頁

終章

五十里幸太郎、一九四七、「とくをしたのは」、『音楽事典　月報』、十一・十二号、平凡社、三頁
上村以和於、一九九八、「「ディレッタント」たちの光芒　小宮豊隆と木下杢太郎の撤退」、『歌舞伎』、二一号、歌舞伎学会、一八五～一九五頁

江藤淳、一九九四、『閉された言語空間　占領軍の検閲と戦後日本』、文春文庫、文芸春秋
奥泉栄三郎編、一九八二、『占領軍検閲雑誌目録・解題』、雄松堂書店
小熊英二、二〇〇二、『〈民主〉と〈愛国〉　戦後日本のナショナリズムと公共性』、新曜社
柄谷行人、一九八九、「検閲と近代・日本・文学　柳田国男にふれて」、『隠喩としての建築』、講談社学術文庫、一六九〜一九五頁
川崎賢子、二〇一三、「GHQ占領期における「文楽」の変容　「古典」になること」、『Intelligence』、一三号、六八〜七八頁
岸辺成雄、一九四八a、「国立音楽研究所設立私案　東京音楽学校の大学昇格と邦楽科」、『音楽芸術』、六巻二号、六〜一一頁
――、一九四八b、「田辺尚雄著『日本の音楽』」、『読書俱楽部』、三巻四号、一四〜一五頁
吉川英士（司会）、一九四八、「座談会　日本音楽と学校教育」、『能』、二巻六号、八〜一五頁
――、一九五一、「東京芸術大学邦楽科の存在理由」、『音楽芸術』、九巻四号、一八〜二七頁
――（英史）、一九九四、『謝々天庵主人回想録』、邦楽社
――、一九九七、『三味線の美学と芸大邦楽科誕生秘話』、出版芸術社
国立国会図書館、一九八〇、『国立国会図書館蔵　発禁図書目録　一九四五年以前』、紀伊国屋書店
小宮豊隆、一九四八、「邦楽の問題　衆議院文化委員会の諸君へ」、『世界』、三四号、四六〜五五頁
――、一九六四、『藝のこと・藝術のこと』、角川書店
――、二〇〇〇、『中村吉右衛門』、岩波現代文庫（一九六二）
境野飛鳥、二〇〇九、「GHQ／SCAP文書にみる文化財保護法の成立過程」、『日本歴史』、七三六、六九〜八六頁
長木誠司、二〇〇五、「音楽における〈戦争犯罪〉論の射程」、（鈴木貞美・クロッペンシュタイン編）『日本文化の連続性と非連続性　一九二〇〜一九七〇』、勉誠出版、四一九〜四三四頁

東京藝術大学百年史編集委員会編、二〇〇三、『東京藝術大学百年史 東京音楽学校篇』、二巻、音楽之友社
西尾幹二、二〇〇八、『GHQ焚書図書開封』、徳間書店
日本戦後音楽史研究会編、二〇〇七、『日本戦後音楽史』、上下巻、平凡社
浜野保樹、二〇〇八、『偽りの民主主義　GHQ・映画・歌舞伎の戦後秘史』、角川書店
福岡正太、二〇〇三、「小泉文夫の日本伝統音楽研究　民族音楽学研究の出発点として」、『国立民族学博物館研究報告』、二八・二、二五七〜二九五頁
藤波隆之、一九八七、『近代歌舞伎論の黎明　小宮豊隆と小山内薫』、學藝書林
文化財保護委員会、一九五五、『季刊文化財』、三号
文部省社会教育局編、一九八二、『連合国軍総司令部指令没収指定図書総目録　連合国軍総司令部覚書』、今日の話題社
ダワー、ジョン、二〇〇四、（三浦陽一・高杉忠明・田代泰子訳）『敗戦を抱きしめて　第二次大戦後の日本人』上、増補版、岩波書店（原書：John W. Dower, *Embracing Defeat-Japan in the Wake of World War II*, W. W. Norton & Company, 2000）
ハルトゥーニアン、ハリー、二〇一〇、（カツヒコ・マリアノ・エンドウ編・監訳）『歴史と記憶の抗争「戦後日本」の現在』、みすず書房

音源

SP（七八回転）レコード

『平安朝音楽レコード』、古曲保存会、一九二一

『東亜の音楽』、コロムビアレコード、一九四一
『大東亜音楽集成』、ビクターレコード、一九四二
『南方の音楽』、コロムビアレコード、一九四二
『日本音楽史』、国際文化振興会（KBS）、一九四四

LP（三三回転）レコード

田辺秀雄（監修）・田辺尚雄（録音・調査）、『南洋・台湾・樺太諸民族の音楽』、東芝EMI、TW-80011、一九七八

CD

『SP復刻版　東亜の音楽』、日本コロムビア、COCG14342、一九九七

あとがき

本書の原稿をほぼ書き終えてからこの「あとがき」を書くまでのあいだに、フランスの国立音楽施設のフィルハーモニー・ド・パリ（国立パリ管弦楽団の本拠地）で、二つの雅楽のコンサートが行われた。ひとつは二〇一八年九月三日の宮内庁式部職楽部の演奏、もうひとつは一〇月一三日の雅楽アンサンブル「伶楽舎」の演奏である。大学の仕事で現在パリに居住する私にとって、これは偶然とは思えない出来事であった。というのは、これらのコンサートに関連する講演・執筆・翻訳などの仕事を依頼され、その準備と結果から得られた経験が、本書の内容の最終的な見直しをするために非常に役に立ったからである。

ふたつの雅楽のコンサートとも、二四〇〇席以上を有する大ホール《グランド・サル》である「サル・ピエール・ブーレーズ」が満員御礼になるという盛況で、企画側からさえ驚きの声が出るのを聞いた。念のために強調しておくと、これは日本でよくあるような、招待客や関係者で会場を埋めるとか、そういったこととは無縁の成果である。フランスの音楽好き《メロマヌ》や日本文化が好き《ジャポニザン》な人が聴きに来たというほうが、むろんすべての人がそうではないにしても、状況をよりよく説明しているように思われる。だがもうひとつ強調しておきたいことは、チケットが二か月前には完売し、さらにコンサートの終了時に「ブラボー」が連呼されたのは、伝統的な雅楽の演目だけを演じた宮内庁楽部ではなく、現代音楽の雅楽を演奏した伶楽舎であったということである。よく知られるように、フランスのコンサートでは「ブラボー」の基準は厳しい。

これらのことは、日本の伝統音楽が世界でなお注目されているということもさることながら、しかしそのような「伝統」にあぐらをかいて座っているだけではいずれ顧みられなくなるということを教えてくれいている。私はフィルハーモニー・ド・パリが各コンサートの前に開催している「耳の鍵」（一般に向けた演目解題）での講演を依頼されたので、伶楽舎が宮内庁楽部の元楽師である芝祐靖《しばすけやす》氏によって「伝統」に喝を入れるために作られた雅楽アンサンブルであることを、氏の「最近、雅楽会の動向をみますと、『平穏の水たまり』という感じがします」という言葉を引用しながら紹介した（寺内直子『伶倫楽遊〜芝祐靖と雅楽の現代』にある）。また、女性奏者を受け入れることのない楽部と比較しながら、伶楽舎のメンバー構成が男性一四人（芝氏を含む）／女性一八人であることなど、今後の雅楽の発展を考えるためには欠かせない基本的なことを、伶楽舎の篳篥奏者・中村仁美氏に教えて頂いて紹介した（中村氏は現在、屈指の篳篥奏者として世界に知られているが、私が雅楽を始めた一九八〇年代後半には女性が篳篥を吹くということをタブー視する楽師もいるほどであった）。「耳の鍵」での講演を終えてコンサート会場で着席していると、開演前も休憩中も、先に講演を聞いてくれた人たちから、思いもかけないほど多くの質問や意見を受けることになった（残念ながら普段の学会発表などでこのようなダイレクトな反響を得たことはあまりない）。人々は、伝統文化について以上に、伝統文化の現実、つまりは日本文化の現実について知りたがっている。なぜなら、それが唯一、現在を生きる人間として共に考えを深めていけることだからだ。

こうしたことはなにも外国だから起ることではなく、現代日本で伝統とはすでに切り離された日常生活を送る多くの日本人にも当てはまることであろう。本書で取り上げた田辺尚雄による雅楽像の誕生の物語は、西洋の学問のみによる教育のなかで育った最初の世代の一人である研究者が、まさに目の前で消え行かんとしている伝統文化を掬い取ろうとしてさまざまに試みた活動についてのルポルタージュとして読むこともできる。本書を読まれて、現在の日本文化について再び考えてみようという読者の方があれば、本書はその役割のひとつを大きく果たしたといえる。

本書は、二〇一四年に東京大学へ提出した博士論文『「科学」としての日本音楽研究：田辺尚雄の雅楽研究と日本音楽史の構築』を、「雅楽」に焦点を当てながら一般の読者の方へ向けて大幅に書き直したものである。博士論文の研究当時にお世話になった方々や関係機関にはすでにその謝辞に御礼を述べたので、お名前は差し控えさせていただくものの、改めて御礼を申し上げたい。田辺尚雄のご子息である故・田辺秀雄氏は、親子二代で収集された貴重な資料を関連地域や分野にしたがって各地の図書館へ寄贈されており、私は博論を終えてからも帰国するたびに、北は北海道立北方民族博物館から南は沖縄県立芸術大学附属図書・芸術資料館まで飛び回ったことで、旅好きの田辺を理解することになった。これが秀雄氏の寄贈方法の目的の一つだったのではないかと感謝をしている。

今回、とくに新たに謝辞に付さなければならないのは、博士論文の受理の直後に開催された、特別展「音楽博物館の先覚者――知の巨人　田邉尚雄」（二〇一四年九月六日～一二月二三日）を企画された民音音楽博物館（新宿区信濃町）のスタッフの方々である。田辺は生前この博物館の近所に住んでおり、また民音のコンサートにも関わっていたなどの縁から、秀雄氏がここに一番身近な資料を寄贈したと聞く。この特別展を一手に担っておられた現館長（当時副部長）の野沢晃氏、学芸員の中村靖範氏には、展示されている田辺の日記や書簡を特別に閲覧させていただいたほか、さまざまな便宜を図って頂いた。ここに謝意を示したい。

また、博士論文から本書を形づくる作業を通して、博士論文研究時代のことでも、改めて違う形で感謝を捧げたいと思うことがあった。それは、多くの人の記憶に今も生きる人物を描くことの難しさから筆が進まなくなったころ、田辺に直接師事をされたことのある方々から、記憶の中のさまざまな田辺氏／師の話を伺っていたことについてである。例えば日本音楽研究者の蒲生美津子氏には、かつて小学四年生であったご子息・蒲生秀穂氏が、お父様に連れられて田辺尚雄の通夜へ出席した翌日に書いて学校に提出した日記を見せていただいた。小学四年生というにはあまりに早熟な日記（通夜の席で能「隅田川」の一節「南無や西方極楽世界…」を思い起こして心の中で唱えたなどとあるのには驚嘆するほかない）には、しかし一人の人間の物質的な死というものに直面した小学四年生の素直な恐れや驚きも書かれており、そのとき私は遅ればせながら、田辺という人物を目の前で失った人々の具体的な喪失感を追体験したのであった。また、本書が多くを負う近代雅楽研究の専門家である塚原康子氏には、当時大学院生だった氏が田辺の音楽葬ではクローク係を任されたという話を伺い、このようないろいろな形で人々が関わりながら日本音楽とその研究にまつわる社会と記憶を構成していることに思いをはせたのであった。そして本書を雅楽の「田辺説」についての本と呼ぶならば、琵琶の「田辺説」の研究をされた薦田治子氏からは、晩年の入院中の田辺を見舞いに行って、博識な田辺ならではの面白い雑談（そしてちょっと大人向きの艶談）を聞くのが、周囲の人々のあいだでの楽しみになっていたことを伺った。こうした複数の田辺像が存在することを体感したことで、彼の雅楽像をいわゆる「帝国主義」や「植民地主義」などの近代批判でひとくくりにするのでは何も分かったことにはならないということも身に染みたのである。

近代批判に関して付け加えるならば、「ゲイシャ」「フジヤマ」などオリエンタリスムやステレオタイプと批判される文化表象の創出も、海外に住めば大なり小なり自ら再生産せざるを得ない経験を誰もが一度は持つということである。ここ数年、パリの日仏文化大使の故・田中清治氏、パリ天理日仏文化協会の津留田正昭会長のご提案によって、小さな雅楽コンサートの実践に携わる貴重な機会を頂いた。演奏後に質問に来たフランスの人々に雅楽を説明するとき、もっとも理解してもらいやすいのは、田辺の進化論的な三分類の「雅楽」であった。田辺の「雅楽」は、大正時代のモダンな人々が伝統文化を理解するためのツールとして作られたものであり、それはそのまま国境を越えて（そして時代を越えて）持ち運びできるものでもあったのだ。これから私たちは、これを越えるどのような雅楽像を作っていくことができるのだろうか。

最後になったが、本書をこの世に生みだすために多くの助言と勇気づけをくださった春秋社の中川航さんに謝意を表したい。中川さんには、本書を大学という閉じられた世界に留めておくことのないよう、外へ開くためのクリエイティブな視線を一貫して与えていただいた。日々の仕事の自転車操業的な忙しさのなかで、このような出版の形にまで漕ぎつけることができたのは、ひとえに中川さんのプロの編集者としての細やかな配慮の賜物である。また、同じ春秋社で長く音楽に関する著作を担当されてきた高梨公明さんにもご助言とエールを頂き、そのいぶし銀のような仕事意識に刺激を受けたことを記しておきたい。そしてお気づきの方もおられると思うが、本書で使用した一九二〇年代から三〇年代にかけての田辺の著作には、春秋社から出版されたものが少なくない。このような不思議なご縁から改めて本書の内容について考えさせられたことも多く、本年で創業百年を迎えられた春秋社のスタッフの方々に御礼を申し上げる次第である。

二〇一八年一一月

鈴木　聖子

な行

は行

ま行

さ行

た行

人名索引

あ行

か行

著者略歴

鈴木聖子（すずきせいこ）

1971年東京都生まれ。大阪大学大学院人文学研究科芸術学専攻音楽学コース准教授。東京大学大学院人文社会系研究科（文化資源学研究専攻形態資料学専門分野）博士課程単位取得退学、東京大学大学院人文社会系研究科附属次世代人文学開発センター特別研究員、パリ・ディドロ大学（パリ第７大学）東アジア言語文化学部助教、大阪大学大学院文学研究科音楽学コースおよびアートメディア論コース助教を経て、現職。博士（文学）。専門は近現代日本音楽史・文化資源学。最近の著作論文：『〈雅楽〉の誕生 田辺尚雄が見た大東亜の響き』（春秋社、2019年、サントリー学芸賞受賞）、「民間の雅楽団体における「わざ」の正統性」（『待兼山論叢《芸術篇》』、2022年）、“The Emergence of a Contemporary Repertoire for the Shō”（水野みか子と共著）, *Circuit: Musiques Contemporaines*, 2022）、『掬われる声、語られる芸 小沢昭一と『ドキュメント 日本の放浪芸』』（春秋社、2023年、芸術選奨文部科学大臣賞受賞）など。

〈雅楽〉の誕生

田辺尚雄が見た大東亜の響き

2019年１月30日　初版第１刷発行
2025年６月30日　　　第２刷発行

著　者――――鈴木聖子
発行者――――小林公二
発行所――――株式会社 **春秋社**
〒101-0021東京都千代田区外神田2-18-6
電話03-3255-9611
振替00180-6-24861
http://www.shunjusha.co.jp/
印　刷――――株式会社 太平印刷社
製　本――――ナショナル製本 協同組合

ISBN978-4-393-93035-9　C0073
定価はカバー等に表示してあります